Drewermann
Daß alle eins seien

Eugen Drewermann

Daß alle eins seien

Predigten
zwischen Himmelfahrt und Dreifaltigkeitsfest

Herausgegeben von Bernd Marz

Patmos Verlag Düsseldorf

Die Deutsche Bibliothek – CIP-Einheitsaufnahme
Drewermann, Eugen:
Daß alle eins seien : Predigten zwischen Himmelfahrt und Dreifaltigkeitsfest /
Eugen Drewermann. Hrsg. von Bernd Marz. –
1. Aufl. – Düsseldorf : Patmos, 1992
ISBN 3-491-72256-X

 1. Auflage 1992
Umschlaggestaltung: Peter J. Kahrl, Neustadt/Wied
Umschlagabbildung: »Ohne Titel« von Rita Frind (1991), Monotypie,
26,5 cm × 25 cm; mit freundlicher Genehmigung der Künstlerin
Gesamtherstellung: Druckerei Rasch, Bramsche
3-491-72256-X

Inhalt

Zum Geleit

Die eindringliche Bitte des Jesus von Nazaret in den johanneischen Abschiedsreden (Joh 17, 21), »daß alle eins seien«, ist nicht auf eine ferne Zukunft gerichtet, sondern hineingesprochen in die Gegenwart der Menschen aller Zeiten. Manche Bibelwissenschaftler sprechen von einer präsentischen Eschatologie, von einer bereits in der Gegenwart sich erfüllenden Verheißung. Doch sieht die Lebenswirklichkeit der Menschen derart »erfüllt« aus? Realistischer ist es doch, der dualistischen Sicht des Evangelisten Johannes zuzustimmen. Wer vermöchte nicht mit ihm die Gegensätze der Lebens- und Glaubenwirklichkeit leidvoll zu erfahren? Da wechseln Licht und Finsternis, Lüge und Wahrheit, oben und unten. Da stehen gegeneinander Anspruch und Wirklichkeit, Freiheit und Enge, Angst und Gnade.

In dieser existenzphilosophischen Sicht, die nicht theoretisch abgeleitet, sondern gelebtes, erfahrenes und auch erlittenes Leben ist, deutet der Paderborner Priester und Psychotherapeut Eugen Drewermann die »Frohe Botschaft« des Christentums. Für ihn ist »in unserer Zeit die Frage der Rechtfertigung des Daseins entscheidend, nicht die Rechtfertigung gegenüber einem Gesetzesbegriff, an dem gemessen man sündig werden könnte«. Drewermann geht es um das Verständnis der Not unserer Zeit und um das Verständnis dessen, was christliche Erlösung *existentiell* bedeutet. Zu Recht findet er es skandalös, in der katholischen Kirche heute – über vierhundert Jahre nach Martin Luther – noch immer »um Verständnis für die existentielle Erschütterung menschlichen Daseins durch Angst förmlich werben« zu müssen.

Die in diesem Band vereinten Predigten zu der Zeit »zwischen Himmelfahrt und Dreifaltigkeitsfest«, ergänzt um Predigten zu den »anstößigen«, beargwöhnten oder auch nur mehr schwer verständlichen Festtagen Fronleichnam und Herz Jesu, die einmünden in das Nachsinnen über jenen Tag, an dem der Prediger Priester wurde, sind ein Ruf zum Einssein und zur Einheit. In der Tat läßt sich ja jenes Wort aus den Abschiedsreden des johanneischen Jesus in einem zweifachen Sinn auslegen: im Hinblick auf die Lebenseinheit und Ganzheit jedes einzelnen und im Hinblick auf den Zusammenhang und die Gemeinschaft der Menschen untereinander. Gerade dieses Moment zu betonen hat augenblicklich seinen guten Sinn, scheinen doch Eugen Drewermanns Werk und Person polarisierend zu wirken. Ob sein theologisches Denken aus der Einheit der Glaubensgemeinschaft herausfällt, mag der Leser prüfen, wenn er die Annäherungen an Gehalt und Geheimnis von Himmelfahrt, Geistsendung und Trinität liest, die ihm dieses Buch bietet.

Der *Prediger* Drewermann darf heute, Anfang des Jahres 1992, da diese Seiten in Druck gehen, nicht mehr predigen. Durch Dekret des Erzbischofs von Paderborn (vom 9. 1. 1992) wurde ihm »bis auf weiteres die Predigtbefugnis, die Ihnen am Tag Ihrer Priesterweihe von meinem Vorgänger erteilt wurde«, entzogen. Weshalb er Priester wurde, was ihn Priester hat sein und was ihn einen Prediger aus Leidenschaft hat werden lassen, das predigte Eugen Drewermann selbst anläßlich des 25. Jahrestags seiner Priesterweihe am 21. Juli 1991 in der Pfarrei St. Georg in Paderborn.

Januar 1992 *Bernd Marz*

Zu Christi Himmelfahrt

Die Himmelfahrt des Herrn ist kein von Ostern und Auferstehung zeitlich getrennter Vorgang, sie ist ein inneres Moment zwischen Tod und Übergang zur Ewigkeit.

Was wird sein, wenn wir dieses sterbliche Leben verlassen? Auf diese Frage gab die gesamte antike Welt eine Antwort, wie sie in dem Bild von der Himmelfahrt des Herrn sich fortsetzt. Es wird im Tod so sein, daß die Seele sich erhebt, von der Erde sich löst und sich hinaufschwingt zum Licht der Sonne und der Sterne. Sie selber wird zu einem Licht im Dunkeln, das leuchtet von fernher in der Nacht, um den Zurückbleibenden Halt, Richtung und Hoffnung zu geben. So glaubten die Alten vornehmlich von den Königen und den königlichen Menschen. Noch heute, wenn wir zum Firmament aufschauen, finden wir dort die Namen derer, die sie verehrten: Cepheus und Andromeda, Kassiopeia und Herkules.

Das Christentum hat vom Herrn sagen wollen, daß mehr als jeder andere *er* dazu bestimmt ist, uns ein Licht zu sein im Dunkeln. Und einem jeden von uns wollte er sagen: Ihr selber seid vor Gott königliche Menschen, die Angehörigen eines unsichtbaren Reiches, und jeder von euch trägt in sich eine unendliche Würde und die Bestimmung, unter das Licht der Sterne aufgenommen zu werden.

Wir Heutigen können nur schwer noch in diesen Bildern denken. Uns hat sich das Weltall geöffnet zu einem gähnenden Loch. In schier unendlichen Räumen Millionen von Fixsternen-Sonnen in unserer Milchstraße und Millionen von Milchstraßen in einem unausmeßbaren Kosmos. Niemand weiß, was vor 16 oder 20 Milliarden Jahren war, als er entstand, niemand weiß, was aus ihm wird. Nur daß wir Menschen mitten darinnen winzig klein sind, unbedeutend, ausgesetzte Nomaden am Rande des Weltalls. So das Natur- und Menschenbild, das uns heute der Verstand vermittelt. Wie sollten wir bei solcher Winzigkeit an eine unendliche Berufung und an die Ewigkeit des Himmels glauben?

In Dostojewskijs Roman »Die Brüder Karamasow« kommt eine vornehme Dame zu dem Einsiedler Sosima und fragt ihn ganz verstört, mit Entsetzen und Traurigkeit in den Augen: »Wie kann ich zurückfinden zum Glauben an die Unsterblichkeit der Seele? So furchtbare Dinge hört man heute wie selbstverständlich in den Schulen sagen! Wenn du stirbst – so lehrt man und schreibt sogar Gedichte darüber –, versinkst du ins Grab, und nichts wird von dir bleiben als die Kletten, die darauf wachsen. Einzig der Kreislauf der Natur nimmt dich auf, zermahlt dich und setzt dich fort, unkenntlich und vergessen. Wie finde ich zurück zu meinem Glauben?« – Der Starez Sosima begreift vollkommen die ungeheure Erschütterung in der Seele dieser Frau, und er gibt ihr einen sehr weisen und tiefen Rat: »Lerne du«, sagt er zu ihr, »einen Menschen lieben. Denn wenn du einen Menschen von ganzem Herzen liebst, findest du zu allem zurück, was du gelernt hast in deinem Glauben, und es wird dir erscheinen wie eine ganz natürliche, normale Überzeugung, ohne die du gar nicht leben kannst.«

So ist es in der Tat. Wenn wir einen Menschen lieben, wird er zum Mittelpunkt der Welt, und die Erde rings um ihn zu einer Art von Paradies. Wir begreifen mit einemmal, daß seine vergängliche Gestalt nur vorübergehend ein Spiegelbild der Ewigkeit ist, daß diese irdische Existenz keinen Endzweck darbietet, sondern nur einen Vorübergang darstellt, nur einen Weg, kein Ziel beschreibt. Einzig in der Liebe entdecken wir den unvergänglichen und unvertauschbaren Wert eines Menschen, und wir wissen ein für alle Mal, daß es kein Irrtum ist, wenn wir mit allen Fasern spüren: Diesen Menschen *muß* es geben, jetzt und in alle Ewigkeit.

Unendlich viel mehr, als die Natur uns sagen kann, lehrt uns die Liebe. Die Natur mag uns manchmal erscheinen wie eine grausame Maschine, die uns hervorpreßt und zermahlen wird. In jedem Körper lebt die Stundenuhr des Todes, exakt vorausbemessen in Jahrzehnten. Dieses unser äußeres Schicksal ist nicht unsere wirkliche Bestimmung. In der Liebe wissen wir dies und sind eher geneigt, die Natur Lügen zu strafen als die Liebe. In ihr glauben wir an die absolute und unzerstörbare Bedeutung eines Menschenlebens, und wir sind uns dann vollends im klaren, daß eine irdische Existenz etwas Flüchtiges, nur Anfanghaftes ist. In der Liebe wissen wir um die Unendlichkeit.

Wir lernen in ihr ein zweites, absolutes und notwendiges Bedürfnis kennen: das Verlangen nach Gerechtigkeit. Grade wenn wir begreifen, mit wieviel Begabung zum Glück Menschen in diese Welt eintreten, grade wenn wir begreifen, welch einen Anspruch ans Leben sie eigentlich haben müßten, wie viele berechtigte Erwartungen sie ins Dasein tragen, grade dann werden wir zutiefst gequält, wenn wir sehen, wieviel im Leben von Menschen enttäuscht wird, gar nicht erst beginnen *kann,* zum Glück zu reifen, sondern physisch, sozial und psychisch zusammengedrückt wird auf ein trauriges, trostloses Dasein. Wie viele Menschen kommen zur Welt in Krankheit und Not. Noch ist es keine zweihundert Jahre her, daß man die Westküste Afrikas leerplündern konnte auf der Suche nach dem schwarzen Gold der Negersklaven, die man morgens zwischen Tomaten und Gurken an den Meistbietenden verkaufen konnte, und nie hatten sie auch nur die geringste Aussicht auf ein eigenes Leben in Freiheit und Glück, zu dem sie bestimmt und berufen waren. Ein ewiges Leben in der Natur wird niemand glauben; aber selbst eine mögliche Gerechtigkeit in Tausenden von Jahren im Verlauf der Weltgeschichte ist keine Hoffnung angesichts des unendlichen Leids im Leben einzelner. Wir tragen in uns diesen Glauben und dieses Verlangen nach Gerechtigkeit und mögen davon nicht ablassen. Wiederum: eher zeihen wir die menschliche Geschichte der Lüge, als daß wir diesen Glauben aufgeben. Und wir setzen deswegen das Kostbarste, worüber wir sittlich verfügen, ins Unendliche und Ewige. Jenseits der Grenzen und Begrenztheiten unseres Lebens mögen wir glauben, wollen wir erhoffen, dürfen wir erwarten eine Gerechtigkeit, die in jedem Menschenleben waltet. Der Augenschein trügt, und es ist nicht egal, ob jemand als Lump oder als Heiliger, als etwas Kostbares oder als etwas Schreckliches lebt.

Aber selbst bei der Vorstellung der Gerechtigkeit können wir nicht stehenbleiben, weil wir zum dritten spüren, daß jedes Menschenleben unterwegs ist zu sich selber und sogar das, was lumpenhaft und schrecklich scheint, nur auf der Suche ist nach seiner wahren Gestalt. Auch hier können und wollen wir nicht denken, daß der Zufall der Ereignisse das letzte Wort besäße und ein menschliches Leben abgebrochen werden könnte, wo es gar nicht zu Ende sein kann, weil wir in unserer Seele die unendliche Sehnsucht nach Vollendung, nach Heiligkeit tragen. Auch deshalb glauben wir an ein unendliches Leben jenseits der engen Grenzen dieser irdischen Existenz.

Schon weil wir diese Gedanken der Unendlichkeit, der Gerechtigkeit und der Vollkommenheit in unserer Seele haben, wissen wir, daß in ihnen unser Wesen und unsere Berufung sich wahrer spiegelt als in allem, woran unsere Sinne sich orientieren und festmachen können. Die irdische und leibliche Existenz ist im ganzen nur ein Anfang, ein Beginn und ein Symbol, kein Endzustand, kein Ort der ganzen Wahrheit. »Aber«, wird man vielleicht sagen, »wir kennen doch den Himmel nicht. Wir haben keine Vorstellung, was jenseits unserer sinnlichen Erfahrung sein könnte.« Und man wird sagen müssen: »Es ist gut so.« Denn schon die flüchtigen Ahnungen, die uns den Himmel nahebringen, machen uns das Leben auf der Erde schwer. Und warum sollte Gott für uns eine unnötige Last bereiten durch zuviel Wissen von unserer endgültigen Bestimmung? Vielmehr verhält es sich mit uns so wie mit den Schwalben im Spätherbst. Keine von ihnen, die im Sommer auf die Welt gekommen ist, weiß vom Land ihrer Bestimmung. Eine jede von ihnen hat Angst in ihrem Herzen vor den Gebirgsmassiven und der schier unendlichen Weite der Meere, aber sie trägt in sich Bilder zu ihrer Orientierung, die ihr zeigen, wie sie den Weg finden muß, um zu ihrer Bestimmung zu gelangen. Unser Wissen um Unendlichkeit, Gerechtigkeit und Heiligkeit weist uns den Weg, auf dem wir zurückfinden zu unserer ewigen Heimat.

Und dann haben die Alten recht, die sagten: »Es wird im Tod so sein, daß deine Seele sich erhebt, um zu verschmelzen mit dem Licht der Sterne.« Ihr Versprechen gilt. Wir werden einander nie mehr aus den Augen lassen. Wenn unser Leben am dunkelsten ist, werden wir aufschauen können zu den Menschen, die wir lieben. Nie werden sie uns verlassen. Sie werden durch den Tod vielleicht für kurze Zeit von unserer irdischen Existenz getrennt sein, aber über uns leuchten, so daß wir den Blick schon jetzt zu ihnen erheben, daß wir in ihrem Glanz spüren: Wir werden erwartet werden, wir werden uns wiedersehen.

Das Fest der Himmelfahrt des Herrn gilt nicht der Feier einer Erinnerung. Wir begehen dieses Fest im Umkreis jedes Jahres, um uns an der Gestalt und dem Schicksal Christi vor Augen zu führen und als Vision einzuüben, was wir seither als gültig für das Leben eines jeden Menschen einzusehen gelernt haben. Es gilt, mit den Augen des Geistes wahrzunehmen und als Vision zu begreifen, welch eine Wahrheit und welch ein Versprechen über dem Schicksal eines jeden von uns von Gott her ausgesprochen ist. Denn die Himmelfahrt Jesu ist nicht festzumachen an einem bestimmten Ort und an einem bestimmten Zeitpunkt. Die Evangelien selber geben darüber Aufschluß.

Für Matthäus ist der Ort der Himmelfahrt des Herrn an den Erfahrungsraum von Galiläa gebunden. Alles, was man erlebt, gehört und gesehen hat in der Nähe Jesu, in der Art, wie er sprach, in der Vollmacht, mit der er wirkte, fügt sich zusammen und verdichtet sich zur Besteigung eines hohen Berges und wird zum Ort, da der Himmel die Erde berührt.

Für Lukas ist es ein Punkt in der Nähe von Jerusalem, der Heiligen Stadt, dem Zentrum der Welt, dem Ort aller Propheten und erfüllten Weissagungen. Was immer Gott über das menschliche Leben in Aussicht zu stellen beschlossen hat, ist an diesen heiligen Ort, den ewigen Tempel Gottes, gebunden. Dort ist für ihn der Punkt, wo Himmel und Erde einander sich vermählen zur Hochzeit der Ewigkeit.

Die Räume sind schwebend, und die Zeit ist nicht festzumachen. Aber dies ist es, was wir als wesentlich begreifen lernen müssen: wie relativ Raum und Zeit sind. Es ist ein langsames Reifen, in all die Wahrheit einzudringen, die Jesus uns hinterlassen wollte. Es ist ein langsames Sichvertiefen in die Erfahrung einer ewig gültigen Liebe. Sie besteht darin, zunehmend die Erfahrungen der irdischen Welt, das Sichfestmachen in Raum und Zeit zu vergessen. Unser Leben kann und sollte darin bestehen, miteinander nach und nach die Erde zu erleben wie einen langsam sich zum Himmel erhebenden Berg, auf den wir hinaufsteigen, immer näher zum Himmel, immer tiefer geborgen bei Gott, immer mehr getragen in der Liebe. Biologisch betrachtet, gleicht unser Leben eher einem langsamen Aufstieg und einem jähen Abfall. So, wenn wir die Vitalitätskurve zeichnen. Dann liegt der

Höhepunkt unseres Daseins irgendwo zwischen Vierzig und Fünfzig und fällt danach sehr rasch gegen das Ende hin ab. Bestenfalls gleicht dieses Leben der Bahn der Sonne: von einem hohen Zenit hin zu einem langsamen Verlöschen, gebe Gott: mit schöner werdenden Farben und einem reichen Spiel des Herbstes.

So aber ist die Wahrheit nicht, betrachtet mit den Augen des Geistes, vermöge der Wahrnehmung der Liebe. Wir können mit unserem Leben eintreten in den Weg, den Jesus uns gezeigt hat, und wir können gemeinsam unser Leben begreifen wie das Besteigen eines Berges, der zum Himmel führt. Es ist möglich, zu reifen in der Liebe, das Leben zu verdichten, zu versammeln, wesentlich zu machen und zu merken, wie all das Unwichtige abfällt. Dinge, die uns heute noch so sehr zu besorgen aufgegeben scheinen, Aufgaben, an die wir uns förmlich klammern, um uns daran festzuhalten, treten nach und nach zurück, und immer deutlicher setzt sich frei und tritt vor uns hin die Schönheit der Wesensgestalt der Person, die wir wahrnehmen in der Liebe und die reift in ihrer Kraft und Nähe. Immer deutlicher wird das Lichtwesen, das wir in uns tragen, die Größe unserer Berufung, die Höhe unserer Auszeichnung. Und so geschieht es, daß wir im Wachstum der Jahre immer mehr hingeführt werden zum Mittelpunkt der Welt, zum Zentrum des Herzens und immer dankbarer, immer liebevoller, immer dichter nahe bei Gott sind.

Was ist dann der Augenblick, den wir den Tod nennen? Äußerlich gesehen das Ende des Alterns, die Bilanz des Gebrechlich- und des Zerbrochenwerdens, für unsere individuelle Existenz eine Auflösung, ein Zerstörtwerden, eine Auflösung bis in die letzten Atome.

Das Fest der Himmelfahrt Christi ist eine Einübung, die Sinne und ihr Zeugnis abzustreifen. Denn es gibt Schöneres, Wahreres, Wesentlicheres zu sehen im Leben eines Menschen, angeleitet durch die Vision der Liebe. Es gilt, nicht dem Augenschein, dem Gehör, dem Geruch, dem äußeren Gefühl Glauben zu schenken; denn die Art, wie Menschen sterben, kann für die Sinne eine einzige Zumutung sein. Es gilt, sich festzumachen an dem, was wir sehen mit den Augen des Geistes und woran wir unerschütterlich zu glauben lernen können in der Liebe. Der Mensch, der uns nahesteht, ist mit seinem ganzen Dasein bei Gott geborgen. Und wenn die Liebe uns schon im Leben lehrt, vor Glück hinauszuschwingen über Raum und Zeit, wenn sie imstande ist, in jedem Moment uns zu den Sternen hinaufzutragen und unser Herz himmelweit zu machen, wie sollte dann nicht dieses Himmelweitwerden unser wahres Schicksal sein und der Tod nur deshalb eine Notwendigkeit, weil er das Abstreifen der Hüllen vollendet und uns einführt in die wahre Wirklichkeit? Immer, wenn wir auf Erden füreinander beten, Gott möge uns behüten, er möge seine Hände über uns breiten, er möge mit den Augen seiner Güte auf uns schauen, nehmen wir hier auf Erden bereits vorweg, was ewig gelten wird: beim Throne Gottes zu stehen und nie mehr hinauszufallen aus seiner Nähe, aus seiner Gegenwart. Das ist, worum die Liebe betet, worauf sie hofft und was sie weiß. Schon auf Erden ist sie imstande, die Zeit wie aufgehoben erscheinen zu lassen in einem ständigen Pendelschlag zwischen Hoffnung und Erfüllung, zwischen Warten und Ankunft, zwischen Sehnsucht und Reifung. Der Tod ist nur ein letztes Ausschwingen des Pendels, ein letztes Mal des Anhaltens von Warten und Sehnsucht. Der nächste Schritt ist das Eintreten in die Erfüllung, das Glück, die Vollendung und die Ewigkeit. Alles, was uns die Liebe lehrt, formt sich zusammen in einem einzigen Bild: Unser Leben ist wie eine Pilgerschaft zum Berg der Welt, da der Himmel die Erde berührt. Unser Leben aber, das von Gott ausgegangen ist und aus seinen Händen kam, kehrt zurück zu ihm, ist erhöht bei ihm, hat seine Würde und seinen Lichtglanz in alle Ewigkeit. Und es gibt nicht mehr die Zeit, und es gilt nicht mehr der Raum, es gilt nur noch die Unendlichkeit der Liebe, die Ewigkeit des Wiedersehens. Denn Gott, der wollte, daß wir sind, will, daß wir ewig seien.

Das eigentliche Thronbesteigungsfest des Herrn ist das Fest der Himmelfahrt. An diesem Tag gibt Christus sich zu erkennen als der König der Zeit und der Ewigkeit, als der Herr der Welt.

Was geschieht eigentlich, wenn ein Mensch im Tode von uns geht? Äußerlich sehen wir nur die Zerstörung und das Ende der Verbundenheit der Sinne. Dennoch wußten die Religionen aller Zeiten, daß das Sterben nicht so sehr ein Fortgehen als vielmehr eine Heimkehr bedeutet. »Man landet am anderen Ufer«, sagten die alten Ägypter, wenn sie vom Tod sprachen, und es war für sie, als bestiege man im Sterben die Barke der Sonne, um über den Ozean der Zeit hinweg zum Himmel zurückzukehren, zum Ort unserer ewigen Heimat.

Wenn man dies von einem jeden Menschen glauben kann, dann in ganz besonderer Weise von demjenigen, der uns schon hier auf Erden den Himmel nahebrachte durch die Macht seiner Güte, durch die Stärke seines Verstehens und durch die Weite seines Herzens, die nichts ausschloß, sowenig wie der Himmel zwischen Sonnenaufgang und Sonnenuntergang. Es ist das erstaunliche Bekenntnis und die wunderbare Erfahrung der kleinen Gemeinde derer, die sich zu Jesus als dem Gekreuzigten bekannten, daß grade derjenige, den man auf das schmählichste verspottet und getötet hatte, in Wahrheit Macht über unsere Herzen hat und daß sein Reich des Geistes stärker ist als jedes Reich, das Menschen irgendwann im Verlauf der Geschichte äußerlich begründen können. Alle Throne der Herrscher dieser Welt, sie mögen noch so fest gegründet scheinen, werden vom Strom der Zeit hinweggeschwemmt. Einzig die Überzeugung von der Allmacht der Liebe ist universell genug, um allem Wandel der Zeit enthoben zu sein. Sie ist glaubhaft für die Menschen aller Zeiten, aller Zonen. So lohnt es sich zu leben. Denn es ist überall im Erfahrungsraum der Liebe möglich, zu wissen und zu spüren, was unser wahres Schicksal ist. Von einem jeden Menschen gilt, daß er wie ein Kunstwerk in die Zeit gegeben wurde. Geschaffen in der Ewigkeit, gebildet im Himmel, ist er wie eine Leihgabe des Göttlichen an diese Welt, aber er wird nie aufhören, sich nach dem Himmel zu sehnen.

Gewiß hat man dem Christentum entgegengehalten, daß es mit

dieser Botschaft von der Himmelfahrt im Grunde nur seine Weltflüchtigkeit unter Beweis stelle. Die Wirklichkeit ist grade umgekehrt. Wir müssen erfüllt sein dürfen von der Gewißheit unserer ewigen Bestimmung, damit wir diese Welt bestehen können. Wir brauchen den Ausblick auf die wahre Königswürde der Liebe und der Güte, um inmitten dieser Welt die Hoffnung nicht zu verlieren. Es muß uns möglich sein, aufzuschauen zum Himmel, damit wir ahnen, welche Macht der Geist, das Unsichtbare, das Nichtbeweisbare und dennoch grade deshalb Mächtige und Wirksame in unserem Leben haben kann. All die Dinge, die uns mit Glück erfüllen, lassen sich nicht demonstrieren, sie sind seelischer Natur. Die Freude, das Glück, die Vertrautheit, die Nähe, all dies sind innere Erfahrungen, die sich nicht äußerlich in Raum und Zeit herstellen; sie beruhen auf Verwandtschaft der Seele. Und so ist es, wenn wir aufschauen zum Himmel und wissen, daß dieses unser Leben getragen ist von unsichtbaren Kräften, gestaltet von der Macht des Himmels, berufen zur Heimkehr in seine ewige Heimat.

So feiern wir Christus, weil sich in ihm alles darstellt und abbildet, was für uns gilt, und wir nennen ihn den Ersten der Entschlafenen, weil er uns vorangeht, um in der Heimat unseres ewigen Vaters uns Wohnung zu bereiten. Er ist nicht weggegangen von uns, er ist uns vorausgegangen, und sein Geist ist bei uns. Wenn wir ihn den Herrn der Welt nennen, vertrauen wir darauf, daß zwischen Sonnenaufgang und Sonnenuntergang die Macht seiner Nähe uns begleitet und beschützt und erhebt zum Himmel, sternenweit.

Die elf Jünger aber gingen nach Galiläa zu dem Berg, wo Jesus sie hinbestellt hatte. Und als sie ihn sahen, verneigten sie sich tief vor ihm; einige aber zweifelten. Da kam Jesus heran, redete mit ihnen und sagte: Mir ward gegeben alle Vollmacht im Himmel und auf der Erde. Geht nun und macht zu Jüngern alle Völker, sie taufend auf den Namen des Vaters und des Sohnes und des Heiligen Geistes, sie lehrend, alles zu wahren, was ich euch gewiesen. Und da! Ich bin mit euch durch das All der Tage bis zum Voll-Ende der Weltzeit.

MT 28,16–20

Immer wenn Einsichten des Glaubens tief genug gehen, um unser Gemüt und unser Herz zu berühren und zu beschäftigen, formen sich Bilder, in denen wir – mehr als in Gedanken – sehen, wie Gott zu uns ist. Wir greifen in den Symbolen des Glaubens oft genug auf alte Überlieferungen zurück, auf Gewißheiten der Sinne aus Zeiten, noch bevor Menschen überhaupt zu denken beginnen konnten.

Das wohl tiefste Geheimnis des menschlichen Lebens ist das grausige Faktum des Todes. Es hat die Menschheit beschäftigt, seit sie auf dieser Erde ist, und es gab zur Beantwortung dieser Frage, was im Tode geschieht, von alters her ein schönes, in sich gültiges und überzeugendes Bild. Menschen können unter der Härte des Schicksals oft so sehr leiden. Wie vieles im Leben ist unglücklich, ungerecht, unvollendet, schließlich zerstört. Und welcher Mensch hat schon die Möglichkeit zu wissen, was aus seinem Dasein werden mag?

Die Alten trösteten sich bei solchen Fragen mit dem alltäglichen Bild des Laufs der Sonne. »Wann immer dir selber dein Leben umdunkelt wird von Traurigkeit und Verzweiflung«, so dachten sie, »erhebe deine Augen zu dem schönsten Wesen der Welt. Nichts ist hilfreicher, wärmer, milder und gütiger als die Sonne. Aber ein grausames Schicksal verfügt, daß sie an jedem Abend stirbt, wenn sie blutigrot im Westen versinkt. Schau weiter in das Dunkel und warte auf den Sonnenaufgang am Morgen. Schöner, als die Sonne versank, wird sie vor deinen Augen wieder auferstehen, und selbst die Stunden der Nacht sind wie Pforten der Verwandlung vom Tod ins Leben, von der Dunkelheit ins Licht, von der Umdüsterung in Schönheit.« – Die Menschen selber, wollten die Alten sagen, sind ein Teil des Himmels; ihr eigenes Leben ist sonnenhaft und dazu bestimmt, sich mit dem Gestirn des Lichtes zu vergleichen. Und sie brachten zum Beweis all das vor, was das menschliche Herz warm und weit zu machen vermag. Immer dann, wenn etwas von der Kraft, die Menschen miteinander verbindet, in unsere Seele fällt und aus unseren Augen leuchtet, wissen wir, daß in einem jeden Menschenherzen eine verborgene Sonne auf ihren Aufgang wartet. Wem in der Liebe Menschen so erscheinen, dem sind sie unsterblich, und es ist nicht zu denken, daß der Tod mehr Macht hätte über unser Leben als die Kraft, die uns erschuf und der wir uns verdanken.

Vor allem die Religion der alten Ägypter betonte immer wieder, daß wir das kleine menschliche Dasein nur verstehen können, wenn wir es glauben als herabgestiegen vom Himmel und berufen und imstande, zum Himmel zurückzukehren. Unser Leben sei dazu gemacht, schon im Umlauf der Tage sich einzuüben in diese ruhige Perspektive des Himmels. Die Ägypter hatten dafür so phantastische Bilder wie die Cheopspyramide. Sie richteten grade zu der Kammer des Todes, in der der Pharao ruhte, den Treppenweg und Zugang ein, wie wenn sich über den Tod hinaus unser Leben schrittweise erhöbe und hinführen würde zu dem Ort, da im Kreisen der Sterne die Welt stillsteht, aufgehängt in einem unsichtbaren Zentrum. Dorthin, wo wir heute den Polarstern sehen, richteten die Ägypter die Perspektive des Todes aus, und so wollten sie, daß wir unser ganzes Leben sähen: geborgen im Himmel, inmitten allen Wandels unvergänglich, fest und hoffnungsstark, selbst wo die Welt dunkel ist. Denn jenseits der Sterne gebe es die Schwingen der Ewigkeit, die sich schützend schon jetzt über unser Leben breiten, königlich, sonnenhaft und berufen zum Himmel. Dieses Vertrauen ist uns auf den Weg gegeben.

Schlagen wir das Alte Testament auf, so gibt es vom 3. Jahrhundert an ähnliche Bilder, die zum Teil darauf zurückgreifen, zum Teil aber von größerer Härte und Herausforderung gekennzeichnet sind. Das Volk Israel sah sich immer stärker herausgefordert durch den Ansturm von Völkern, die damit Ernst machten, in einem einzigen Kulturprogramm der Macht und der Menschenvergöttlichung die gesamte jüdische Religion auszurotten. So legten die Syrer ihre Hände auf die Stadt Jerusalem und suchten den

Glauben der Väter auszurotten wie etwas Unanständiges. In dieser Zeit zahlloser Märtyrer beginnt auch für die Religion des Alten Testamentes die Hoffnung und Erfahrung zu wachsen, daß man vielleicht Menschen töten kann, aber das, was sie wirklich sind, niemals vernichten wird. Es gibt dafür ein inneres, stärkeres Argument als das äußere Bild der Sonne. Es ist die verdichtete Erfahrung, daß Gott treu ist. So einfach muß man das sagen. Menschen, die gelernt haben, daß sie nur in der Wahrheit Gottes wirklich leben können, wissen, daß Gott unbedingt zu Menschen steht, die sich auf ihn einlassen. Und der Glaube lebt davon, zu spüren, daß die Macht Gottes, so unsichtbar sie auch immer sein mag, stärker ist als alles Sichtbare. Für diese Überzeugung ging man in den Tod und war dabei voller Vertrauen, daß das, was man bis zum Äußersten bezeugte, in sich wahr und gültig war. Wenn das aber stimmt, ist es keine Schlußfolgerung, sondern eine innere Gewißheit: Die Wahrheit kann man vom menschlichen Leben nicht trennen. Im Umgang mit Gott hat man keinen äußeren, fertigen Lehrbesitz zu verwalten. Für Wahrheiten, die man äußerlich wissen kann, braucht man nicht zu sterben. Wahrheiten des Lebens aber sind eingeboren in die menschliche Existenz. Wer dafür zu sterben wagt, wird auch ewig leben, so sicher wie die Wahrheit Gottes unvergänglich ist. So dachte man im 3. Jahrhundert vor Christus, und beide Ebenen der Erfahrung bezeugen die Hoffnung, die die alten Ägypter aussprachen. »Du stirbst, damit du lebst; wer stirbt, der fliegt«, sagten sie und schilderten die unendliche Vielzahl der Verwandlungen und der Reifegrade der Seele in der Unendlichkeit der göttlichen Welt.

In beiden Bildern, dem Bild der Sonnennatur des Menschen und dem der Hoffnung auf die Treue Gottes, ist uns ein Vorbild gegeben, selber zu hoffen und selber das Leben zu wagen. Mit dem Fest der Himmelfahrt Christi überschreiten wir diesen Bereich nicht, aber wir öffnen ihn und machen ihn gültig. Von Christus gilt beides vorbildlich und um so mehr, nur daß es nicht mehr einzig ein Trost in der Angst und Not unseres eigenen Lebens ist, sondern sich vollzieht wie das Thronbesteigungsfest eines Königs, der zum Himmel auffährt, um Platz zu nehmen im Zentrum der Macht Gottes, und nun seine Boten ausschickt wie Herolde bis an die Grenzen der Erde.

Es gibt die Hoffnung und die Zuversicht nicht einfach privat. Wer weiß, wie sich das Leben ändert, wenn es aus der Verzweiflung zum Licht erwacht, der weiß, daß dies nicht nur für ihn, sondern für alle Menschen gilt. Also haben wir in dieser Überzeugung der Welt etwas zu sagen und ihr mitzuteilen bis zum Ende der Tage. Überall an unserer Seite gilt es menschliches Leben zu retten aus der Macht des Todes und der Umdüsterung der Traurigkeit in einer Form neuer Taufe, eines Sterbens zum Licht, eines Abstreifens irdischer Enttäuschungen und eines Aufblühens zur Unbedingtheit der Liebe und der Wahrheit Gottes. Wir haben, einer dem anderen, kraft der Liebe und der Zuversicht ein ganzes Leben zu schenken, indem wir die Grabkammern des Todes öffnen, indem wir die Dunkelheit der Nacht aufreißen, indem wir das Gefängnis des Irdischen öffnen in die Freiheit der Kinder Gottes. Immer ist der Glaube wie ein Akzeptieren des Todes und darin zugleich ein Wissen um die Unvergänglichkeit. Wir leben anders, wenn wir dies vor Augen haben, denn die Angst hört auf, Macht über uns zu haben, der Tod verwandelt sich aus einer Bedrohung in die Gestalt einer Pforte am Ende unseres Daseins. Die Schranken des irdischen Lebens heben sich wie die Pforten einer uralten Stadt, in der unser König wohnt seit den Anfangstagen der Welt, am Ende der Zeiten auf uns wartend, einen Thron bereitgestellt. Und es wird ein Maß geben für das, was gilt. Schon steht die Gestalt des Menschensohnes zur Rechten Gottes, kommend, zu richten die Lebenden und die Toten. Es wird nur diesen einen Maßstab geben über unser Leben: wieviel an Menschlichkeit wir über alle Zweifel und alle Werke der Zerstörung hinweg als gültig vor uns haben sehen, glauben und leben können. Nur danach werden wir bewertet, nur das ist das Leben, das für immer gilt.

Er sprach nun zu ihnen: Das sind meine Worte, die ich euch gesagt habe, als ich noch mit euch zusammen war: Es muß alles erfüllt werden, was in des Mose Gesetz und in den Propheten und Psalmen über mich geschrieben ist. Dann erschloß er ihren Sinn zum Verstehen der Schriften und sprach zu ihnen: So ist geschrieben: Der Messias soll leiden und auferstehen von den Toten am dritten Tag. Und es soll verkündet werden in seinem Namen: Nachlaß der Sünden wirkende Umkehr allen Völkern – beginnend von Jerusalem aus. Ihr seid dessen Zeugen. Und da! Ich sende die Verheißung meines Vaters auf euch. Ihr aber sollt sitzen bleiben in der Stadt, bis ihr umhüllt werdet aus der Höhe mit Kraft.

Er führte sie hinaus – bis nach Betanien. Und er hob seine Hände und sprach die Preisung über sie. Und es geschah: Während er die Preisung über sie sprach, schied er von ihnen und wurde zum Himmel emporgetragen. Und sie neigten sich tief vor ihm und kehrten nach Jerusalem zurück – voll großer Freude. Und sie waren allzeit im Heiligtum, um Gott zu preisen. LK 24,44–53

Eigenartig ist die Sprache der Religion. Hören wir, wie Lukas erzählt, dann haben wir in der Szene von der Himmelfahrt Jesu ein bestimmtes Ereignis in Raum und Zeit vor uns. Vierzig Tage lang sei der Herr nach der Auferstehung den Jüngern erschienen, und dies sei der Abschluß, der endgültige Abschied. Seither gebe es nur noch *eine* Art, mit Jesus gemeinsam zu sein: in der Weise des Geistes, den er gesandt habe in der Woche darauf, am fünfzigsten Tag, der Feier der Ernte, des Pfingsttages der Juden.

All das klingt wie ein historisches Schema, aber man spürt dahinter die Sprache des Symbols. Es geht wirklich um die Vergeistigung von allem, um den Verzicht auf alles Äußere, um einen endgültigen Abschied davon, den Christus des Glaubens mit Händen greifen zu wollen.

Vielleicht ist das Bild von der Himmelfahrt die älteste Chiffre, deren Menschen überhaupt sich bedient haben, um sich verständlich zu machen, was in Leben und Tod eines Menschen eigentlich vor sich geht. Nicht ans Ende gerückt, als Finale des Lebens Jesu, sondern als ein Grundsymbol dessen, was er ist und was sich an seiner Seite erfahren ließ, muß man die Himmelfahrt auffassen. Den alten Ägyptern schien in jeder Nacht in der Nähe der Träume dieses Bild evident zu werden. Menschen leben zwar auf Erden, aber ist das, was sie am Tage sehen, die eigentliche Wirklichkeit? Soll dieses flüchtige Dasein, das wir mit dem Verstand begreifen, zwischen Geburt und Tod die Wahrheit über uns bedeuten? Wenn wir uns schlafen legen, scheint es, als verließe unser träumender Sinn die Hülle des Körpers und entledigte sich der Gefängniswände von Raum und Zeit und schwebte hinaus in eine unbegrenzte Freiheit, wo Zeit und Raum ihre Gültigkeit verlieren. Längst Entferntes tritt in unser Bewußtsein wie gegenwärtig, und weit Zukünftiges greift herein in den Augenblick heute. Alle Religion beginnt damit, daß wir diese Bilder der Träume in gewissem Sinne für wirklicher nehmen als alles, was unsere Sinne sonst zu fassen glauben. Es ist der Surrealismus einer poetischen Weltbetrachtung nah an den Träumen, dicht bei den Dichtern, die uns verlockt, zu hoffen, zu glauben und in Symbolen fühlbar zu machen, es seien die Visionen der Nächte unter dem Himmel Ägyptens wahrer als die Wirklichkeit sonst. Es ist die ewige Sehnsucht der Menschen, sich von dieser Erde hinweg unter die Sterne versetzt zu fühlen. Das einzige Zeugnis dafür ist die Sehnsucht, die wir in uns tragen: nach einer ewigen Ruhe, nach einem unerschütterbaren Standpunkt. Und so dachte man sich in den alten Bildern die Heimat der Menschen versetzt unter die unermüdlichen, unter die nie untergehenden Lichtgestirne in der Nähe des Himmelsnordpols, im Zentrum aller kreisenden und schwingenden Bewegungen des Alls. Was sonst Aufgang und Untergang der Gestirne ist, macht sich fest an diesem unsichtbaren Zentrum der Welt. Das ganze Leben des Menschen sollte sich so ausrichten und immer unverwandt auf diesen unerschütterlichen Ruhepol des Herzens blicken, voller Vertrauen und Festigkeit; mochte kommen und gehen, was wollte, zwischen Geburt und Tod, unser Herz sollte dort sein, wo die Welt in aller Bewegung stillsteht, beruhigt in sich selber. Und das war die Vorstellung von dem, was geschieht, wenn wir scheinbar sterben: Wir kehrten zurück unter die Sterne, lehrten die alten Völker; wir verwandelten uns in Licht, wir flögen hinauf in der Freiheit der Seele, wir verschmölzen mit dem Gestirn des Lichts, mit der Sonne, und nähmen in heller Bewußtheit jenseits aller Nächte zu ihrer Rechten Platz. Das ist ursprünglich Himmelfahrt, dieses älteste Symbol dafür, daß es den Tod nicht gibt, aber eine ewige Berufung zu unzerstörbarem Leben.

Wie kommt die frühe Kirche darauf, aus dieser Vision des menschlichen Schicksals ein anscheinend vorgeschichtliches Abschlußsymbol des Lebens Jesu zu machen? Es mag deshalb sein, weil alles, was wir über das Leben eines Menschen, des Christus insbesondere, religiös zu sagen vermögen, sich nur ergeben kann, indem wir lernen, mit den Augen des Herzens zu sehen. Äußerlich wissen wir über die Person eines anderen Menschen scheinbar wenig zu sagen, aber wenn das, was er ist, uns innerlich tief genug berührt, formt sich seine Wirklichkeit zu stehenden Bildern. Über die Brücke dieser Bilder dringt in unser Herz, was er wirklich ist, uns zu sagen hat und bedeutet, und in dem Moment, wo wir es spüren, wird es uns zum Ereignis und macht sich fest an solchen Bildern.

Auch das Kontrastbild zur Himmelfahrt Jesu ist Teil unseres Glaubensbekenntnisses. Wir sagen, im Moment seines Todes sei Jesus hinabgestiegen in die Hölle, um den Verdammten die Botschaft des Vertrauens und der Errettung zu bringen. Doch sogleich wissen wir, daß dies keinesfalls allein das Sterben Jesu war, sondern sein ganzes Leben und der Grund, weswegen er sterben mußte; denn Jesus wollte, daß die üblichen Grenzen nicht nur zwischen Diesseits und Jenseits, sondern gleichermaßen zwischen den scheinbar guten Menschen, die sich jetzt schon wie im Himmel wähnen, und den anderen, ausgeschlossenen, den Teufelskindern, den Kindern des Lichtes und der Finsternis also, dahinfielen, indem die *eine* Menschheit Gott als ihrem Vater zurückgegeben würde. Gott wollte nicht, daß hier auf Erden Menschen sich wie mit ewigem Fluch belastet fühlen müßten, geboren als Aussaat des Satans, der Hölle teilhaftig schon hier im Leben, und daß sie ihr Dasein nur noch verwünschen könnten. Jesus wollte, daß das Vertrauen in das Erbarmen Gottes vordringen sollte in den Spuk, in den Schatten aller Ängste, Abschnürungen und Daseinsverdammungen. *Hinabgestiegen in die Hölle* – so sah er uns alle, als arme Teufel, bestrebt – mit dem besten Willen oft –, sich zugrunde zu richten, und fernab von dem, was wir sein könnten. Er wollte mit seinen Worten, mit seinen Händen vordringen bis in die nie beruhigten Zonen der Angst. Es ist die einzige Erklärung dafür, warum Jesus es schaffte, in wenigen Monaten, in ein, zwei Jahren die ganze Welt, die von ihm hörte, gegen sich aufzubringen, bis auf die wenigen, die verzweifelt genug waren, ihn zu brauchen, ihn zu verstehen. Sie sagten nicht: »hinabgestiegen in die Hölle«, sie sagten: »zu uns gekommen«, und in ihren Augen starb Jesus am Karfreitag nicht, sondern kehrte dorthin zurück, von wo er ausgegangen war.

Aufgefahren in den Himmel. Auch dies ist nicht einfach die Beschreibung des Todes, es ist die innere Wirklichkeit des ganzen Lebens Jesu. Er hat uns gelehrt, unser Leben so zu verstehen, daß es bei Gott steht, wie wir zu sagen pflegen. Irdisch gesehen stehen wir auf der Erde, und das bedeutet, daß andere Menschen scheinbar mit uns machen können, was sie wollen. Je mehr wir uns verhuschen und schon gar nicht mehr auf der Erde *stehen,* sondern mit dem Bauch an der Erde *kleben* oder tiefer noch uns in die Erde *eingraben* wie die Maulwürfe, voller Angst, in immer mehr verengter Perspektive, desto mehr sind wir fernab vom Himmel. Aber richtig ist, zu denken: Menschen *können* mit uns nicht machen, was sie wollen. Mit jedem Lichtstrahl des Vertrauens begreifen wir mehr, daß unser eigentliches Schicksal buchstäblich aufgehoben ist bei Gott und unerreichbar für die Verformungen der Angst, die uns überfallen, wenn wir nur dieses irdische Leben betrachten. Aufgehoben zu sein und bei Gott zu stehen, das ist so etwas wie Himmelfahrt mitten im Leben, eine Form innerer Unangreifbarkeit. Sie ging von Jesus aus, und sie macht unser Herz weit genug, um fähig zu sein zu dem, woran die Angst uns hindert: zur Offenheit der Liebe.

Wir denken uns ja Jesus nicht einfach »weggestellt«, räumlich fernab von uns, und fortan drehte die Erde sich weiter und wäre dem Göttlichen noch mehr entrückt, als sie jemals war, eine Kunde wär' an unser Ohr gedrungen und hätte uns nur noch sehnsüchtiger gemacht als zuvor, noch einsamer, als wir je gewesen, da wir doch schon die Erfüllung mit Händen zu greifen vermocht hätten. Im Gegenteil. Wir erleben, daß das, was Jesus wollte, das eigentliche Maß und die Richtschnur unseres Daseins bildet. Deshalb sagen wir, daß Jesus im Moment seiner Himmelfahrt, diesem Lichtpunkt unserer inneren Erfahrung all dessen, was er ist und war, zur Rechten des Thrones Gottes gestellt worden sei als der Richter der Welt. So ist es. Bei jedem Wort, das wir von Jesus wirklich verstehen, bekommt nicht nur unser Leben eine innere Ausrichtung; wir wissen zugleich, daß sich da etwas entscheidet. Wie wir leben *sollten,* spüren wir da, und worauf es wirklich ankommt.

In den Worten Jesu lebte so etwas wie das Gleichnis, das er im 25. Kapitel des Matthäus erzählt. Wenn Gott als der Richter kommen wird, hat er nur eine einzige Frage: wie wir umgegangen sind mit Menschen der Not, die unser Mitleid brauchten und unser Verstehen, mit den Nackten, Hungernden, Gefangenen, den Bettlern des Daseins. Was wir mit ihnen gemacht haben, ist das einzige, was schließlich zählen wird. Es ist der einzige Maßstab, der zeigen kann, wer wir selber sind und was aus unserem Leben wird.

Dann denken wir noch: Jesus bleibt ja nicht am Throne Gottes als ferner Richter am Ende der Zeiten stehen und wartet auf uns, sondern er kommt zurück auf den Wolken des Himmels, und das geschieht jetzt schon. Immer da, wo wir ein wenig von dem leben, was wir von Jesus begriffen haben, kommt er uns näher, fühlen wir ihn deutlicher, sind unsere Gedanken dichter bei den Wolken des Himmels und ist etwas von der Wirklichkeit Gottes uns hier auf Erden schon fühlbar gegenwärtig. Was ist am Ende Himmel und Hölle und Oben und Unten und jene Welt und diese Welt? Die Wände sind offen, das ist die ganze Religion, der Sinn aller Träume, und es gibt keine klaren Abgrenzungen. Wir werden bemerken, daß es viele arme Teufel gibt, die uns aus ihrem Leid vieles lehren können über den Himmel, und wir werden bemerken, daß Menschen, die, äußerlich betrachtet, so rein und weltenthoben sind, als wären sie schon heute unangefochten dicht am Throne Gottes, anders betrachtet arme Teufel sind und noch viel dazu lernen müssen. Die Sphären schwingen, und es gibt keinen festen Standpunkt außer dem unsichtbaren Zentrum der Welt, im Mittelpunkt der unermüdlichen Sterne, ganz in der Nähe Gottes, dort, wo Jesus schon ist und immer schon war, wo er uns die Heimat wird.

Zum siebten Sonntag der Osterzeit

Dann erhob er seine Augen zum Himmel und sprach: Vater! Gekommen ist die Stunde: Verherrliche du den Sohn, auf daß der Sohn dich verherrliche. Wie du ihm Vollmacht über alles fleischliche Wesen gegeben, so soll er allem, was du ihm gegeben, unendliches Leben geben. Das aber ist das unendliche Leben, daß sie dich erkennen – den einzig wahren Gott – und den du gesandt hast: Jesus den Messias. Ich verherrliche dich auf Erden, das Werk vollendend, das du mir zu tun gegeben. Und jetzt: Verherrliche du mich, Vater, bei dir mit jener Herrlichkeit, die vor dem Sein der Welt ich bei dir hatte.

Ich habe zum Aufschein gebracht deinen Namen bei den Menschen, die aus der Welt heraus du mir gegeben hast. Dein waren sie, und mir hast du sie gegeben, und sie haben dein Wort gewahrt. Jetzt haben sie erkannt, daß alles, was du mir gegeben, von dir her ist. Denn die Worte, die du mir gegeben, habe ich ihnen gegeben. Und sie nahmen sie und erkannten wahrhaft, daß ich von dir ausging. Und sie wurden glaubend: daß du mich gesandt hast.

Ich bitte für sie – und nicht für die Welt bitte ich, sondern für sie, die du mir gegeben –, weil sie dein sind. Und all das Meine ist dein und das Deine mein, und ich bin verherrlicht in Eins mit ihnen. Und ich bin nicht mehr in der Welt, sie aber sind in der Welt. Und ich, ich komme zu dir. JOH 17,1–11a

Würden wir nur diese Worte aus den Abschiedsreden Jesu kennen, müßte sich allein aus ihnen, fast zwingend, der Schluß ergeben, daß der Ort ihrer Entstehung im alten Ägypten zu suchen sei. Denn in der Oase am Nil träumte man Jahrtausende vor Christus, daß alles, was in diesem irdischen Leben sich ereignet, so begrenzt es auch scheinen mag, nur wie der Schatten und der flüchtige Widerschein einer anderen, ewigen Welt sei, hoch droben über den Sternen, es gebe droben am Himmel unvergänglich alles das nicht nur noch einmal, was uns hier auf Erden umgibt, es sei dort droben die eigentliche Wirklichkeit zu suchen, von der wir nur Traum und Schatten sind. Noch einmal würden auf dem himmlischen Nil des Morgens die Kähne unter Segeln fahren und die Last der Nahrung und des Getreides zwischen den Städten handeln und transportieren, es gingen noch einmal des Morgens die Tiere zur Weide, die Männer zur Arbeit, die Kinder zur Schule, und alles, was wir jetzt tun, sei nur wie ein Vorausbild oder wie ein Nachbild dieser in sich geordneten, aller Vergänglichkeit enthobenen, von allem Leid so himmelhoch entfernten ewigen Welt.

Was uns im Christentum aus dieser Weltsicht überkommen ist, hat die Kirche des alten Orients in Gestalt der Ostkirche gewiß tiefer zu bewahren vermocht als die lateinische Kirche des Westens. Schlägt man in den Kirchen von Byzanz das Evangelium auf, so feiert man das Wort Gottes wie den Duft von Weihrauch und wie ein Abendopfer, das emporsteigt aus den Herzen der Menschen und zurückwill zum Himmel, während es doch herabgestiegen ist als das ewige Wort Gottes in unsere Zeit. Man begeht nicht, wie wir es gewohnt sind, das Opfer Christi wie eine Wegzehr auf dem langen Pfad durch die Wüste hinüber ins Land der Verheißung, man feiert vielmehr die Gemeinschaft des Göttlichen unter den Menschen, wie wenn für die Dauer einer kurzen Stunde der Himmel selber auf die Erde kommen wollte und wir der ewigen Musik des Glücks und der Seligkeit in der Anschauung Gottes teilhaftig würden, so daß die Ostkirche in einer Fülle von Bildern in einer Wand, die ebenso durchscheinend ist wie verhüllend, uns die Engel und Heiligen vor Augen stellt, die uns umgeben und die wir sehen müssen, um im Sichtbaren das Unsichtbare zu ahnen und im Unsichtbaren das Irdische verklärt zu finden.

Grade solche Worte, die nicht auf Erden gesprochen scheinen, sondern wie am Thron Gottes gesagt sind, während sie doch hier auf Erden verkündet werden, sind diese Worte aus den Abschiedsreden Jesu im Johannesevangelium. Man hat sie mit einem schönen Wort das Hohepriesterliche Gebet Jesu genannt, und es ist richtig. Sie sind nicht gesprochen als die Worte eines einmal gesagten Fürbittgebetes für uns Menschen, als etwas, was sich erledigt hätte mit dem Weggang Jesu; es ist vielmehr, wie wenn Zeit und Raum ihre Gültigkeit verloren hätten und es einen Tod eigentlich gar nicht mehr gäbe, sondern schon hier auf Erden die

Gnade, Gott zu erkennen, ihn zu erfahren und in seiner Nähe wirklich zu leben. Denn das *ist* das ewige Leben, sagt dieser Text ganz wörtlich: Gott zu wissen. Es ist der Inbegriff all dessen, was Jesus ist, was er war und sein wird. Das Johannesevangelium kennt keine Trennung mehr zwischen dieser Welt und einer anderen, zwischen dieser Zeit, die vorübereilt, und einer ewigen, die jenseits des Todes anbricht; es gibt nur eine einzige Wirklichkeit, in der alles miteinander verschmilzt, denn es gibt die Angst nicht mehr, die uns lähmt und das Herz umdunkelt; es gibt die Macht und den Zwang der Schuld nicht mehr, in der wir unser Leben verfehlen und einer des anderen Dasein beschwert; es gibt den Abgrund der Verzweiflung nicht mehr, an dessen Rand wir uns an diese Welt klammern, wie wenn es nur dieses kurze Dasein gäbe und ein anderes uns niemals bestimmt wäre. Das Johannesevangelium meint, daß Jesus für uns dieses Vertrauen bedeute: Wir vermöchten zu leben, daß kein Tod mehr sei und keine Macht der Finsternis und kein Schatten mehr, den das Licht über unsere Seele wirft. Deshalb sind diese Worte Jesu wie ein einziges Gebet, nicht eigentlich gesprochen, sondern vielmehr gelebt – die Zusammenfassung all dessen, was irgend Leben heißen kann.

Kein Evangelium schildert Jesus so sehr als den Sohn Gottes, als den aus der anderen Sphäre des Lichtes Herabgestiegenen, und dennoch sind diese Worte die bescheidensten im ganzen Neuen Testament, mit denen Jesus versichert, er habe uns niemals etwas von sich her gegeben. Eben dies, daß er durchscheinend wurde für die Welt Gottes, bedeutet gerade, daß er wußte, daß es Besseres gar nicht zu tun gibt, als darauf zu vertrauen, daß Gott hell werden kann, wenn man ihm nicht im Lichte steht, nicht den eigenen Willen zwischen sich und den anderen Menschen schiebt, sondern möglichst absichtslos, möglichst weitherzig, möglichst vertrauensvoll und offen dem anderen begegnet, damit Gottes Wahrheit sichtbar werde und es im anderen zu leben beginne, so wie Gott es gemeint hat. Mehr füreinander zu tun ist nicht möglich, mehr aber auch gar nicht nötig. Wir müssen uns nicht fragen, was wir selber geben können, es genügt, einfach zu *sein* in der Macht Gottes und offen zu sein für Gott, so daß es uns durchfließt mit einer Kraft, über die wir nicht verfügen, aber die uns durchströmen kann und sich weiterleitet wie durch einen Seitenarm des großen Stroms Nil und die Felder befruchtet und zum Leben erweckt, die sonst unter der Dürre brachlägen. Alles, was wir von Jesus entsprechend diesem Gebet der Abschiedsreden sagen können, ist, immer mehr zu spüren und zu wissen, daß es sich so verhält: Kein Wort aus dem Munde Jesu, wenn wir es richtig verstehen, war und ist darauf berechnet, Macht für sich selber zu gewinnen. Es ist gewaltfrei und offen auf Gott hin, und immer, wenn es diesen Mut erweckt, werden wir wissen, was Johannes hier sagt und Jesus sprechen läßt: Es ist kein Unterschied zwischen Gott und dem, den er gesandt hat. Sie beide sind eins, und die Bedingung und der Grund, es zu erfahren, liegt ganz und gar darin, daß wir selber eins werden mit Gott und mit uns selber. Dies ist die Hoffnung, die Jesus uns anvertraut hat bis zum Ende der Tage: daß wir einer im anderen Gott wiederzuerkennen vermögen und uns aufeinander verwiesen fühlen. Denn nichts verbindet Menschen stärker als ihr Heimweh nach der Ewigkeit und das Gespür, daß das, was wir die Welt nennen, niemals uns sättigt, niemals uns erfüllt, niemals unser Zuhause wird. Inmitten dieser Sehnsucht sind wir verwandt, inmitten dieser Zuversicht Geschwister, inmitten dieser Hoffnung zu Gott Berufene. Über unser aller Haupt aber liegt es wie ein sich ausbreitender Segen in dem Gebet der Fürbitte, das Christus am Throne Gottes für uns alle und für einen jeden zu jeder Stunde und in jedem Augenblick spricht. Jede Messe, die wir miteinander feiern, ist nur der kurze Moment, in dem wir dieser ewigen Wirklichkeit fühlbar ansichtig werden und merken, daß es so ist. Wenn wir dieses Gebet das eines Hohenpriesters nennen, so ganz in diesem Sinne, daß ein Priester dies sein sollte: Mittler zwischen Zeit und Ewigkeit, Brücke zwischen zwei Welten oder, besser noch, ein Zeichen, daß nur eine einzige Wirklichkeit ist, in der wir in Gott miteinander verbunden sind.

Vielleicht daß man von fremden Religionen das Eigene am schönsten lernen kann. Wenn die Indios in Mittelamerika in ihren Statuen und Bildern darstellten, was ein Priester ist, so zeichneten und formten sie die Gestalt eines Menschen, dessen Leib sich ausdehnt in die Achsen der Welt zwischen Oben und Unten, zwischen Sonnenaufgang und Sonnenuntergang. Dort, wo ein Priester ist, meinten sie, sei der Ort, wo die Welt sich heiligt in ihrem

Zentrum und hinfindet zu dem verborgenen Mittelpunkt ihres Lebens. Ein Priester sollte ein Mensch sein, in dem sich vereinigt, was sonst auseinanderfällt. So war und ist Jesus für uns der Mensch, an dem unser Leben sich ordnet, und man weiß nicht, weist es zurück in die Erinnerung eines verlorenen Paradieses oder hinaus in die Welt, die uns verheißen ist. Auch Anfang und Ende sind eins in der Ewigkeit Gottes, wir aber ein winziger Punkt, eine winzige Note, eine kleine Stelle der unendlichen Fuge des ewigen Gesangs der Sphären, des Himmels, des Göttlichen, Teil eines nicht endenden Gebetes im Munde Jesu, im Herzen Gottes.

Was meinen wir, wenn wir sagen, wie Jesus uns zu beten lehrte: »Dein Reich komme?«

In den ersten drei Evangelien wird das Reich Gottes als etwas geschildert, das in der Zukunft kommen wird und eintritt im Zusammenbruch der Welt, die wir kennen. Ein Mensch, der stirbt, begibt sich nach seinem Tod durch die Auferstehung in die Welt des Göttlichen hinein, und die ganze Welt wird, wenn sie einstürzt, den kommenden Messias auf den Wolken des Himmels sehen. Es ist ein zeitliches Nacheinander, in dem wir für gewöhnlich die Ankunft des Gottesreiches uns vorstellen, und es ist ein räumliches Übereinander. Um zu Gott zu gelangen, so schildern es die ersten Evangelien, muß sich Jesus aus dieser Welt hinaufbegeben zum Himmel. Erst das vierte Evangelium nach Johannes nimmt jede mythische Vorstellung aus dem Sprechen von Gott und seiner Wirklichkeit heraus. Es könnte sich auf ein Wort berufen, das so im Neuen Testament nicht steht, aber parallel dazu im Thomasevangelium überliefert wird. Jesus sagte: »Glaubt nicht, das Himmelreich sei über euch, denn dann wären die Vögel des Himmels rascher dort. Glaubt nicht, das Himmelreich sei tief unter euch, denn dann wären die Fische des Meeres vor euch dort. Glaubt nicht, das Himmelreich sei weit entfernt auf Erden, denn dann wären die Tiere des Feldes vor euch dort. Das Himmelreich ist ganz und gar in euch selbst.« Ganz so läßt Johannes Jesus in den Stunden des Abschieds reden. In diesen Worten verdichtet der Evangelist alles, was er von Jesus verstanden hat, und er möchte, daß wir begreifen: Nichts von dem, was Jesus sagte, läßt sich als vergangene Erinnerung wiedergeben, und nichts, was er an Hoffnung in uns senken wollte, läßt sich als eine rein zukünftige Wirklichkeit beschreiben. Alles, was Jesus ist, sollte und könnte uns berühren in der Gegenwart; und nur dann wird es zum Glauben. Im Sinn der Worte Jesu ist die Wirklichkeit Gottes etwas, was sich in unser Leben einfügt je nach der Art, wie wir unser Leben verstehen. Es ist schon jetzt möglich, unser Leben so zu beginnen, daß es die Welt überwindet. Selbst wenn Johannes noch davon spricht, daß Jesus aus der Wirklichkeit Gottes zu uns gekommen ist und nun angesichts seines Todes sich dorthin wieder zurückbegibt, ist diese Redeweise noch am Rande räumlicher Vorstellungen angesiedelt. Dichter und richtiger sollten wir sagen: Jesus verkörpert den Einbruch einer neuen Form, das Leben zu verstehen und es aus diesem neugewonnenen, richtunggebenden Sinn heraus auch zu leben.

Wenn wir die Welt rings um uns her betrachten und sie endgültig setzen, so hat der Tod über unser Dasein das letzte Wort, und die Angst vor dem Tode verformt sich sehr bald zur Angst vor dem Leben. Nichts mehr ist gerade und richtig getan, sondern es verkrümmt sich unter dem Schwergewicht der eigenen Angst und wird immer geschlossener in sich selbst und verfestigter gegen jedes Aufblühen, gegen jede Weite, gegen jede Perspektive von Hoffnung. In der Biologie kennt man Lebewesen, die nur in der Ebene ein räumliches Vorstellungsvermögen haben. Man kann sie zwischen vier kleinen Streichhölzchen einschließen. Obwohl sie körperlich dazu imstande wären, einem solchen Gefängnis zu entkommen, vermögen sie es geistig nicht, denn sie können sich eine Bewegung nach oben nicht denken. Ganz so sind in gewissem Sinn auch wir Menschen. Wir sind eingefügt in das Gefängnis der Welt, solange wir nichts weiter um uns sehen als die irdische Wirklichkeit. Das, was Jesus uns brachte, war eine andere Perspektive. Nennen wir sie – bildhaft –, über dieser irdischen Welt den Himmel zu sehen. Die Macht, die er uns bringen wollte und die im Glauben liegt, besteht ganz und gar darin, im Hintergrund von allem eine Erfahrung vorauszusetzen, aus der wir im Vertrauen auf eine reine Güte leben. Diese Wirklichkeit, die wir Gott nennen, scheint uns oft fremd und fragwürdig, und doch ermöglicht sie uns, daß wir uns aufrichten und das Gefängnis des Todes verlassen. Nichts ist mehr so wie ehedem, als sich die Gitterstäbe dieser Welt um uns zu schließen drohten. Wir beginnen, frei zu atmen, wir beginnen, unsere Menschlichkeit wiederzuentdecken. Wir beginnen, ein Gefühl für unsere eigene Größe zu bekommen.

Dies, daß der Hintergrund der Welt kein dunkler Abgrund ist, sondern eine väterliche Güte, das war es, worauf Jesus selber vertraute und worauf zu vertrauen er mit seiner Person uns lehrte. Wir werden von der Menschlichkeit Gottes nie mehr verstehen, als was Menschen an unserer Seite uns an Vertrauen ermöglichen können. Wir werden von Gott als der ewigen Liebe keinen anderen Begriff bekommen können als von der Liebe, die andere Menschen uns schenken. Sie aber ist gesammelt in der Person Jesu. Er war das reine Vertrauen zu Gott und daher zu uns Menschen. Durch ihn können wir leben. Es ist aber nicht so, als wenn wir auf diese Erfahrung, die in Jesus lebt, warten müßten wie auf etwas Fernes oder nach ihr greifen müßten wie nach etwas, was über uns hinaus ist. Es ist möglich, unser Leben fest zu gründen in Vertrauen, und alle Angst fällt ab, und die Welt ist wie etwas Überwundenes.

Es gibt dafür vielleicht nur diese zwei Kriterien, an denen das Johannesevangelium selber festmacht, was Jesus meint. Das eine ist *das Vertrauen im Gebet.* »Alles, worum ihr bitten werdet in meinem Namen, wird euch zuteil werden.« Wie viele Fragen mögen uns kommen, wenn wir das hören! Wieviel an Verzweiflung wird vor unseren Augen auftauchen, wenn wir diese Zeilen lesen! Haben nicht immer wieder Menschen gebetet und sind nicht erhört, sind auf grausame Weise nicht in ihren Gebeten bestätigt worden? Als Kind erläuterte mein Pfarrer mir diesen Text damit, daß wir allzumal Sünder seien und Gott deswegen unsere Gebete nicht erhören könne; Kindergebet aber dringe durch die Wolken, darum müßten grade die Kinder besonders intensiv beten. Und den Erwachsenen sagte er, sie sollten sich an die würdigen Vertreter unserer Anliegen, an die Mutter Gottes und die großen Heiligen, wenden. Ich glaube heute, daß dies selber eine sehr kindliche Vorstellung von Gott ist, die sich an einem solchen Text wie dem heutigen Evangelium läutern könnte. Jesus sagt in der Bergpredigt einmal: »Macht, wenn ihr betet, nicht viele Worte ... euer Vater weiß doch, was ihr braucht.« So dachte er wirklich: Wir sollten Gott nicht bestürmen mit dem Geplärr unserer Ängste und Schmerzen, wir sollten in ein ruhiges Vertrauen eintauchen, daß Gott es gut mit uns meint, gleich was wir auf Erden erleben. Wenn ein Kind die Eltern bittet, zum Geburtstag, zum Namenstag, zu Weihnachten ihm dies und das zu schenken, mag der Katalog der Wünsche lang sein, und jedes Detail wird dem Kind sehr wichtig vorkommen. In Wirklichkeit aber geht es gar nicht so sehr um die Einzelheiten seiner Wünsche, sondern um die Frage, wie die Eltern wirklich zu ihm stehen, ob sie es lieben. Denken Sie diese Frage im Hintergrund einmal konsequent zu Ende, dann ist leicht vorstellbar, daß eine Situation eintritt, in der die Eltern nicht einen einzigen Wunsch des Kindes erfüllen möchten oder erfüllen können, und es gäbe dennoch etwas Wichtigeres mitzuteilen, das in allen Wünschen das Entscheidende ist: Die Eltern könnten dem Kind sagen, daß sie es sehr liebhaben, aber womöglich nicht das Geld, nicht die Möglichkeit haben, seine Wünsche im einzelnen zu erfüllen; und das Kind könnte verstehen, daß es sich so verhält. Alles, was wir von Gott äußerlich empfangen, ist bestenfalls ein Zeichen, auf das wir im Prinzip auch noch verzichten können. Vor einiger Zeit sagte eine alt gewordene Frau zu mir: »Ich würde, wenn ich jünger wäre, sagen, ich betete für Sie; aber das kann ich nicht; drum sag' ich einfach: Ich denk' an Sie.« Diese Frau hat viel gelernt an einem solchen Text wie diesem. Es gibt eine Verbundenheit, die in Raum und Zeit nie mehr aufhört, und sie legt sich nicht fest auf dies und das, sie ist einfach da. Und so denkt Gott an uns und wir an ihn, wenn wir im Namen Jesu nach der Art seines Wesens beten.

Dies ist das eine Kriterium, das andere ist *das Ende der Fragen.* Unser Leben besteht so sehr aus Fraglichkeiten oder Fragwürdigkeiten, und grade wenn wir von Gott sprechen, wissen wir oft gar nicht, wen oder was wir da meinen. Nichts ist beweisbar, nichts demonstrierbar, und doch tauchen wir im Verlauf des Lebens immer tiefer in eine solche Wirklichkeit, die uns trägt. Jede starke Liebe wird von einem bestimmten Moment an nicht mehr fragen dürfen, um sich zu vergewissern; sie würde den Einklang des Vertrauens nur zerstören. Im Grunde ist dieser Zustand auch das Ende aller Bitten. Es ist der Beginn dessen, was die ersten drei Evangelien als das Reich Gottes bezeichnen. Vielleicht gibt es ein Bild, um zu verdeutlichen, was das Johannesevangelium meint, wenn es von Welt spricht und von Gott und warum uns das Göttliche so nah sein kann. Kaum aber glauben wir diese Nähe Gottes zu greifen, da scheint sie uns wieder entzogen zu werden, und kaum daß die Jünger sagen: »Jetzt verstehen wir, denn du sprichst zu uns ganz ohne Bild«, wird Jesus ihnen sagen: »Und ihr werdet in dieser Stunde noch fliehen, ein jeder in seine Heimat, und euch zerstreuen.« Unser Leben ist zerrissen zwischen Himmel und Erde, Gott und Welt, zwischen Vertrauen und Angst; trotzdem werden wir, schon durch die Not der Verzweiflung, am Ende fähig sein, wieder zurückzufinden in dieses alternativelose Vertrauen, aus dem wir wirklich leben. Und wir werden am Beispiel Jesu spüren, daß es nur eines gibt, was wichtig ist auf Erden: zu wissen, daß wir nie allein sind, denn Gott ist bei uns. Dies ist die Art, die Welt zu überwinden. Die heutige Physik denkt sich die ganze Wirklichkeit einteilbar in nur zwei Sphären, die Sphäre der Materie und die Sphäre des Lichtes. Die Sphäre der Materie läßt sich festmachen nach Raum und nach Zeit. Vom Licht wissen wir, daß es sich mit Lichtgeschwindigkeit bewegt und also räumliche Strukturen kennt. Aber es kennt nicht mehr die Dimension der Zeit. Es gibt Licht, das auf uns zukommt aus dem Hintergrund des Kosmos und das älter sein muß als fünfzehn Milliarden Jahre. Für diese Lichtteilchen aber gibt es keine Zeit, für sie ist zwischen Schöpfungsanfang und heute nicht eine Sekunde vergangen. Sie sind einfach in der Wirklichkeit, mit der sie begonnen haben. Es ist nur ein Bild, aber im Sinne des Johannesevangeliums müßten wir sagen: Das Reich Gottes beginnt, wenn wir leben aus Licht, und es ist, als wäre die Zeit aufgehoben und wir lebten aus der reinen Energie der Strahlkraft eines Glaubens, der uns in eine Sphäre hineinträgt, die nicht mehr zerstörbar ist. Die Liebe, das Vertrauen und unser Dasein sind unzerstörbar in der Wirklichkeit Gottes.

Vater, Heiliger! Bewahre sie in deinem Namen, den du mir gegeben hast, daß sie seien eins wie wir. Als ich bei ihnen war, bewahrte ich sie in deinem Namen, den du mir gegeben. Und ich wachte, und keiner von ihnen ist zugrunde gegangen – außer dem »Sohn des Untergangs« –, auf daß die Schrift erfüllt würde. Jetzt aber komme ich zu dir. Und das sage ich in der Welt, auf daß sie meine Freude in Fülle in sich haben. Ich habe ihnen dein Wort gegeben; und doch haßte sie die Welt, weil sie nicht aus der Welt sind, wie ich nicht aus der Welt bin. Ich bitte nicht, daß du sie herausholst aus der Welt, sondern sie bewahrst vor dem Bösen. Sie sind nicht aus der Welt, wie auch ich nicht aus der Welt bin. Heilige sie in der Wahrheit. Dein Wort ist Wahrheit. Wie du mich in die Welt gesandt hast, so habe auch ich sie in die Welt gesandt. Und für sie heilige ich mich selbst, auf daß auch sie seien in Wahrheit Geheiligte. JOH 17,11b–19

Für eine tiefe Liebe gibt es keinen Ausdruck, der sensibler und feiner wäre als das wechselseitige Gebet. Eben deshalb geschieht es, daß die letzten Worte Jesu bei seinem Abschied von den Jüngern Worte eines ewigen Gebetes sind. Jede andere Art, miteinander umzugehen, hat etwas Äußeres an sich. Wir können füreinander Gefühle der Zuneigung und der Fürsorge empfinden. Wir können uns Mühe geben, das Wohl des anderen zu fördern und nach Möglichkeit Schaden von seiner Person fernzuhalten. Aber sosehr wir uns auch dabei Mühe geben, wir werden vom Wesen des anderen allenfalls den äußeren Rand, die Peripherie berühren, und wir rechnen nicht wirklich mit seiner eigenen Fähigkeit, in Freiheit für sich selbst einzustehen und Sorge zu tragen.

Allein das *Gebet* entstammt einer Haltung, die tief genug ist, das Wesen des anderen in seiner Wahrheit zu berühren, verdankt es sich doch selber der Erfahrung, die einzig die Liebe schenken kann, wie sehr der andere in seiner ganzen Eigenart bereits durch sein Dasein unsere eigene Existenz über die Welt hinaus zu erheben vermag und Brücken zum Ufer der anderen Welt zu schlagen imstande ist. Jede Liebe entdeckt den Menschen, auf den hin sie sich versammelt, in gewissem Sinn als priesterlich, als fähig, die Welt weit zu machen bis zum Unendlichen und hoch bis zu den

Sternen. Unter den Augen der Liebe entstammt der andere unmittelbar den Händen Gottes, und sie taucht ein in den Zauber seines Wesens, seiner Wahrheit und seiner Schönheit. Wenn dieses Gefühl der Dankbarkeit von uns selber Besitz ergreift, verwandeln sich die Worte und Gefühle in ein unablässiges Gebet. Es ist dann nicht mehr möglich zu sagen, worum wir eigentlich beten. Äußerlich gesehen möchte uns mancherlei in den Sinn kommen, was Gott, wenn er es mit dem anderen gut meint, für ihn tun und besorgen sollte. Aber eigenartig ist, daß diese Art betender Fürsorge immer weiter zurücktritt, je tiefer die Liebe greift und sich verwurzelt. Im Grunde geht es nur um eines: wechselseitig einander auf dem Sternenweg zurückzuführen und einander zu begleiten, auf dem wir von Gott zur Welt gekommen sind. Dies ist die tiefste und wahrste Erkenntnis, die wir in der Liebe gewinnen und im Gebet bestätigen können. Der andere in seiner Existenz ist unableitbar von Gott gekommen. Die Freiheit seines Wesens verdankt er keinem anderen Menschen. Im Gegenteil, oft ist er sogar genötigt, den Einfluß, den Dirigismus, den scheinbar verantwortlich guten Willen der anderen abzuschütteln, um selber zu sich zu finden. Diese hohe, himmelweit ausschwingende Kraft seiner Seele, die ihn beflügelt, frei zu sein, verdankt er einzig der Erinnerung an das Licht der Sterne, an das Wesen Gottes, aus dem er kommt.

Worum sollten wir dann beten, wenn nicht grade um das Anliegen, das Jesu als das einzig wesentliche in sein Herz schließt und uns selber mit auf den Weg gibt? Es ist nicht die Fürbitte, Gott möge uns in dieser Welt irgend etwas ersparen, weil das gar nicht geht. Im Gegenteil, je entschiedener und entschlossener jemand zur Wahrheit seiner eigenen Person zu stehen beginnt, desto mehr wird er erleben, wie sehr von außen Zweifel, Kritik, schließlich Zorn, Christus sagt sogar: Haß über ihn hereinfällt. Unsere ersten Brüder und Schwestern in Christus, die Gläubigen der frühen Kirche, gaben dafür selber ein Beispiel. Ein altrömischer Geschichtsschreiber am Ende des ersten Jahrhunderts nennt die Christen kurz und bündig den »Haß des ganzen Menschengeschlechts«. Und er hat in gewissem Sinn Grund, so zu schreiben. Denn was alle anderen sonst auf Erden zu erfreuen scheint, gilt diesen merkwürdigen Sonderlingen für roh, unmenschlich und primitiv. Worauf alle anderen sonst ihre wohlerworbenen Rechte, ihre einklagbaren Titel der Zuweisung ihrer Ansprüche gründen, das halten diese für nebensächlich, überholt und unwichtig. Was allen anderen sonst den Inhalt des Lebens zu bezeichnen scheint, darum kümmern sie sich gar nicht. Kurz, sie sind in gewissem Sinne wie ein lebender Vorwurf, in ihrer Abgrenzung eine Provokation; mit ihrem eigenen Weg reizen sie dazu an, über sie herzufallen und sie dazu zu zwingen, daß sie sich gleichförmig und gleichartig machen mit allen anderen vernünftigen Menschen. Aber eben – was den Vernünftigen weise scheint, gilt diesen, die sich Christen, Söhne eines ewigen Vaters nennen, als sinnlos und Torheit. Sie sind nicht aus der Welt, das stimmt, und sie sind imstande, alles zu relativieren, was es in der Welt gibt. Schon deshalb sind sie für die Kinder dieser Welt hassenswert. Ihre Zuversicht auf ein ewiges Leben ist eine ständige beunruhigende Herausforderung, sich gegen den Tod zu schützen, wie es alle anderen sonst tun, indem sie sich in das Irdische vergraben. – Diese Herausforderungen, Auseinandersetzungen, Konflikte, Provokationen, möglicherweise Bedrohungen und Verfolgungen kann man grade dem Menschen, den man liebt, nicht abnehmen, sowenig Christus es sich gefallen ließ, als Petrus ihn auf dem Wege nach Jerusalem bat, diesen Gang ins Leid nicht fortzusetzen. Der Herr fuhr ihn förmlich an, nicht nach solcher Weise Menschengedanken statt Gottespläne im Herzen zu tragen.

Es gibt nur eines, worum zu beten sich wirklich lohnt, und dies unablässig: daß Gott uns bewahren möge vor dem Bösen, oder anders ausgedrückt, daß er die Wahrheit unseres Wesens in uns täglich reicher, blühender und schöner sich entfalten lassen möge, sind wir doch ihm anvertraut und ihm anheimgestellt in Zeit und Ewigkeit. Nur dieses Gesetz gibt es: in reifenden Ringen die eigene Wahrheit zu leben. Sie entfaltet sich im Umkreis der Liebe. Sie bestärkt sich in der Güte und im Wohlwollen des begleitenden Gebetes. Und in beiden, in der Liebe, die betet, und im Gebet der Liebe, weitet sich unser Herz, wird fähig zu einer Güte, die keine Grenzen kennt, und ist imstande, schon hier auf Erden den Himmel zu berühren.

Es ist die Vision des Johannesevangeliums, daß sich Christus unmittelbar vor dem Beginn seines Leidens in einem grossen Gebet an Gott gewandt habe, das alles ausdrückte, was er wollte, und alles darstellt, was er für uns ist. Sein ganzes Leben, will der Evangelist sagen, war ein solches Gebet und wird es, am Thron Gottes für uns, in Ewigkeit sein. Was Jesus verkörperte, was er sagte und tat, läßt sich in der Tat in diesem einen Wort zusammenfassen: Er hat uns den Namen Gottes gelehrt. Was wir von Gott niemals wissen würden, durch keine Kunst der Philosophie oder Wissenschaft erforschen könnten, ist uns nahegebracht worden in der Gegenwart Jesu: daß der Hintergrund der Welt kein dunkler Abgrund ist und was diese Welt trägt und durchzieht, keine schweigende Macht ist, der wir gleichgültig sind, sondern das Antlitz und Gesicht unseres Vaters trägt. Wir dürfen, inmitten unseres kurzen Lebens, Vertrauen setzen in die Kraft, die will, daß wir sind, und die, ob wir es wissen oder nicht, es gut mit uns meint. Dieses Vertrauen bleibt, daß wir aus der Nähe Jesu nie herausfallen müssen, was immer wir tun oder was immer uns geschehen mag.

Es kann sein, daß wir von uns selber und von anderen Menschen durch Schuld getrennt werden. Aber Jesus lehrte uns zu glauben, daß Gott nicht bereitsteht, Gericht zu halten über uns, und daß er nicht unseren Tod will, sondern Vergebung und Leben. Es kann sein, daß wir entdecken, daß wir eigentlich noch nie wirklich gelebt, sondern uns wie in einer dunklen Nacht durch diese Welt getastet haben. Es ist trotzdem möglich, zu spüren, daß wir in der Nähe Jesu noch einmal von vorn beginnen können, zu wachsen und zu reifen und ein eigenes Bewußtsein für unser Dasein auszuprägen. Es ist so etwas wie eine Wiedergeburt aus dem Geist. Und es ist überhaupt möglich, zu spüren, wie reich und wie glücklich wir leben können, wenn wir uns die Wahrheit nicht von außen aufpressen lassen, sondern von innen heraus wagen zu sein. Dann bleibt, daß, je mehr wir spüren, was Jesus uns zu sagen hat und aus welcher Wahrheit wir innerlich zu leben vermögen, die Kluft zu der Ordnung der Welt, die uns umgibt, womöglich auf fast groteske Weise zunimmt. Je mehr wir begreifen, wie sehr es stimmt, was Jesus uns zu sagen hat, um so phantastischer und spukhafter werden uns die ganz normalen Einrichtungen unserer

Gesellschaft, des Staates, all dessen, was wir täglich sehen, hören und lesen, vorkommen müssen: eine Welt, die auf Angst und auf die Hauptformen der Abwehr von Angst, auf Geld, Machtgier, Rechthaberei, autoritäre Versklavung, Unselbständigkeit gegründet ist. Das alles heißt nicht Leben, aber es gibt sich dafür aus. Das alles hat mit Vernunft nichts zu tun, aber es zelebriert sich wie eine selbstverständliche Tatsache. Jesus hat nie gewollt, daß wir rings um uns her Mauern bilden und in irgendeinem wohlversorgten Institut verschwinden, um uns diese Auseinandersetzung und Spannung mit der Welt ringsum zu ersparen. Auch seine Kirche kann keine feste Burg sein, hinter deren Mauern wir die Welt in ihren Untergang treiben lassen könnten. Ganz im Gegenteil. Wir selber sind mitten in der Welt, und wir könnten den Mut haben, jeden Konflikt und jede Auseinandersetzung einzugehen. Es gibt etwas Schlimmeres, als an dem Druck von außen leiden zu müssen. Viel schlimmer wäre, die Wahrheit, die wir in uns selber kennen, aus Angst zu verleugnen.

Am Ende steht eine Bitte Jesu, die im Johannesevangelium so stark ausgesprochen wird, daß man deutlich spürt, sie war schon gefährdet und bedroht in den Tagen, als dieses Evangelium entstand. Es ist eine Bitte Jesu, die nach zweitausend Jahren Christentum fast widerlegt scheint: daß wir, die Jünger Jesu, untereinander eins sein sollten, so wie Christus und der Vater eins sind. Jede menschliche Gemeinschaft sonst mag sich zusammenrotten zur Überwindung irgendeiner akuten Not, und sie wird an der verinnerlichten Gewalt scheitern. Von den Jüngern Jesu sollte gelten, daß sie zueinander finden, getragen von der Kraft der Liebe, nicht der Angst, der Brüderlichkeit, nicht der Machtbesessenheit. Aber irgend etwas müssen wir im Verlauf der Kirchengeschichte falsch gemacht haben und immer noch falsch machen, wenn mitten im Christentum die Worte Jesu wie Waffen und Kampfmittel benutzt werden, um gegeneinander recht zu haben, und das Zeugnis der Geschichte verwendet wird, um in Abwehr Gruppierungen aus der Gemeinschaft Jesu hinauszuorganisieren.

Es scheint der wesentliche Fehler zu sein, daß wir denken oder denken zu müssen glauben, wir könnten irgend etwas von Christus oder Gott so sagen, daß es eine fertige Lehre wird. Um es möglichst kraß auszudrücken: Nicht einmal die Worte Jesu sind die

Wahrheit selber, so daß man sie nehmen und in jeder Lebenslage unterschiedslos, einfach weil sie so gesagt sind, als fertige Formel verwenden könnte. Alles, was Jesus sagt, gesagt hat und zu uns spricht, ist bezogen auf bestimmte Augenblicke, bestimmte Fragestellungen, ist zur Überwindung konkreter Not gesagt. Es gibt keine Weltformeln im Umgang mit Gott. Es gibt immer wieder nur ein Suchen unter bestimmten Umständen, in bestimmten Situationen und eine immer neue Verpflichtung, hinzuhören. Gott ist nicht fertig, er ist nichts, was man in ein Gesetz fassen könnte, und von Jesus gilt es ganz genauso. Wenn wir jemandem vorschreiben, er solle bekennen: »Jesus Christus ist der Sohn Gottes«, können wir so tun, wie wenn wir damit etwas Objektives, an und für sich Wahres, Allgemeingültiges und Unabänderliches aussprächen. Aber so ist es nicht. Selbst diese Worte sind zeitbedingt, überholbar, sind Hinweise auf Wahrheit, die sich erfahren lassen, aber nur ein begrenzter Ausdruck dessen, was Jesus wirklich ist. Er ist immer viel mehr. Wenn wir aber mit dieser Wendung »Ich glaube an Jesus Christus als den Sohn Gottes« ganz einfach sagen: »Ich habe erlebt, daß im Mittelpunkt meines Lebens die Person des Mannes aus Nazaret steht; wenn ich mich von ihr entferne, wird es um mich dunkel; wenn ich sie verleugne, müßte es in Stunden tiefer Verzweiflung sein; aber je näher ich ihr komme, desto dichter bin ich beim Licht, ich weiß ohne ihn nicht zu leben« – dann drücken wir aus, daß und wie wir an Jesus als den Sohn Gottes glauben. Aber auf dieser Ebene gibt es keine Rechthabereien, keine Kämpfe, keine Konfessionsstreitigkeiten. Da gibt es nur Menschen, die sich alle gemeinsam bemühen, die unterwegs sind und suchen und die untereinander austauschen können, was sie mit Jesus Christus erlebt haben. Dann kann es sein, je nach den Lebensumständen, daß der eine ganz am Anfang steht, der andere vielleicht schon weiter ist, aber wer weiß das, und wer hätte ein Recht, sich darauf zu berufen?

Es gibt im Grunde nur eine einzige Menschheit, die gemeinsam diesen langen, gefährlichen, großartigen Weg zwischen Zeit und Ewigkeit geht. Ein jeder von denen bemüht sich, ein Stückchen Wahrheit in seinem Leben zu verwirklichen, und je mehr er das tut, desto deutlicher wird er von der Wahrheit Jesu sich getragen fühlen. Woher bezögen wir das Recht, dem anderen das bißchen, was er grade in Händen hält, wegzunehmen, weil wir's angeblich besser, vollkommener, richtiger wissen? Und was für eine Selbstberuhigung in fertigen Formeln, die am Ende das Suchen verhindern und also das Finden schon nicht mehr erlauben, weil wir's ja hätten! Jede Generation, jeder Mensch steht jeden Tag in Sachen Gottes und Jesu Christi am Anfang. Das ist es doch wohl, was wir Ewigkeit nennen, etwas jenseits der Zeit, und dieses Gebet des Herrn am Throne Gottes, zeitlos und schwebend, müssen wir jeden Tag uns noch einmal sagen lassen: Bleibt in der Wahrheit.

Da! Ich komme bald. Und mein Lohn ist mit mir: um jedem zu vergelten so wie sein Werk ist. Ich bin das Alpha und das Omega, der Erste und der Letzte, der Uranfang und das Ziel.

Selig, die ihre Talare waschen, daß sie Vollmacht haben über das Holz des Lebens und durch die Tore in die Stadt eingehen. . . .

Ich, Jesus, habe meinen Engel geschickt, damit er euch dies über die Gemeinden bezeugt: Ich bin die Wurzel und das Stammvolk David, der strahlende Morgenstern.

Und der Geist und die Braut sagen: Komm! Und wer es hört, der spreche: Komm! Und wer dürstet – der komme. Und wer will, empfange lebendiges Wasser – umsonst. . . .

Es sagt, der dies bezeugt: Ja, ich komme bald.
Wahr ists! Komm, Herr Jesus! OFFB 22,12–14.16f.20

Kein Text der Bibel ist so sehr von Sehnsucht erfüllt wie diese Worte der Geheimen Offenbarung auf den letzten Seiten des Neuen Testaments.

Wie unterscheidet man einen Christen von den Menschen sonst? Im Sinne dieser großen Visionen von der Wiederkunft des Herrn müßte man sagen: Ein Christ ist jemand, der nicht verlernt hat zu warten. All den anderen ringsum kann er nur sagen: »Was du das Leben nennst, ist in Wahrheit ein allmählicher Tod, was du Freude nennst, bestenfalls Vergnügung, und was du die Normalität nennst, eine grau gestrichene Verzweiflung.« Ein Christ weigert sich, das Leben anzuerkennen, das *man* lebt. Er hofft auf eine Änderung von allem, denn er hat sie kennengelernt an den Ufern des Sees von Gennesaret. Er hat Worte gehört, die sein Herz berührten und ihn hoffen ließen auf den Himmel. Er wird sich diese Vision nie mehr zuschütten lassen. Lieber ist ihm der Durst, der nie aufhört auf dieser Erde, und er versteht diese Worte von dem Wasser für alle Verdurstenden. Diese Welt ist vollgestopft von Dingen, die die Sehnsucht nicht stillen können. Aber warum soll es das nicht geben: ein Leben, das noch einmal neu beginnt und das Siegel der Ewigkeit, die Hoffnung auf Unendlichkeit nicht verleugnet? All dies verbinden wir mit »Wasser«: daß das Leben rein wird im Glück, neu anfängt in der Gnade und daß es nichts mehr zu erwarten gibt, weil alles sich erfüllt.

So haben wir Christus kennengelernt und auf dem Weg zu ihm so viele Zeichen. Für den Mann, dem wir die Geheime Offenbarung verdanken, ist klar, was es heißt, wenn er Jesus sagen läßt: »Ich bin der Morgenstern.« Denn wie viele Tage und Nächte unseres Lebens sind wie ein schlafloses Wachen und Warten auf etwas, was kommen muß, damit wir leben können, und die Welt ringsum scheint dunkel und aussichtslos. Und doch gibt es dieses Licht über den Wellen, auf das wir wie Traumwandler oft, zuwandern. Der Stern vor dem Sonnenaufgang – ihn zu sehen ist vielleicht in dieser Welt alles, was wir haben. Aber es ist genug; so können wir leben.

Die Geheime Offenbarung ist ein Buch, das wie mit Paukenschlägen sich selber einleitet, indem es Christus zu einer der Gemeinden sagen läßt: »Wenn du doch wenigstens kalt wärest oder heiß; wo du aber lau bist, will ich dich ausspeien aus meinem Munde.« Das Christentum ist eine Art besonderer Energie des Herzens und der Seele. Es gibt sich nicht zufrieden mit der Ohnmacht, die nicht einmal langt zu sündigen, und mit der Schwäche, die außerstande ist zu Güte, unfähig zur Untat und ohnmächtig zur Wohltat, außerstande zur Reue, unsensibel für den Schmerz, träge und apathisch, lau. Die Geheime Offenbarung ist wie das ganze Christentum, ein Buch, das die Welt umpflügt, bis kein Abgrund mehr verborgen bleibt und keine Höhe unentdeckt, ein Buch von vibrierender Spannung zwischen Verzweiflung und Sehnsucht und Hoffnung und Vision einer Welt, wie sie kommen *muß*, damit das Leben stimmt. Schon so, meint dieses Büchlein, ist uns der Engel Gottes in unser Herz gesandt als Zeuge für das, was uns betrifft. Und so wissen wir Christus als den König unseres Herzens. Alles, was Menschen sonst verfügen können, die auf den Thronen sitzen, die die Sessel innehaben, gilt für nichts angesichts der einen, wahren Kraft der Liebe, wie Christus sie uns gelehrt hat. Und so bleibt dieses Gebet durch alle Zeiten: »Komm, Herr!« Nie werden wir aufhören, so zu flehen, nie werden wir aufhören, an dem Ungenügen dieser Welt zu leiden, und es wird der Durst und die Sehnsucht sein wie Wind und Wasser, das uns hinüberträgt zum anderen Ufer, an dem Christus auf uns wartet, der Anfang und das Ende, der Beginn eines wahren Lebens und die Beendigung des Scheins.

Voll heiligen Geistes aber, zum Himmel sich wendend, sah er Gottes Herrlichkeit und Jesus stehend zur Rechten Gottes. Und er sprach: Da! Ich schaue die Himmel: durch und durch offen und den Menschensohn stehend zur Rechten Gottes. Sie aber schrien mit gewaltiger Stimme, hielten sich die Ohren zu und stürmten einmütig auf ihn los. Und sie trieben ihn aus der Stadt hinaus und steinigten ihn. Und die Zeugen hatten ihre Obergewänder zu Füßen eines jungen Mannes niedergelegt, der Saulus hieß. Und so steinigten sie Stephanus, während er ausrief und sagte: Herr Jesus, nimm hin meinen Geist! Und in die Knie sinkend schrie er mit gewaltiger Stimme: Herr, laß ihnen diese Sünde nicht stehen! Das sprach er und verschied. APG 7,55–60

Die Größe und die Grenze der gegenwärtigen Gestalt des Christentums, ja vielleicht auch seine Gefahr läßt sich auf dem Boden des Neuen Testaments nirgendwo sonst derart deutlich sehen wie in der Gestalt und in der Legende des Märtyrers Stephanus. Er muß vom Griechentum zu der kleinen Gruppe der Jünger Jesu in Jerusalem gekommen sein und verkörpert sehr bald schon den Geist und die Kraft dieser Gruppe von Nichtjuden. Ihr eigentlich verdanken wir die frühesten schriftlichen Überlieferungen über Jesus, vor allem die Geschichte von seinem Tod und das Bekenntnis, daß er starb als Sohn Gottes. Die Erzählung vom Tode des Stephanus rückt diesen Mann sehr dicht an die Kreuzigung Jesu heran. Er habe, mit Blick auf Jesus selber, die Kraft besessen, sogar seinen Henkern im Augenblick des Todes zu vergeben; so weit sei sein Herz gewesen, so groß seine Liebe, wie er sie von dem Gekreuzigten gelernt hatte. Wahrer kann Christentum nicht sein, als daß es bis zum äußersten befolgt, was Jesus sagte: »Betet für die, die euch nachstellen, segnet die, die euch verfluchen.« Genau *so* lebte es dieser Mann, der als erster für das Bekenntnis Jesu in den Tod ging. Die Legende erzählt, daß er die Kraft gewonnen habe, so zu sterben mit dem Blick auf Jesus, indem sich vor seinen Augen der Himmel auftat und er den Menschensohn zur Rechten Gottes sah. Es ist ein Bild, das entlehnt ist den Worten des Propheten Daniel, es stehe vor dem Thron des Hochbetagten die Gestalt eines Mannes, den der Ewige hinabsenden werde auf die Welt in den Tagen des Endes von allem. Mythische Bilder sind das, die wir wohl so übersetzen dürfen: Es gibt vor den Augen Gottes die ewige Gestalt dessen, was menschlich ist und was er gemeint hat, ehe er uns schuf. Es gibt in unserem eigenen Herzen ein deutliches Wissen um das, wozu wir berufen sind, und dieses Wissen wächst, mindestens in den Tagen der Not, wenigstens dann, wenn wir nicht mehr aus noch ein wissen. Jesus selber muß von dieser Gestalt des Menschensohnes am Throne Gottes tief ergriffen gewesen sein, und er glaubte, in seiner Botschaft etwas davon wahr zu machen: eine Güte, die keine Grenzen mehr zuläßt, indem die Absperrungen zwischen den Menschen aufhören. Jesus wollte nicht, daß wir von Gott so reden, daß wir immer wieder als erstes anderen Menschen beweisen müssen, warum sie verkehrt sind in dem, was ihnen heilig ist; daß die Guten mit Fingern auf die vermeintlich Bösen, die Rechtgläubigen auf die Ungläubigen, die Erwählten auf die Verfluchten zeigen; und daß Religion immer wieder zur Rechthaberei, zur Verurteilung, zur Verteidigung des Besitzstandes benützt wird. Es sollte, so Jesus, eine einzige Form geben, Gott beim Wort zu nehmen; das sei das Verstehen und die Güte, grenzenlos weit zwischen Sonnenaufgang und Sonnenuntergang; dies sei die einzige Art, Gott wirklich zu ehren, der die *ganze* Welt gemacht habe. Für diese Güte, die Grenzen einriß und Sicherheiten zerstörte, zog Jesus sich sehr bald das Mißtrauen, dann den Haß, schließlich die Verurteilung seiner Zeitgenossen zu. Er war der Menschensohn für alle diejenigen, die verstanden, was er wollte. In ihm lebte aufs reinste verkörpert alles, was menschlich ist, und dies sollte der Maßstab sein. Wenn wir in diesen Tagen sprechen von Auferstehung und Himmelfahrt, haben wir Grund, anzunehmen, daß dieses Bild des Stephanus im Augenblick seines Todes vielleicht die früheste Form ist, all das zu glauben und auszusprechen. Der sterbende Christus ist in Wirklichkeit der Maßstab der Welt. Er steht wie ein Richter über alle Zeiten am Throne Gottes, grade weil er den Tod nicht so fürchtet, daß er von seinem Vertrauen und seiner Menschlichkeit sich irgend etwas abhandeln läßt, und weiter dabei bleibt, wie er von Gott sprach und die Menschen zu leben lehrte.

Dies alles ist die Größe des Christentums, und sie wird verkörpert durch das Bekenntnis dieses ersten Märtyrers der frühen

Kirche, des Stephanus. Es zeigt sich zugleich aber sehr früh eine bestimmte Grenze, die uns auch zweitausend Jahre später immer noch einzuschließen scheint. Jesus stirbt für die Art seines Lebens, für das, was er tat; ein Jahrzehnt später stirbt Stephanus bereits für ein Bekenntnis. Dieser Szene unmittelbar voraus geht seine lange Rede, in welcher er dem Volk der Juden erklärt, daß es von Abraham bis Christus in einer endlosen Kette von Untreue und Verrat als das Volk der Auserwählung sich den gottgesandten Boten widersetzt habe und daß lediglich als Zusammenfassung zu verstehen sei, was im Tode Jesu dann in Erscheinung trat. Es ist eine Verfluchungsrede gegen das Volk der Auserwählung; dafür wird Stephanus gesteinigt. Seine Gruppe, die aus dem Griechentum zu den Jüngern Jesu drängt, redet auch in ihrem Glauben an Jesus in einer Sprache, die der Mann aus Nazaret, Jude, der er war, schwerlich verstanden, noch weniger gutgeheißen hätte. Jedenfalls sind es Worte, die den Juden selber als Lästerung und Frevel erscheinen. Es ist am Ende ihre Form wahren Glaubens, die sich zunehmend gegen die Jünger Jesu richtet und sie aussperrt und verfolgt. Es scheint, daß wir heute noch an diesen Grenzziehungen stehen. Wir haben, sensibler geworden im Umgang mit der eigenen Kirchengeschichte, uns angewöhnt, es für tragisch, vielleicht auch für frevelhaft zu halten, wie viele Jahrhunderte durch Glaubensverfolgung und Krieg im Namen des Christus gegen die Andersgläubigen bestimmt sind. Wir sind vielleicht inzwischen auch sensibel genug, uns Gedanken zu machen, ob ein Märtyrer eigentlich immer nur ein Dokument und Wahrheitszeuge des rechten Glaubens ist. Kann es nicht sein, daß ein Unrecht auch dadurch geschieht, daß wir andere Menschen nötigen, grausamer zu werden, als sie im Grunde sein möchten? Ist nicht irgendwie auch der Märtyrer verantwortlich für seine Mörder? Damit wir uns recht verstehen: Es gibt Wahrheiten, für die es sich lohnt, mit dem ganzen Leben einzustehen; es gibt Augenblicke, wo es kein Zurück mehr gibt und man hindurch muß, koste es, was es wolle, und werde daraus, was will; es gibt Momente, wo das Martyrium unausweichlich ist. Aber kann es nicht auch sein – und da muß als erstes geprüft werden, ob alle Möglichkeiten der Verständigung wirklich genutzt wurden –, kann es nicht sein, daß es an den Begrenzungen des eigenen Denkens und Fühlens liegt, vielleicht sogar an einer bestimmten Verformung des durchaus Richtigen, wenn wir andere Menschen förmlich nötigen, gewalttätig zu sein, und sie zum Widerspruch reizen? Wir Menschen hängen zusammen auch in der Schuld, die andere unseretwegen auf sich laden.

Dann ist die Frage, was aus dem Christentum geworden ist seit jenen Tagen. Die Gruppe um Stephanus steht dafür gerade und stellt die Weichen, daß das Christentum mindestens auch sehr wesentlich zu einer *Lehre* wird. Zu glauben bedeutet sehr bald schon, in bestimmten Begriffen zu sagen, wie man über Jesus Christus denkt und zu denken hat und wie man die Worte richtig weitersagt, damit auch andere diesen Glauben erlernen. Nicht so sehr das Leben, weltumspannend, sondern eine bestimmte Form zu sprechen wird das Unterpfand des Glaubens. Um es sehr deutlich zu sagen: Wir haben bis heute, am Ende des zweiten Jahrtausends nach Christus, noch immer nicht zurückgefunden zu einer Sprache, die es erlaubt, zwischen Christen und Juden gemeinsam zu erläutern, wer der Rabbi Jesus aus Nazaret war, was er uns und den Juden gemeinsam sagt. Es ist noch immer unser Bekenntnis trennend und, ob wir's wollen oder nicht, behaftet mit dem Geruch von Blut und Grausamkeit und Spaltung und Rechthaberei. Und nicht nur die Juden, auch das Volk der Muslime, der Gläubigen, die hervorgegangen sind aus dem Alten wie dem Neuen Testament, fühlt sich durch das Bekenntnis des Christusglaubens eher verletzt als bereichert. So kann es nicht sein, und so darf es nicht bleiben, von den Völkern außerhalb der Buchreligionen der Bibel ganz zu schweigen, den Hindus, den Buddhisten, den vielen Glaubensformen, die wir primitiv nennen und die in Wahrheit träumerisch groß sind. Wann sehen wir den Himmel so offen, daß er die *ganze* Welt überspannt, und wann sehen wir den Menschensohn in der Gestalt, die zu jedem Menschen redet, der in der Suche nach Wahrheit und im Bemühen um Liebe auch bei Gott steht? Das Christentum darf nicht länger mehr trennen. Es darf weder passiv noch aktiv hinauslaufen auf Gewalt, oder es stimmt etwas nicht an der Art, wie wir leben und uns selber verstehen.

Es gibt eine kleine islamische Legende aus den Tagen des Mose. Sie berichtet, daß eines Tages ein Schafhirt ins Heiligtum kam, um zu beten, und er redete ungebildet und roh. »Herr,

Gott«, sprach er, »was fällt dir ein, eines meiner Tiere einfach sterben zu lassen? Hab' ich nicht geopfert und gebetet, wie du es befiehlst? Du aber scheinst blind zu sein für meine Sorgen.« – Das hörte Mose, und er war erbost über diese rüde Art, mit Gott zu reden, und verwies den Schafhirten des Heiligtums. Dann trat er selber vor den Ewigen und rühmte ihn in den Worten seiner Lieder. Der Ewige aber befahl seinem Propheten zu schweigen und sprach zu ihm: »Dieser Schafhirt dort, den du grade vertreibst, redete zu mir in der Aufrichtigkeit seines Herzens. Ungekünstelt und wahr kam jedes Wort aus seinem Munde. *Er* betete recht. Geh schleunig hinaus und hole zurück meinen Hirten ins Heiligtum.«

Und wenn ihr betet, seid nicht wie die Blender: Es ist ihnen lieb, in den Synagogen und an den Straßenecken hinzustehen und zu beten, um vor den Menschen zu scheinen. Wahr ists, ich sage euch: Sie haben ihren Lohn dahin.

Wenn aber du betest, geh in deine Hinterkammer und verriegle dein Tor; dann bete zu deinem Vater, der im Verborgenen ist. Und dein Vater, der ins Verborgene blickt, wird dir vergelten.

Beim Beten aber mundwerkt nicht wie die aus den Völkern. Sie meinen ja, durch ihren Wortschwall würden sie erhört.

Macht es also nicht gleich wie sie; denn euer Vater weiß, was ihr braucht, eh ihr ihn bittet. MT 6,5–8

In der Religion ist es manchmal wie in der Musik oder in der Dichtung. Es gibt Kompositionen oder Gedichte, die in einer bestimmten Zeit viele Menschen zu ergreifen vermögen, dann aber fallen sie rasch aus dem Interesse der Leute heraus und werden leergeredet, leergesungen und fallen dem Vergessen anheim. Andere Werke sind klassisch. Sooft man sie hört, erregen sie Aufmerksamkeit, vermitteln etwas Neues, und sie sind grade als das Klassische das Alte, das niemals altern kann. Von dieser Art sind die Worte Jesu über das Gebet. Sooft man sie hört, bemerkt man sie anders, und je vertrauter man mit ihnen wird, desto überraschender begegnen sie uns.

Gesprochen sind diese Worte in der Bergpredigt an einer Stelle, da Jesus die Frömmigkeitswerke des Judentums der Reihe nach durchgeht, um sie von ihrer Äußerlichkeit zu befreien. Nichts soll geschehen der Menschen wegen, denn es gilt Gott, und einzig im Verhältnis zwischen dem Einzelnen und seinem Gott hat es Berechtigung oder verfehlt es sich.

Wenn wir Jesus über das Gebet sprechen hören, würden wir im Rahmen dessen, was uns vertraut ist, zweierlei als erstes erwarten. Wenn wir hören, daß der Begründer des Christentums uns beten lehrt, müßte darin nach unserer eigenen dogmatischen Vorstellung ein Hinweis auf das enthalten sein, was uns selber heute wichtig ist. Wir würden erwarten, daß Jesus sich selbst als Gegenstand und Gegenüber unserer Gebete empfohlen hätte. Alles, was wir in einem christlichen Gottesdienst tun, besteht in der Anrufung Jesu; aber nicht eine einzige Silbe darüber kommt Jesus über die Lippen. Erschreckend genug zu denken, *er* habe es für Gotteslästerung gehalten, ihn anzubeten, er habe es *nicht* gewollt. Deutlicher als an dieser Stelle läßt sich kaum zeigen, wie weit Jesus davon entfernt war, eine neue Religion mit einer neuen Form von Gebetsritual oder mit der Bekanntschaft eines neuen, sich offenbarenden Gottes aufzumachen. Ganz im Gegenteil. Was er wollte, war, daß jegliches Hindernis zwischen den Menschen und Gott weggeräumt werde. Er wollte uns eintauchen in ein Klima des Vertrauens und uns den Gott zurückgeben, an den die Väter glaubten, einen Gott, der ins Verborgene sieht und der uns kennt, noch ehe wir den Mund aufmachen, einen Gott, der um uns weiß und dem wir deshalb nicht viel weismachen können, einen gütigen, vertrauensvollen, schützenden, barmherzigen Gott. Daß dieser uns glaubwürdig werde, war das ganze Bemühen Jesu; alles andere ist aufzufassen als ein Kommentar; nicht mehr und nicht weniger.

Zum anderen: Wenn wir im Raum der Religion hören, wie Jesus seine Jünger beten lehrt, sollten wir die ganze Auskunftei der Experten mit ihm in Verbindung bringen. Wie man Menschen beten lehrt, ist die Domäne der Berufstheologen, der Herausgeber der *richtigen* Gebetbücher, der Rubriken, die anordnen, wann welches Gebet in welcher Intention mit welch einem Verdienst zu leisten ist. Auch in den Tagen Jesu gibt es natürlich offizielle Gebetsformulare, es gibt vorgeschriebene Gebetszeiten. Wenn irgend wir aber Jesus mit Selbstverständlichkeit die Art der Propheten verkörpern sehen, dann hier. Als wenn es überhaupt kein Problem wäre und sich nicht die kleinste Frage stellte, räumt er alles, was überkommen wurde, beiseite, stellt sich hin und erklärt: »Beten bedeutet vor Gott hintreten.«

Nichts bleibt da von dem, was sonst beschworen und gesagt wird. Jede offizielle Religion hat ein Interesse, Menschen zu versammeln, große Mengen zu bestimmten Gebetszeiten zusammenzuführen, Andachten einzurichten. Wer am Sonntag nicht in die Messe geht, versündigt sich schwer; das ist die Meinung der katholischen Kirche. Würde ein solcher sterben, so käme er nach strenger Lehre augenblicklich in die Hölle, wenn er nicht vorher noch Buße erweckt und den festen Vorsatz gefaßt hätte, am nächsten

Sonntag auf gar keinen Fall wieder eine gleichermaßen schwere Sünde zu begehen. Alles hat seine Ordnung, seine Zeit, sein festgelegtes Programm – nur so erreicht man Gott; das ist die Meinung der offiziellen Religion. Genauer noch: wer es wirklich ernst meint mit der Religion, wie zum Beispiel die Hauptvertreter des Religiösen, Priester und Ordensleute, hat ein ganzes Pensum des Gebets zu erledigen: des Morgens, des Vormittags, des Mittags, des Nachmittags, buchstäblich rund um die Uhr. Das Pensum ist so umfangreich, daß es in einen normalen Alltag gar nicht hineinpaßt; drum ist es als Güte der Kirche zu erachten, daß man die festgelegte Zeit nicht unbedingt stundengenau einhalten muß. Mit anderen Worten: man kann das Morgengebet auch um Mitternacht beten, wenn man es nur fünf Minuten vor zwölf betet.

In den Tagen Jesu war das nicht weniger gespenstisch. Er verliert kein Wort darüber, er schafft das alles weg, wie wenn er einen großen Schwamm in der Hand hätte und die ganze Tafel leer putzte, auf die man all die heiligen Verfügungen im Namen Gottes geschrieben hat, und damit die Augen der Menschen klar putzte, das Wesentliche wieder zu sehen, und insgleichen ihr Herz. Denn das ist wohl gemeint: Wenn du betest, dann geh in dein Gemach und schließ sogar die Tür noch zu. Es heißt doch: Zieh dich in dich selbst zurück, in dein eigenes Herz, und verriegele es gut vor jeder Störung. Was dir die Leute sagen, gilt nicht. Was sie von dir in Fragen der Religion zu sehen bekommen, ist völlig nebensächlich. Jedes Gebet beginnt damit, daß die anderen Menschen aufhören, wichtig zu sein. Nur so wirst du Gott finden. Tritt vor ihn hin, indem du einen Raum aufsuchst, der in gewissem Sinne absolut ist, wo du beschützt bist, wo niemand von außen dich erreicht, keine Bestimmung, keine Vorschrift, kein falsches Schuldgefühl, sondern nur deine eigene Freiheit. Du mit deiner Person stehst da vor Gott. Und umgekehrt: Alles beginnt damit, daß du anfängst zu glauben, Gott habe an dir ein Interesse. Unter all den Leuten bist du vielleicht wie unsichtbar, eingegliedert in eine riesige anonyme Masse; aber siehst du, beten, das bedeutet, daß du Gott beim Namen nennst, denn du hast selber bei ihm einen Namen. Du bist wichtig, und auf dich kommt es an. Ausgenommen von allen anderen, bist du vor Gott etwas ausnehmend Wichtiges. Das sei die Haltung deines Gebetes. Dann kann es vorkommen, daß du voller Angst denkst, du habest Gott so viel zu sagen und du müßtest all das loswerden, was dich quält und was dich peinigt, so daß du aufschreien möchtest vor Verzweiflung. Und es gibt so viele Anliegen in der Welt, die du Gott vortragen möchtest. Wahr ist, daß es unendlich viel bedeutet, zu glauben, es gebe ein Gegenüber, das dich hört in all den Dingen, mit denen du sonst niemandem kommen kannst. Das ist wahr. Gott achtet deiner und wird all die Dinge sehr sorgfältig aufnehmen, die du ihm zu sagen hast. Sag sie ihm alle, deine Tränen, deine Trauer, deine Freude, dein Glück. Sprich die Gefühle aus, die in dir sind. Wenn es dir schmerzhaft ist, bete deinen Schmerz. Wenn es dich durchdringt voll Freude, bete deinen Jubel. Mach Gott nichts vor und dir selber auch nicht. Gott ist ein Ort, an dem du sein kannst, wie du bist, zumindest vor ihm, deinem Schöpfer. Aber glaube nicht den Theologen. Die haben dir eingeredet, daß ein Gebet erst wirksam ist, wenn es dir weh tut, wenn es möglichst lang ist, wenn es anfängt, dich zu quälen, so daß es ein Opfer wird; dann erst habe Gott ein bißchen Freude an dir, und dann sei er willens, auf dich einzugehen. In der katholischen Kirche wird ein Bußwerk verrichtet, indem man ein bestimmtes Pensum ableistet; für eine schwere Sünde beispielsweise kann ein ganzer Rosenkranz aufgegeben werden, ein Gebet von einiger Dauer. Kleinere Sünden regeln sich einfacher, da genügt vielleicht eine normale Litanei. Aber es muß ein Fixum sein, ähnlich wie auf der Bank, wenn man Schulden zurückzahlt. Da wird die Schuldrate genau formuliert, und dann wird sie abgetragen.

Jesus scheint zu sagen, daß er diese Praxis für einen groben Unfug hält. Als wenn Gott damit zufrieden wäre, daß er Gebete, das Lyrischste, Subjektivste und Persönlichste, entfremdet vorgeführt bekommt als ein Pensum, das von außen sich auferlegen ließe! In Jesu Augen ist das die Zerstörung eines echten, eines stimmigen Verhältnisses zwischen den Menschen und ihrem Gott. Umgekehrt scheint er zu meinen: Alles, was vor Gott gilt, braucht überhaupt keine Formel, keinen Formalismus. Wenn es nur von innen kommt, stimmt es, und Gott wird es verstehen. Wage dich also selber, so wie dir zumute ist. Bei Gott gibt es keine klugen und keine dummen Worte. Die einzige Frage, die er stellt, lautet, ob du hinter den Worten stehst, die du machst, ob sie *deine* Worte sind. Gott interessiert nicht, ob du viel betest oder wenig. Er ist der Herr der Zeit, bei ihm gehen alle Uhren anders. Zwei Stunden sind für ihn nicht mehr als zwei Sekunden und zwei Sekunden nicht weniger als zwei Stunden. Wie kann es also bei ihm auf die Länge der Gebete ankommen? Was er hören möchte, ist, wie intensiv es ist, was du zu sagen hast, wie weit dein Gedanke das verdichtet und ausdrückt, was in dir vorgeht. Das ist *sein* Maßstab, ein ganz einfacher, ehrlicher.

Die Menschen machen sehr viele Worte, weil sie Gott nicht wirklich kennen; das ist die Überzeugung Jesu. Sie haben Angst vor Gott. Sie stellen sich ihn im Grunde vor wie einen ein wenig jähzornigen, meist übelgelaunten Übervater; wenn man zu ihm nicht gekrochen kommt, wenn man sich nicht sehr demütigt, sich nicht erst einmal bei ihm einschmeichelt, dann fertigt er uns mit einem Fußtritt ab. Das ist kein jüdischer Gedanke, sagt Jesus hier mit ein wenig Stolz. Er meint: So haben euch die Psalmen nicht zu beten gelehrt, so entspricht es überhaupt nicht dem heiligen Buch, in dem wir über Gott lesen, so ist es ein Gedanke aus den Völkern. Da grenzt er wirklich den Glauben der Juden von der Religion der Heiden ab. Da ist er in dem Sinne Prophet, daß er die Religion, die er kennengelernt hat, in sich selbst reinigen möchte. Aber was wir da »heidnisch« nennen, sollte uns nicht den Kamm schwellen lassen. Es gibt bei uns im Christentum und es gab damals im Judentum sehr vieles Heidnische; genau das meint ja Jesus: Wir, die Juden, führen uns oft auf, als wenn uns alles Kostbare und Wichtige von Gott her nie gesagt worden wäre. Und umgekehrt gibt es womöglich sehr vieles Jüdische und Christliche bei den nicht jüdischen und nichtchristlichen Religionen.

Hier habe ich zum Beispiel eine Gebetsmühle. Sie gilt uns als das Karikaturinstrument des Heidentums, das mechanisch betet. Tatsächlich ist das Ding praktisch eingerichtet; es hat ein Schwunggewicht, so daß man es in Gang bringen kann. Manchmal klappert es lustig, auch das hören die Götter gern. Auf der metallenen Kapsel steht das Gebetswort »Om mani padme hum – du Edler im Lotos« geschrieben, und bei jeder Umdrehung ist es, wie wenn Menschen es sprächen. Im Inneren enthält es eine kleine Seidenfahne, auf der dasselbe vielleicht noch hundertmal stehen kann, so daß jede Umdrehung allein schon bis zu hundertzwanzig

Gebete »Om mani padme hum« ausmacht. Das wollen wir nicht, sagen wir, und die Tibetaner, die Nepalesen scheinen uns Götzenanbeter zu sein. Aber sie sind es nicht. Was sie in Wirklichkeit sagen wollen, ist weise und gut. Sie sagen sich: Wie von einem Schwungrad bewegt dreht sich das Leben und dreht sich im Kreise; wir aber hoffen, erlöst zu werden vom ewigen Im-Kreislaufen-Müssen. Das ist ein sehr kostbarer Gedanke. All die Welt dreht sich und dreht sich, der Wind und das Wasser und unser eigenes Herz, und wie finden wir bei allem, was sich dreht, Ruhe und Festigkeit? Da könnten wir plötzlich bei den Buddhisten anfangen zu lernen, wie man betet. Sie machen überhaupt keine Worte, sie möchten, daß man alle Bilder, alle Vorstellungen, alle Gedanken, alle Inhalte wortwörtlich vergißt. Beten heißt für einen Buddhisten: sich hinzusetzen und sich ganz weit zu machen, das Becken aufnahmebereit wie eine Schale, ganz offen, und das Rückgrat aufrecht wie eine Säule zwischen Himmel und Erde, die Augen auf einen einzigen Punkt gerichtet oder in Versenkung ganz geschlossen. Und jetzt hieße beten: alles loszulassen, das Wünschen, das Begehren, das Fürchten, das Fliehen, und sich selber klar zu werden bis auf den Grund.

Ich bin überzeugt, Jesus hätte gut verstanden, wie die Buddhisten beten. Es hätte ihm aus dem Herzen gesprochen. Beten, das heißt im Sinne Jesu, sich in die offene Hand zu schmiegen, die Gott um unser Dasein legt, ganz einfach dazusein und sich zu überlassen. Genau das sagt er hier: »Gott weiß doch, was ihr braucht, bevor ihr noch bittet.« Was also sollen wir's noch aussprechen? Wenn wir bestimmte Vorstellungen haben, wie das Leben sein müßte, irren wir uns für gewöhnlich. Grad jetzt noch scheint uns etwas sehr erstrebenswert, aber würden wir's bekommen, so wäre es vermutlich unsere Pein, daß wir es uns zugeeignet hätten. Andere Dinge möchten wir am liebsten fliehen, und sie erweisen sich am Ende als Wohltat für uns. Es ist nicht möglich, daß wir unser Leben selbst ausrechnen. Aber das Vertrauen, daß uns etwas trägt und führt und bei der Hand nimmt, das ist das ganze Verhältnis zu Gott, das Jesus wünschte. Und sogar angesichts des Todes.

Da könnten wir von den Muslimen lernen. Wenn sie beten, strecken sie sich auf dem Boden aus, schmiegen sich in den Sand, um

Gott zu zeigen, wie nichtig sie sind – alle Menschen in ihrer irdischen Existenz. Aber dann richten sie sich auf, die Hand am Ohr, und wollen zeigen und sagen, daß wir Menschen aus den unhörbaren Worten leben, die zwischen Himmel und Erde von Gott her uns zugesprochen werden. Fast ist das die Umkehrung aller Gebete. Nicht *wir* sprechen, rezitieren, psalmodieren, sondern wir hören, wie Gott zu uns spricht. Und durch uns hindurch gehen seine Worte, eine Verschmelzung, eine wirkliche Mystik begibt sich da. So fragte einmal ein großer islamischer Mystiker seine Schüler: »Wie liebt man Gott?« und alle antworteten wie aus einem Mund: »Die Liebe zu Gott ist die Furcht Gottes im menschlichen Herzen.« Der Meister aber verneinte: »Nicht daß *wir* Gott lieben oder fürchten, ist die wahre Frömmigkeit, sondern daß Gott *uns* liebt.« Wo immer dies spürbar wird, beginnt ein Gebet, wie Jesus es wollte.

Im Gebetbuch Israels gibt es Psalmen, die sogar die Vögel, den Hagel, den Wind und den Regen, die Blumen auf den Feldern und die Bäche auffordern, zu Gott zu beten. Man muß sie nicht auffordern. Es ist Teil des menschlichen Gebets, zu begreifen, wie alles rings um uns her in diesem Lobpreis des Göttlichen lebt. Ein jedes Ding tut, was es muß, ein jedes Lebewesen bewegt sich nach der Art, die in ihm liegt, und es kann nicht anders sein als gehorsam und fromm und ehrlich und dankbar. Wenn die Vögel, die Fische, die Eichhörnchen denken könnten, wüßten sie, daß ihr ganzes Leben ein einziges Gebet ist. Nur bei uns Menschen, die wir wirklich denken können, beginnt alles kompliziert zu werden, angstvoll, verkrampft, aufgesetzt und künstlich. Wie wir im Denken zu dem Vertrauen und der Selbstverständlichkeit zurückfinden, die alle Welt an unserer Seite sonst auszeichnet und durchzieht, das ist die ganze Frage. Wenn ihr betet, dann still in euerm Kämmerlein, mit wenig Worten. Denn Gott hört.

Zum Pfingstsonntag

Der Pfingsttag ist der Gründungsakt der Kirche. An diesem Tag sind wir bestimmt zum Glauben an den Geist. Beauftragt sind wir, in diese Welt hineinzubringen die Fähigkeit, innerlich und feinnervig zu sein im Umgang mit allem, was lebt, offen zu sein und fähig, zu entdecken die Freiheit des Menschen und seine Würde, und begabt sind wir, zu vermitteln und zu erfahren das Glück der Einheit in der Liebe. Der Pfingsttag ist wie ein hoher Berg, aber zu erobern gilt es die Niederungen und die Tiefen. Wie ist es denn bestellt mit dem Glauben an den Geist der Innerlichkeit und der Sensibilität im Umgang mit allem, was lebt?

Ich sah in dieser Woche einen amerikanischen Dokumentarfilm mit dem Titel »Fleisch«. Kommentarlos zeigte er, wie in einem nordamerikanischen Schlachthof Rinder in alle Sorten von Fleischprodukten verwandelt werden. Von weither waren Japaner angereist, um sich die Rationalität der Anlage erklären zu lassen. Ein Tagesausstoß der Produktion von, je nachdem, 6000 oder 9000 Tieren, eine Aufnahmekapazität von, je nachdem 60000 oder 120000 Rindern. Gezeigt wurde, wie die Tiere mit Elektrostöcken durch die Gänge getrieben, durch die Schwemme gehetzt, in den Elektrokasten gedrängt werden, in dem sie in Sekundenschnelle verenden, um dann fabrikmäßig vom Gehirn bis zum Euter, vom Kopf bis zum Schwanz verarbeitet zu werden, verrechnet nach Stückpreisen, Marktpreisen, Absatzpreisen, Aufwendungen für Lohnkosten, Versicherungskosten, Installierungskosten. Es war ein nüchterner Film, und eben darin tödlich. Er zeigte nicht nur, wie Menschen töten, er zeigte vor allem, warum sie dazu fähig sind. »Wer«, so schrieb eine Rundfunkzeitung danach, »beim Betrachten dieses Films den Entschluß fassen sollte, Vegetarier zu werden, muß mehrere Kurzschlüsse in seiner Seele haben.« Nun denn, am Pfingstmorgen möchte ich Sie lehren, möglichst viele Kurzschlüsse in der Seele zu legen, weil wir jede Art von Innerlichkeit verlernt haben müssen, um so praktisch töten zu können. Als vor hundert Jahren an gleicher Stelle in den Plains Nordamerikas die indianischen Büffeljäger auf die Jagd nach den Tieren der Steppe gingen, beteten sie zuvor zum Geist der Tiere und forderten die Schamanen auf, um Versöhnung zu flehen für das Werk des Todes. Wir Heutigen sehen keinen Geist der Tiere mehr. Wir bringen das Kunststück fertig, Lebendiges, Atmendes, Fühlendes in Produktionsziffern zu verwandeln, und diese Art des Denkens tötet, noch bevor sie in ihrer mörderischen Praktikabilität effektiv und produktiv wird. Wie denn, wenn sogar die Wälder und die Berge einen Geist besäßen? Voller Schrecken lesen wir in den Zeitungen, daß die Hälfte der Fichten in Nordrhein-Westfalen stirbt und daß dies der Anfang ist, erst der Anfang. Nach und nach beginnen wir zu ahnen, wie wahr die Lehre des Christentums ist, daß nur der Geist lebendig macht. Wir aber existieren in einer Welt, die an den Geist nicht glaubt, nicht glauben will, denn er stört das Geschäft. An den Markt glauben wir, an das Geld glauben wir, an das unerhörte Recht, nach Kubikmetern und Quadratkilometern die Welt dem Meistbietenden zu verschachern. Man sagt, daß, wo irgendeine Tierart ausstirbt, eine Pflanzenart ausgerottet wird, dem Dichter künftig ein Wort fehlt. Umgekehrt ist die Wahrheit noch schmerzhafter. Man muß die Empfindsamkeit, die Sensibilität, die Poesie, das Mitgefühl und den Sinn für die Schönheit getötet haben, ehe man töten *kann*.

Glauben wir nicht, daß die Äußerlichkeit im Umgang mit der Natur haltmachen würde vor uns Menschen! Wo denn, in den Wüsten aus Stahl und Beton, läßt man den Geist atmen? Darum sage ich heute morgen: Wann immer Sie sich die Zeit nehmen, eine Blume zu streicheln, so daß Ihnen selber warm wird ums Herz, beginnt in Ihnen wieder der Geist Gottes zu beten. Wo irgend Sie einem Tier helfen, das leidet, und ihm gut sind und sich in Ihrem Herzen Mitleid regt, beginnen Sie, etwas von dem Glauben an den Geist Gottes zurückzugewinnen. Wann immer Sie sich die Zeit nehmen, dem Lied eines Vogels zu lauschen und seine Melodie in sich einzulassen, fangen Sie wieder an, etwas zu ahnen vom Gesang des Schöpfungsmorgens. Und wenn Sie Ihre Augen erheben zum Himmel und das Heer der Sterne in Ihr Herz aufnehmen, so daß es sich weitet und eine Ahnung der Unendlichkeit zurückgewinnt, beginnen Sie, von der eigenen Berufung, vom eigenen Geschmack am Unendlichen etwas zurückzuentdecken. Sie beginnen, geistiger zu werden. Dies ist die Voraussetzung, um menschlich zu sein. Denn nur der Geist schenkt uns die Freiheit. Bitter ist es zu sagen, aber wir glauben nicht ernsthaft an den Geist und die Freiheit, nicht einmal der Menschen. Wovon wir bis in die Tiefe des Gefühls, bis in die Fingerspitzen hinein erfaßt sind, ist der Wahn von der Allmacht der Umstände, vom Druck des Milieus, von dem, wie »man« es macht, von den Prägekräften der Erziehung, vom Zwang der Umstände. Man muß den Kollektivismus nicht erst erfinden, wir trinken ihn offensichtlich vom ersten Tag als Säuglinge, im Lebensgefühl tragen wir ihn, in unserer Praxis realisieren wir ihn, planen, machen, zählen, wiegen, wägen und verhökern Menschen genauso wie Tiere und erdrücken in ihnen den Gesang des Lebens, zerstören in ihnen die Würde des Geistes, machen mundtot, eh' unser Herz zu reden beginnen könnte. Wenn irgend es möglich ist, einmal auf die Sprache eines anderen Menschen zu hören, sensibel zu werden für die Worte seiner Augen, aufmerksam zu werden für die Sprache seiner Hände, hinzuhorchen auf das Reden seines Mundes, erinnern wir uns an den Geist Gottes. Hören wir doch auf, nach den Fakten zu fragen, verlieren wir endlich das Interesse an der Nüchternheit der Tatsachen! Erkundigen wir uns doch einmal danach, was die Tatsachen bedeuten, welche Gefühle sie im Herzen des anderen auslösen, welch ein Schwergewicht sie in seinem Leben besitzen, und mit einemmal rücken Menschen, die einander sonst sehr fern sind, zwischen die sich eine Welt von Fakten drängt, einander näher, werden fühlbarer, innerlicher und wärmer.

Gehen wir wirklich zu auf das himmlische Jerusalem oder nicht viel eher auf einen Weltstaat Babylon, auf ein immerwährendes Geschwätz der Unverständlichkeit, ein Possenspiel von Marktschreierei, Reklame und entwürdigten Satzfetzen? Wie kann man den jungen Leuten heute den Sinn des Unterrichts in der eigenen Muttersprache erklären? Wie ihnen sagen: Wenn ihr die Worte eines Dichters versteht, werdet ihr eines Tages fähig, die Worte einer Geliebten zu begreifen. Wenn ihr ein Gedicht zu lesen versteht, beginnt ihr, im Herzen eines Menschen zu lesen. Wenn ihr euch tragen laßt vom Rhythmus eines Gedichtes, beginnt ihr, Gefühl zu bekommen für den Rhythmus eurer Seele. Die Form der Musik und der Poesie ist nicht äußerlich, sie ist die Schönheit, die aus innen dringt. Laßt euch nicht erklären, daß die Zeitung das

Maßstück für Deutsch ist. Glaubt an die Gedichte! Ja, wie bringt man das bei in einer Welt, die so praktisch geworden ist wie die unsere? Aber an der Innerlichkeit und an der Freiheit hängt die Voraussetzung der Liebe. Sie ist das schönste Geschenk des Geistes. Was haben wir in den letzten zehn, fünfzehn Jahren uns abturnen müssen auf Irrwegen hin zur Sexualität, zum Glück der Äußerlichkeit. Daß man die Sehnsucht verwandelt hat in Konsum, selbst im Umgang miteinander, die Liebe reduziert hat auf den Ausdruck, »wie man's macht«, hat die Seelen verwüstet, die Poesie zerstört, den Geist genommen. Wiederentdecken könnten wir, daß Leben nichts anderes ist als in Materie erscheinender Geist. Achthaben könnten wir darauf, daß die Freiheit nichts weiter ist als der Geist, der sich über die Materie erhebt und zurückwill ins Unendliche. Und wissen, fühlen, ertasten könnten wir in der Liebe, daß der Mensch, der uns am Herzen liegt, wie die zusammenfassende Sprache Gottes an unser Leben ist, erscheinender Geist, bestimmt zum Unendlichen, geboren zum Freisein, erhoben zum Licht der Sterne, berufen zur Ewigkeit. In der Liebe ist der Geist vollständig, unverstellt und wahr, und wir verehren ihn in aller Zärtlichkeit, in aller Empfindsamkeit, in jedem Hauch der Güte, in dem wir nicht planen, sondern hören, nicht machen, sondern erwecken, nicht durchsetzen, sondern finden. Wieviel Leid werden wir noch brauchen, um die Äußerlichkeit nicht mehr zu ertragen? Wieviel noch werden wir töten müssen, um zu wissen, daß nur der Geist lebendig macht? O gebe Gott ihn uns an diesem Pfingstmorgen und an jedem Tag unseres Lebens neu! Denn nur im Geist der Liebe sind wir einig, gütig und lebendig für die Ewigkeit.

Was ist es, das Menschen wesentlich miteinander verbindet? Schaut man in die Lehrbücher für Psychologie oder Soziologie, so findet man eine Reihe von Gründen: vor allem die gemeinsamen Interessen verbänden Menschen miteinander, die gemeinsame Gefahr, die gemeinsame Not, der gemeinsame Vorteil, auch die gemeinsame Freude, aber jedenfalls der Gleichklang vitaler Interessen; man kann dies noch konkreter gestalten: gemeinsame Wirtschaftsinteressen, der Austausch der Waren auf dem Markt, ja, man liest bei Karl Marx sogar, das Kapital sei eine personale Beziehung unter Menschen. Definiert man die Menschen so und die Art, wie sie miteinander umgehen, kann man keinen Augenblick lang zögern, dies für ungeistig zu erklären.

Der Glaube des Pfingstmorgens ist gegenläufig zu all diesen Vorstellungen, denn er besagt etwas ganz Einfaches, Unsichtbares, Feines, aber außerordentlich Wirksames und Mächtiges: daß Menschen in alle Ewigkeit miteinander verbunden sind durch den Gleichklang der Seele und des Geistes. Es ist das Wunderbare, daß wir die Fähigkeit besitzen, die geistige Gestalt des anderen mit den inneren Augen der Seele wahrzunehmen und immer tiefer, immer wahrer uns in sie einzufühlen und sie ins Helle zu stellen. Es kann jede Begegnung unter Menschen so sein, daß unsere Seelen sich berühren, und es ist dann, wie wenn der Geist im gegenseitigen Austausch eine Einheit schafft. Was uns äußerlich miteinander verschmilzt, ist gebunden an Zeit und Raum. Mit dem Geist verhält es sich auf wunderbare Weise so, daß unter Umständen die Trennung in Zeit und Raum uns einander näher zu rücken vermag, als wir es in der Gegenwart glauben und wissen. Die meisten von uns hätten gewiß vor zwanzig, dreißig Jahren gedacht, sie kennten ihre Eltern einigermaßen gut, schließlich lebte man mit ihnen in demselben Haus, schließlich redete man jeden Tag miteinander, man wußte voneinander alles, was man wissen wollte; aber allen Ernstes gefragt, wer von uns hätte vor dreißig Jahren gewußt, wer seine Eltern wirklich sind? Inzwischen sind sie vielleicht seit vielen Jahren tot, viele Jahre sind ins Land gegangen, und wir haben noch ein paar Photos, einen Grabstein auf dem Friedhof und eine Menge ungeordneter Erinnerungen, nichts, was einem historischen Forscher sonderlich geeignet schiene, um objektive Wahrheit herauszufinden. Und doch begibt es sich in unserem eigenen Leben, daß wir unsere Eltern im Verlauf der Jahre immer besser verstehen. Je mehr unser eigenes Leben reift, desto klarer ordnen sich die Bilder, die Eindrücke und Erinnerungen von ihnen, so daß wir vielleicht selber erst sechzig oder siebzig werden müssen, um vollends zu begreifen oder wenigstens anfanghaft wirklich zu ahnen, wer diese Menschen waren, die uns ins Leben schickten. Und noch viel mehr gilt das von denen, die wir im Verlauf des Lebens selber suchen oder die uns von Gott her ins Leben geschickt werden, die wir lieben mit der Entscheidung und der Kraft unserer ganzen Person. Es ist das Wunder des Geistes, daß er auf unsichtbare Weise die Seelen von Menschen zusammenfügt. Alles, was daran tragfähig und groß ist, ist mit den Augen der Sinne immer weniger zu sehen, aber im Geist gestaltet es sich immer tiefer, immer klarer und spricht sich immer deutlicher aus. So, meint die Bibel am Pfingsttag, sei es mit der Person und Gestalt Jesu. Jahrtausende mögen in die Geschichte gehen, wer er war, wird man nur immer besser wissen. Je mehr an Erfahrung die Zeit uns Menschen schenkt, als desto wahrer, unausweichlicher, sicherer richtig werden wir spüren und sehen, was in seiner Person lebte, nur um so deutlicher wird sein Geist reden, und er wird, immer wieder, entscheiden über Leben und Tod. Dies waren seine Worte, als z. B. seine Familienangehörigen zu ihm kamen und ihn aus seinem öffentlichen Leben zurückholen wollten in das Schweigen von Nazaret. Öffentlich erklärte er da: »Wer sind mir Brüder, Schwestern, Mütter? Nur die verbunden sind im gleichen Geist, die den Willen meines Vaters im Himmel tun.« Dies sei es, was Menschen miteinander in Eintracht und Einklang der Herzen zu Schwestern und Brüdern machen könne. Denkt nicht, erklärte er angesichts des Hungers, der Mensch lebe von Brot allein. Viel wichtiger, als daß wir wissen, wie wir uns im Äußeren am Leben erhalten, ist es, zu spüren, in welchem Auftrag, zu welchem Ziel, mit welcher Vorstellung von Sinn wir existieren. Und dies ist das Wunderbare: daß Menschen verbunden sind und werden im Einklang geistiger Überzeugung, derselben Ideale, derselben Weise, zu hoffen, zu sehnen und zu glauben.

Will man wissen, wie sich Pfingsten wirklich einübt und lebt und wie wir jeden Tag neu etwas vom Geist Jesu zum Leben erwecken können, so zeigt das Evangelium des Pfingsttages, es sei das Wunder, einander zu verstehen im Gleichklang der Herzen wie im Gleichklang der Sprache. Eigentlich dazu bestimmt, Verstehen und Verständigung zu schaffen, ist unser menschliches Ausdrucksvermögen oft so eingeschränkt, mißverständlich, durch unterschiedliche Interessen so verzerrt, daß es eine Stätte endloser Zwietracht, endlosen Neids, endloser Gehässigkeiten werden kann. Es gehört viel dazu, einen anderen Menschen so zu verstehen, wie er es wirklich meint. Er redet vielleicht Worte, die wir kennen, und dennoch bedeuten sie im Umkreis seiner Erfahrungen, seiner Gefühlsverbindungen etwas ganz anderes als in unserem eigenen Leben, und schon regt sich bei uns Zorn oder Ärger, Freude oder Überraschung, ganz anders, als der andere es will. Es wäre oft schon viel gewonnen, könnte man im Gespräch miteinander, besonders dann, wenn es am hitzigsten wird, bei sich selber darauf bestehen, nur erst einmal wiederzugeben, was man wirklich verstanden zu haben glaubt, nicht sofort zu urteilen oder zu reagieren, sondern sich selber und dem anderen einen Abstand zu verschaffen, indem man versucht, zu verstehen und wiederzugeben, was man gehört zu haben meint. Man wird überrascht sein, wie schwer es ist, auch nur zwei, drei Sätze vom anderen so aufzunehmen, wie sie wirklich gesagt wurden. Und gar, wenn eine ganze Kaskade von Worten herunterdonnert, mit vielen Gefühlen beladen, aus Angst hervorgetrieben, oft völlig blind für die Verständnismöglichkeiten des anderen. Es gehört nicht nur viel guter Wille, es gehört auch Bemühen und Übung dazu, sich zu sagen: »Ich will auf den anderen erst dann antworten, wenn ich ungefähr mit ihm ausgetauscht habe, was ich aufgenommen habe, und wenn ich sicher bin, es stimmt zu dem, was er sagen wollte.« Schon das wirkt meist ja Wunder, beruhigt, schafft Vertrauen, schlägt Brükken über sonst verfeindete Ufer. Wenn der andere nur spürt, man gibt sich die Mühe, aufzunehmen, was er zu sagen hat, gewinnt der Geist mehr an Leben, und je mehr an Verständnis waltet, je weniger die Einengung der Angst Macht hat, desto mehr erschließt sich das Herz des anderen, beginnt in ihm die geheime Sprache seiner eigenen, ganz persönlichen Wahrheit zu reden, mit einemmal wird die Sprache zur Brücke von Phantasie, von Poesie, von Zärtlichkeit und Liebe. Vielleicht, daß man den Abstand vom Geist des Pfingstmorgens kaum besser ermessen kann als in der Schwierigkeit, in unserer wachsenden Distanz zur Welt der Dichtung und der Poesie mit Sprache umzugehen. Es sind ja Worte, die dazu bestimmt sind, Gefühle und menschliche Wahrheiten auszudrükken. Und wenn wir in unserem Kulturbereich immer weiter glauben, wir könnten womöglich ganze Generationen in die Zukunft entlassen, die die Sprache der Märchen und Mythen, aber auch schon die der Dichtung nicht mehr verstehen, die Shakespeare, Goethe nicht mehr verstehen und Rilke oder Trakl für langweilig erklären, werden wir erleben, daß der Verlust an Menschlichem für uns selber zunehmend quälend und erstickend werden wird. Es wird nicht mehr möglich sein, tief genug, sensibel genug, wahr genug miteinander auszutauschen, was man sagen müßte, um die Welt der toten Gegenstände zu beleben. Alles in unserem Leben existiert nur durch den Geist, und alles ohne Geist ist ganz buchstäblich tot. Eine Generation aber, die in zornigem Verzicht auf die Sprache der Dichtung, auf die Poesie des Geistes heranwächst, wird immer mehr erleben, daß man verkommt in der Aussichtslosigkeit einer reinen Privatsprache. Schließlich redet nur noch jeder im Getto seiner Angst und seiner Not, was er kaum selber noch versteht und was sich schließlich jenseits der Worte nur noch in Bildern und Symbolen ausdrückt, die den Mächten des Todes immer mehr verschwistert sind.

»Sende aus deinen Geist, und alles wird neu geschaffen.« – Dieses Gebet aus dem Psalm 104 am heutigen Pfingsttag wird nie aufhören, uns zu begleiten auf dem Weg zu Christus, der dem Taubstummen die Ohren öffnete und den Mund erschloß und der uns in der Wortlosigkeit unserer Angst die Sprache zurückgab. Berufen sind wir zum Einklang der Herzen in der Gemeinsamkeit des Geistes und zum Austausch der Worte des Verstehens und der Güte. Und einem jeden könnte auf dem Weg einer universellen Menschlichkeit gegeben werden, wessen er bedarf, um zu existieren.

Wie soll man den Vorgang beschreiben, durch den die Gestalt Jesu einem Menschen innerlich wird? Es ist möglich, manches durch Einprägung, Nachahmung und Erinnerung zu lernen. Entscheidend aber ist, daß der Geist des anderen die eigene Seele berührt und das eigene Wesen ergreift. Die frühe Kirche wußte sich kaum anders zu helfen, um die Art ihres Glaubens auszudrücken, als ein Bild zu ersinnen: Fünfzig Tage nach Ostern, am Erntedanktag des jüdischen Festkalenders, wenn der gesamte Ertrag Gottes, ausgesät im Wort Jesu, reift, Frucht bringt und in die Scheuer eingefahren wird, wird es so sein, daß Menschen im Inneren den Geist Gottes wahrnehmen wie eine nicht endende Begeisterung, eine Aufhellung jeder Lebenszone, ein Durchglühtsein, und es wird niemanden geben, der davon ausgeschlossen ist.

Was sollte sich geändert haben durch das Auftreten Jesu, und wie sollte unser eigener Lebenswandel eine Änderung erfahren? Durch die Begeisterung des Göttlichen. Die Texte vom Pfingstmorgen machen es fest an der Art des Redens miteinander. Die Vision gilt, es wäre möglich, daß Menschen jenseits der Sprachbarrieren beginnen könnten, einander von Herz zu Herz zu verstehen und eines Mundes, eines Sinnes miteinander zu sein. Man kann sich streiten, ob es in historischem Sinn einen solchen Pfingstmorgen, erfüllt von Wundern, gegeben hat. Man kann sich nicht darüber streiten, daß dieses Wunder möglich sein muß, damit wir wirklich Menschen werden. Gewiß kann man miteinander umgehen und reden, wie es die Bibel in dem Bild vom Zusammenbruch Babylons malt. Es ist die Art, miteinander zu sprechen, die wir bis zur Zerstörung unserer Seele gewohnt sind: Menschen verständigen sich darüber, was sie gemeinsam machen werden. Sie tauschen Informationen aus über Projekte und Programme, sie geben einander Befehle, Dienstanweisungen, legen einander mit dem Mittel der Sprache Pflichten und Zwänge auf, und schließlich erlebt man, daß jeder seine eigene Privatsprache redet. Niemand versteht mehr den anderen wirklich. Diese Art zu reden ist nicht absonderlich, sondern das normal und gewöhnlich Erscheinende. Man höre nur genau zu, wie Menschen Tag für Tag, Stunde für Stunde mit der Peitsche der Worte, mit dem Zwangssystem der Sprache einander drangsalieren und terrorisieren. Das geht so weit, daß manche Psychologen in unserem Jahrhundert sagten: Es hat gar keinen Zweck mehr, zu hören, was Menschen in Worten von sich mitteilen, denn es stimmt für gewöhnlich doch nicht. Bis in die Träume hinein fühlen wir uns zensiert, dirigiert und eingeschnürt. Das, was wir sagen, ist gewissermaßen vorgefertigt auf dem Reißbrett dessen, was man anständigerweise in Gesellschaft einzig zu sagen hat, entsprechend der Etikette und der Konvention sagen muß, wie man reden darf, wenn man einen bestimmten Eindruck erzielen will, wie man die Worte setzen muß, um beim anderen anzukommen, und diese Scheinsprache, dieses Drumherumreden, dieses Phrasenmachen der Lüge ist schließlich, was wir als einzige Form des Redens kennen und gelten lassen. Hört man genau hin am Stammtisch, in Gesellschaft, bei den sogenannten Geselligkeiten, redet jeder nur noch lauthals mit sich selber vor sich selber hin. Und mitten im Gerede ist ein jeder völlig isoliert. Er legt schon gar keinen Wert mehr darauf, daß ein anderer ihn versteht, seinen Worten nachlauscht, den verschlungenen Wegen seiner Mitteilungen folgt. Einer haut dem anderen nur noch das Wortgetöse um die Ohren. Und am Ende herrscht der Glaube, daß es anders gar nicht mehr geht, das Chaos wird vielleicht noch durch den lautstarken Ton von Macht, Befehl, Organisation, Verwaltung bewältigt. Der Pfingstmorgen beginnt mit einer entgegengesetzten Erfahrung, und sie hat zutiefst mit dem zu tun, was Jesus wollte, wenn er den Taubstummen beiseite nahm, fort vom Getöse der Menge, und ihm seine Hand auf die Zunge legte und seine Ohren berührte und dabei, aufblickend zum Himmel, seufzte: »Tu dich auf!« Und es war ein Gebet, in dem ein Mensch, der das Reden verlernt und das Hören abgewöhnt bekommen hatte, wieder zugänglich wurde für den leisen Ton von Gebet, Bitte, Besänftigung, Zärtlichkeit und Verstehen und selber wieder Worte zu finden begann, in denen er sich anderen mitzuteilen vermochte. Die Sprache kann ein wunderbares Mittel sein, sich auszutauschen, wenn sie, ruhig genug, hinabloten kann in die Zonen, da unsere Gefühle walten und unsere Träume entstehen. Dann ist die Sprache wirklich und stark, wenn sie in uns wirkt wie ein weiter, weltumspannender Gesang; ist doch zu reden im Grunde nichts weiter als eine Abart der Musik. Wenn in uns selber eine Harmonie zu schwingen beginnt, die unser ganzes Sein ergreift und nach außen tritt und in einem anderen Menschen Resonanz findet, so daß es in ihm antwortet wie in einem anderen Klangkörper inmitten eines Orchesters, beginnt die Sprache des Geistes Gottes sich zu verwirklichen. Es ist eine Art, miteinander umzugehen, die man etwa so im Bild beschreiben könnte: Es ist, wie wenn wir das Leben eines anderen vor uns sehen wie eine Komposition, wie ein Musikstück, das er selber halb fertig hat und noch nicht ganz kennt. Wir aber greifen zur Geige oder setzen uns an den Flügel und lassen uns von ihm Seite für Seite die begonnene Partitur aufschlagen und spielen jeden Ton, so rein wir nur können, auf dem Instrument unseres Lebens, suchen zu verstehen und bringen dem anderen zu Gehör, was sich in ihm gestaltet, verdichtet und ausspricht. Wenn er selber es hört, hat er noch einmal Gelegenheit, zu korrigieren, das Ungefüge zu ändern, die Kontraste zu betonen, wo nötig die Harmonien zu klären, wo erforderlich den Rhythmus abzuwandeln entsprechend dem Schlag und dem Gang seines eigenen pulsierenden Lebens. Und so vollzieht sich im Austausch das Wunder der Sprache.

Ein jedes Wort hat im Munde des anderen eine andere Bedeutung als im Kontext unserer eigenen Erfahrungen. Wenn jemand anderer von Vater, von Mutter, von Bruder und Schwester, von Haus und Heimat, von Gott und Kirche, von Leid und Not, von Hoffnung und Freude spricht, spiegelt sich's, entsprechend dem Werdegang seines eigenen Schicksals, anders als im Umkreis unseres eigenen Lebens. Und nur wenn wir jedes Wort verstehen wie einen verborgenen Wink, dem noch Unbekannten nachzugehen, ein noch unentdecktes Land zu betreten, das die Seele des anderen ist, und in ihr aufzusuchen die Burgen und die Schlösser, die Quellen und die Hügel, die Berge und die Täler, und wenn dies alles sich formt zu einem Lobgesang für die Schönheit, mit der Gott das Wesen des anderen gestaltete in den Kräften des Raumes und der Zeit, verwandelt sich die Sprache in einen Hymnus auf Gott, der uns schuf, gestaltete und begleitet, und in einen Gesang der Dankbarkeit für die Nähe der Menschen, der Lebewesen, der Dinge, die uns umgeben. Abgetrennt von einer solchen Erfahrung von innen, umstellen, bedrängen, töten die Menschen an unserer Seite die Dinge neben uns, und das Lastgewicht des Schicksals ruht scheinbar ehern und nicht abzuschütteln auf uns. Die Wahrheit, die wir geistig ergreifen können, besteht darin, daß es keine Grenzen gibt für unsere Freiheit, für unsere Sehnsucht, für unsere Eigenständigkeit, für die Größe unserer Person. Denn dies, den anderen zu verstehen, setzt voraus, daß wir selber freimütig reden, uns aussprechen, gestalten und leben dürfen und es nicht den Zwang von außen und die verinnerlichten Mechanismen der Angst und der sich ewig verlängernden Vergewaltigungen gibt. Es gibt diese wunderbare Musik einer Sprache, die jenseits der Abteilungen, jenseits der Grenzen getragen ist von einer universellen Poesie des Menschlichen, des Schönen, der Zusammengehörigkeit aller im Erlebnisraum der Macht der Liebe. Es ist möglich, daß wir uns entdecken als verwandt, zusammengehörig, als Brüder und Schwestern. Das, was uns voneinander trennt, ist das Unwesentliche. Das, was uns miteinander verbindet, ist der Austausch wechselseitiger Eigenständigkeit, Dankbarkeit und Würde. Es ist wie ein Sturm so stark, es ist wie ein Feuer so warm, es ist wie ein Licht so hell, wenn Gott uns berührt in unserer Seele, und es wird nie aufhören, weil ein jedes Wort, das Christus zu uns sprach, nur immer wahrer, tiefer und lebendiger in unserem Herzen wurzelt.

Pfingsten ist eigentlich ein jüdischer Erntedanktag. Wir Christen feiern es, um zu sammeln und dankbar in Empfang zu nehmen, was das Leben Jesu uns gelehrt hat über Gott und über uns selber. Empfänglich zu sein für den Geist und fähig, sich von ihm leiten zu lassen, dies ist die Summe all dessen, was Jesus uns vermitteln wollte. Was ist Geist? mag man fragen. Es geht uns, wenn wir's zu bestimmen versuchen, so ähnlich, wie wenn jemand den Spaten an ein Hügelgrab der Bronzezeit legt, um nach den Spuren des Vergangenen zu suchen. Er findet vielleicht die Reste eines unbekannten Fürsten, Beigaben von Speise, Waffen, Schmuck, offenbar die Bestattungsüberreste eines Fürsten. Wir können versuchen, mit diesem Fund alle möglichen Fragen zu beantworten, die wir an die äußere Gestalt der Kulturgeschichte stellen. Wir können uns interessieren für Technik und Waffenhandwerk, für die Fortschritte des Getreideanbaus, für die körperliche Befindlichkeit und das Gesundheitswesen vor zweieinhalb-, dreitausend Jahren. Wir können eine Unzahl von Fragen stellen und sie womöglich einigermaßen exakt beantworten. Und doch bleiben wir bei all dem an der Außenseite des Lebens. Wir haben es zu tun mit Totem, und wir bleiben im Umkreis von Totem, wenn wir so vorgehen. Das Wesentliche hinter all den Erscheinungen entzieht sich uns, aber es muß gewesen sein, sonst hätte, was uns als Skelett erscheint, nie gelebt, sonst wäre, was in vielen Teilen als Kultur sich zusammenfügt, nie möglich gewesen. Und schauen wir in diese Richtung, so begegnen wir mit einemmal etwas überzeitlich Verwandtem, dem Glauben, daß Menschen unsterblich sind. Irgend etwas muß die Angehörigen einer uns unbekannten Volksgruppe, einer uns unbekannten Zivilisation lange vor uns bestimmt und getragen haben. Dieses für uns Unsichtbare, alles Gestaltende, mit Leben Erfüllende ist, was wir Geist nennen, und es ist nicht verschieden von uns. Wir selber, in Jahrtausenden über die Erde verstreut, sind Teile desselben Geistes, Artverwandte, Brüder und Schwestern eines gemeinsamen Besitzes, wenn denn Geist je so etwas sein kann wie Besitz. So die Welt zu sehen lehrt uns einzig die Religion. Alles Wissen im einzelnen, je exakter und differenzierter, detaillierter und aufgespaltener es wird, verwirrt mehr, als es eint, trennt mehr, als es zusammenfügt, tötet am Ende mehr, als es Leben schafft.

Was bliebe von der menschlichen Geschichte, von der Evolution der Erde, der Entwicklung des ganzen Kosmos übrig, wenn wir die Welt nicht mit dem Glauben sehen, daß der Geist es ist, der sie bewegt, gestaltet und trägt, außer einem wüsten Geschiebe, blind und zufällig, nach Gesetzen, die sich selbst nicht kennen, und auch auf den immer höheren Stufen der Selbstentfaltung nur vorangepeitscht von den dumpfesten Trieben. Fast lehrt man die Kinder in unseren Schulen, die Welt so zu betrachten: ein Gebilde aus dem Kampf um Macht, Besitz, Geld, Herrschaft, aus den rohesten Ansprüchen. Aber sollten die Truppen Napoleons wirklich nur nach Moskau gegangen sein, um fremde Länder zu erobern? Drängte sie nicht auch die Begeisterung für bestimmte Ideen und Ideale der Brüderlichkeit, der Freiheit und der Gleichheit? Wollten sie nicht eine Fackel des Geistes über zerrüttete Regime pflanzen? Gewiß wissen wir, daß Geist sich so nicht pflanzen läßt. Aber ist es nicht gerecht, daß wir, tief in die Geschichte zurückblickend, selbst den rohesten Erscheinungsformen zubilligen, daß sie in irgendeiner Weise auf der Suche waren nach etwas, das leben ließ, Leben vermehrte und Menschen zusammenfügte?

Es bleibt die Frage, welchen Geistes wir sind. Und da lernen wir von Jesus, daß wir, im Unterschied zu allem, was Menschen sonst lenken kann, uns selber als von Gott in einer Weise getragen und begleitet betrachten können, die uns als Personen bestimmt und will. Geist ist keine Angelegenheit des Kollektivs, sondern des Bewußtseins. Und wenn wir aus dem Umgang mit Jesus eines lernen können, so dieses: daß wir unableitbar und unvertauschbar als Einzelne gemeint, berechtigt, ja gradezu notwendig sind. Es ist dies unsere größte Auszeichnung und Bestimmung, zugleich der Raum, dem wir nie entkommen können. Es ist möglich, daß wir in der menschlichen Geschichte die Herausforderung, die Jesus für jede Kultur und jede Zeit war, erst mit dem wachsenden Abstand wirklich begreifen. Es ist unerhört, daß Jesus unsere Freiheit, unser Glück, unsere Entfaltung als Einzelne wollte – im Widerspruch zu allem, was in Massen auftritt, was sich ins Kollektiv flüchtet und die Herde zur Beruhigung der Angst braucht. Spätestens in dem Entscheidungsmoment seines Sterbens wird deutlich, daß jede Zeit ihre Gründe haben wird, Jesus umzubringen, und daß jede Zeit erkennen wird, daß sie selber nicht imstande ist zu leben, wenn sie diese Wahrheit der Menschlichkeit liquidiert. Es werden die Priester zu allen Zeiten sagen, daß sie einem Gott dienen, der Opfer braucht und der auf Gesetzen besteht, die die Bestrafung Einzelner verlangen. Es werden zu allen Zeiten die Mächtigen sagen, daß es vernünftig sei, zum Wohl der Masse einen Einzelnen preiszugeben. Es werden zu allen Zeiten die Befehlsempfänger, Beamte, Soldaten, Untertanen, erklären, daß sie ihren Anweisungen folgen mußten und nicht die Kompetenz hatten, selber zu entscheiden. Aber all dies sind Ordnungen und Gefüge, die uns töten, nicht leben lassen. Der Gott, den Jesus brachte, will nicht, daß wir Opfer bringen. Er möchte, daß wir so weit, so reich und so erfüllt von Glück und Liebe leben, als es irgend geht. Er will nicht eine Kaste von Sonderlingen, die ihre Hände beschmutzt mit dem Blut von Opfertieren und Menschen. Das Reich, das Jesus zu bringen kommt, gründet sich nicht auf die Egoismen einzelner Individuen und einzelner Gruppen. Es beruht nicht auf dem Geschäftssinn und dem Krämergeist, der Despotie, Geld zu erwerben und Geld in Umlauf zu bringen, und es stabilisiert sich nicht in den Gefügen von Herrschaft, Gewalt und Macht. Die Verantwortung und die Fähigkeit, zu sehen, die Jesus uns vermittelte, setzt uns ein als Herrscher und Souverän in unserem eigenen Leben. Jeder von uns ist befähigt und begabt, selber zu wissen, was gut ist und wahr. Er ist, wie Christus von sich sagen konnte, geboren aus Geist. Dieser Glaube an das Unsichtbare zieht wie ein Pflug über die Erde, quer durch die Jahrtausende, und öffnet sie für alle Fruchtbarkeit und allen Reichtum, eine Umwälzung, die nie aufhört, eine Unruhe, die nie beendet ist, eine sich fortzeugende Fruchtbarkeit, die keine Grenzen findet. So groß dachte Jesus von uns als Trägern des Geistes, als aus Wind und Licht, aus den Kräften der Schönheit und der Macht des Himmels Geborenen. Ihm allein sind wir nahe.

Und deshalb läßt sich nicht trennen, was wir Menschen sind und was wir als Gott glauben. Das Wunder dieses Pfingstmorgens ist, daß Gottes Geist uns innerlich ist. Es ist das Ende der Vorstellung, daß man Gott von außen bringen müßte, den Glauben an Gott womöglich durch das Training des Auswendiggelernten von fremdher erzeugen sollte. Die Wahrheit ist, wie sie in Jesus lebte, daß jeder Gott in seinem Herzen trägt. Einzig die Fesseln müssen wir sprengen, die Beengtheiten dürfen und müssen wir verlassen. Dann wird sich in uns entfalten, was an Geist in uns leben möchte. Gott ist uns nicht fremd, und alle Worte, die wir von ihm machen, sind zuwenig, auszusprechen, was wir fühlen, was wir wissen, wenn wir nach innen schauen. Es gibt in uns eine Macht, die, wenn wir selber keine Worte wissen, in uns nicht aufhört, zu drängen, zu sprechen und laut zu rufen: »Abba – lieber Vater.« Dieser Macht, der wir uns anvertrauen, verdanken wir alles. Sie richtet das Zerbrochene auf, besänftigt das von Schmerz Umhergetriebene, beruhigt die Angst, mildert die Gluthitze, kühlt, trägt, führt, weist, zeigt, schenkt Leben in jeder Form. Uns dieser ungeheuren, geheimnisvollen Macht anzuvertrauen, in all ihren Erscheinungen in der Welt, unter den Menschen und in uns selber, ist aller Friede, alles Glück, aller Segen dieses Tages. Und ein für allemal wird gelten, was Petrus am Pfingstmorgen sprach: »Man muß Gott mehr gehorchen als den Menschen. Den Urheber des Lebens habt ihr getötet, aber er wurde auferweckt von Gott.«

Der Rede vom Geist haftet in unseren Tages etwas merkwürdig Mitternächtliches und Spukhaftes an. Mit der Vorstellung von Geist verbinden wir am ehesten jene Lebensformen, denen alle Vitalität ausgesogen wurde. Leergesagte Redensarten, verfeierlichte Langeweile, abstrakte Ideologie – das sind die Assoziationsfelder für uns Heutige, wenn vom Geist die Rede ist. Es gab Zeiten, in denen man noch spürte, mehr, als man es wußte, daß »Geist« ein anderes Wort ist für »Gischt«. Wenn die Unendlichkeit des Meeres in den Wogen am Ufersaum des Strandes einer Küste sich bricht und aus den Wellenkronen der Sprühregen sich bildet, in den Farben des Regenbogens flimmernd im Licht, einen Übergang bildend zwischen Wasser und Luft, zwischen Erde und Himmel, dann schien das den Alten am ehesten ein Bild für die Wirklichkeit von Geist zu sein, entsteht doch aus dem Wasser und diesem Unsichtbaren, das der Wind über das Land treibt, alles Leben, befeuchtet sich der Boden und empfängt alles sein Dasein und seine Schönheit. Tatsächlich ist das, was wir mit Geist bezeichnen, uns nur in einem extremen Widerspruch zugänglich.

Scheinbar harmlos beginnt das Leben eines kleinen Kindes, wenn es zu fragen beginnt: »Mutter, warum steht die Sonne am Himmel? Warum bewegen sich die Zweige am Baum? Warum hat das Wasser keine Farbe?« Noch steht ein Kind, das so fragt, im Mittelpunkt der Welt, und es möchte in allen Dingen ringsum sich selber wiederfinden und seinen eigenen Standort begründen. Deshalb antwortet man ihm am besten stets in Richtung seiner eigenen Person: »Die Sonne steht am Himmel, um dich zu wärmen; und die Zweige bewegen sich am Baum, um Früchte hervorzubringen, damit du sie essen kannst; und die Farblosigkeit des Wassers trägt dein Spiegelbild.« Spätestens beim Übergang zum Erwachsenwerden sucht der Geist uns leidenschaftlicher heim, und es ist eine Erfahrung, die uns aus jedem Maß herauszuschleudern vermag. Zum erstenmal beginnen wir, die Waffe eigenen Fragens auf die Welt und die Menschen ringsum zu richten. Nur was ihr standhält, gilt als beglaubigt. Nur was das eigene Denken als vernünftig erkennt, besitzt fortan Autorität. Es ist eine ungeheure Entdeckung, zu merken, daß auf den Flügeln der Gedanken diese Welt keine Grenzen kennt. Mag die Wirklichkeit hundertfach die Antwort verweigern, so gilt es zu suchen und zu forschen ohne Unterlaß. Kein Sprengstoff hat diese Gewalt und kein Erdbeben diese Macht, zu erschüttern, wie die Entdeckung des Geistes in der Kraft des eigenen Denkens. Was sich bisher noch auf den Sockel der Macht stützen konnte, gilt fortan als umgestürzt, wofern es sich nicht festigt durch einsehbare Gründe. Immer wird die Macht versuchen, sich selber jeder Kritik zu entnehmen und im Unsichtbaren zu halten, das eigene Denken aber zerrt sie aus den Löchern, will ihre Gründe hören, läßt keine Verdunkelung zu. Und jeder Anspruch auf Herrschaft und Gewalt gilt für lächerlich, ohnmächtig und überholt, wenn er sich nicht wiederherstellt durch die eigene Vernunft im eigenen Kopf.

Ist es nicht gefährlich, auf diese Weise Geist zu haben? So bestimmt zu sein spaltet die Horde der Menschen auf in eine Unzahl von Atomen, von Individuen, von denen jedes einen eigenen Kopf trägt. Unbedingt will der Geist, daß er nur sich selbst gehorcht. Er ist die Leidenschaft einer unbegrenzten Freiheit. Kein Gesetz, keine Tradition, keine überkommene Regel läßt er gelten, es sei denn, sie stellt sich wieder her durch ihn selbst. Ja, es ist gefährlich, Geist zu haben, drum daß auf dieser Welt nichts mehr gefürchtet, mehr unterdrückt, mehr durch Zwang erniedrigt wird als der Geist. Man versucht ihn in Schablonen zu pressen, versucht ihn einzuschüchtern, mit Angst zu drangsalieren, man versucht, den Träger des Geistes, den physischen Körper, zu foltern und einzukerkern, oft genug zu vernichten, und dennoch wissen wir Menschen, daß keine Entdeckung des Geistes sich in die Nacht zurückstoßen läßt. Die Fackel des Geistes wird sich wiederentzünden am Feuerrad des Sonnenwagens und zur Erde herabkommen, immer wieder, sooft man ihre Funken auch austreten mag.

Es ist diese Macht des Denkens, die uns zu Einzelwesen, zu einem persönlichen Ich, zur Einsamkeit begnadet und verurteilt. Es ist die erste Ahnung einer unendlichen Kraft, einer unzerstörbaren Würde, einer Gottähnlichkeit, die ein jeder Mensch kraft des Gedankens in sich trägt.

Daneben und gleichzeitig und dennoch völlig im Widerspruch gibt es eine andere Leidenschaft, die wir mit dem Geist verbinden, die Macht der Liebe im eigenen Herzen. Nicht zufällig formen sich die starken Zeiten des Denkens parallel zu den kataraktartigen Entwicklungsphasen der Energie der Liebe im vierten, fünften Lebensjahr und dann am Anfang des Erwachsenenalters mit Beginn der Pubertät. Man kann nur stark denken bei starken Gefühlen und nur mit der ganzen Hingabe fühlen, wenn das Fühlen bestätigt wird durch die Einwilligung starker Gedanken. Nur so sind wir Menschen *ganz,* und wir müssen diesen Widerspruch vollkommen leben, um vollkommen menschlich zu sein. Der Geist als Gedanke wird uns bestätigen, daß wir grade als Einzelwesen etwas Verschwindendes sind in der Welt, großartig im Erkennen und winzig im Anspruch, ausschwingend bis zu den Sternen in der Freude des Entdeckens und dahinter zurückbleibend in grenzenloser Unbedeutendheit. Die Liebe beweist uns und führt uns zu der Überzeugung, daß wir als Einzelwesen unzerstörbar sind, gottgleich in der Winzigkeit unserer Erscheinung, unermeßlich in der Wahrheit, die wir grade in unserer Person und nur in ihr zu leben vermögen. Einzig die Liebe lehrt uns, zu glauben an die Unendlichkeit jedes menschlichen Einzelwesens, denn sie fügt uns zusammen und trägt uns gemeinsam über den Ozean der Zeit. Immer sind wir Menschen zu beidem gleichzeitig bestimmt, zur Einsamkeit wie zur Gemeinsamkeit, zur Vereinzelung wie zur Vereinigung, zu dem Zwang, ein Ich zu haben, und dem Hang, ein Wir zu bilden, und vielleicht ist das, was wir Geist nennen, nur diese einzige, in sich geschlossene Wirklichkeit, wo Seele und Leib eine Einheit bilden, aus der alles entsteht, aller Stoff, alle Weisheit, alle Poesie, alle Schönheit, alle Musik, alles Lebendige jenseits der Spaltungen, jenseits der Trennungen. So sollten wir leben, hat Jesus uns gelehrt, so frei im Denken und so stark und grenzenlos im Fühlen, so uneingeschüchtert von jeder Bestimmung von außen und nur so zugehörig zu der ewigen Welt Gottes, die wir schon im Herzen tragen. Deshalb wagen wir am heutigen Pfingstmorgen, einem alten Erntedankfest, den Geist, der die ganze Welt durchzieht, wenn er uns Menschen erreicht, wie die Wogen des unendlichen Meeres sich am Strande brechen, als den Geist Jesu Christi zu bezeichnen, der uns lehrte, was es heißt, dem Reich Gottes anzugehören, Träger von Geist, Fackeln von Licht, Leidenschaft und Glut der Liebe zu sein.

Eigentlich ist Pfingsten kein Feiertag und keine festliche Erinnerung an etwas, was sich vor Jahrtausenden ereignet hätte. Es ist eher ein Bild, um eine Erfahrung von Leben und Unmittelbarkeit zu beschreiben, die wohl jede Generation im Umgang mit Gott auf ihre Weise neu und immer von vorn zu lernen hat. Rein äußerlich gesehen, ist Pfingsten ein jüdisches Erntedankfest, das Ende langer Mühen, der Abschluß all dessen, was Jesus für uns getan hat, in christlichem Gewande. Tatsächlich aber ist es der Anfang von allem und der Aufbruch ins Unendliche, denn sonst wäre nicht die Rede von Geist. Was die Jünger erlebt haben müssen, als sie dieses Bild von einem Morgen formten, da sich alles, was Jesus war, zu Feuerzungen verdichtete, die sich auf das Haupt eines jeden niederließen und die Kraft schenkten, alles zu verstehen, die Sprachen aller Menschen innerlich aufzunehmen, läßt sich wie von fern erahnen.

Es muß einen Moment gegeben haben, in dem der kleine Kreis um Jesus sich verlassen fühlte. Alles schien wie tot und endgültig zerstört. Was kann trösten jenseits der Schranken endgültiger Trennung auf Erden? Die Verzweiflung, die sich im Herzen dieser Männer und Frauen ausbreitete, muß so tief gewesen sein, daß sie zurückkehrten zu ihrem alten Handwerk und das Leben aufzunehmen versuchten, das vormals gewesen war, bis daß sie merkten, daß es nicht ging. Das Johannesevangelium wird später sagen, Jesus habe ihnen verheißen: »Meinen Geist sende ich euch als Tröster.« Es ist der Anfang, Religion oder Frömmigkeit auf eine Weise zu verstehen, die ganz und gar aus dem Inneren des Menschen, aus dem Herzen spricht. Und in der Tat muß Jesus darauf in den letzten Tagen seines Lebens die größte Zuversicht gesetzt haben. Er hatte Worte zu sagen, die imstande waren, Menschen aus Gräbern zu rufen. Er hatte eine Art, unmittelbar zum Herzen der Menschen zu sprechen, daß darunter das bleierne Lastgewicht der Angst sich aufhob und Menschen zu ahnen begannen, was in ihnen lebendig werden könnte. Nichts von all dem hat Jesus aufgeschrieben, wohl fürchtend, daß schon das nur noch zu Lesende wie etwas Fremdes, von außen Kommendes sei. Er muß eine Hoffnung besessen haben, wie sie sich nur an Gott entzünden kann: Menschen, Leute wie wir, vermöchten ein göttliches Geheimnis – und hätten sie es auch nur wie von fern, ganz schwach kennengelernt – aus sich selbst heraus weiterzugeben, und was immer sie dann sagen würden, hätte einen Teil lebendiger Wahrheit in sich. Er gab seinen Leib, so sagen wir, in die Hände der Jünger. Noch viel mehr als der Körper waren es seine Worte, seine Gedanken, seine Leidenschaften, seine Träume, seine Hoffnungen, all das, was wir Geist nennen, und er traute den schlafenden Jüngern von Getsemani zu, sie könnten das begreifen und in eigenen Worten weitersagen. Wir suchen heute unter den Texten des Neuen Testamentes immer wieder nach den wenigen Anklängen, die uns erinnern, was Jesus wohl selber gesagt haben könnte – ein fast aussichtsloses Bemühen, denn Jesus wollte nicht, daß wir seine Worte äußerlich uns merken und weitersagen, nicht einmal seine, denn sie würden dann ja nur geredet in der Lebendigkeit eines wortgetreuen Protokolls. Er wollte, daß er durch unser Herz hindurchginge und wir das Göttliche in eigenen Worten sprächen. *Dann* würde es leben und sich so weitersagen, daß es sich von einem Menschen zum anderen entzündet, dann hätte es die Lebendigkeit Gottes. Nichts anderes wollte Jesus, denn so lebte er und so sprach er selber. Er zitierte nicht einmal die Bibel, obwohl er sie in Teilen sicherlich auswendig kannte. Er verpflichtete Menschen nicht darauf, eine bestimmte Lehre, eine bestimmte überkommene Meinung sich zu eigen zu machen, er versuchte, unmittelbar aus dem, was Menschen erfahren, zu schöpfen, es zu verdichten und Gott darin Gestalt werden zu lassen. So erfuhren es die Jünger vor zweitausend Jahren: Jesus ist etwas Lebendiges in unserem Herzen, und was wir erlebt haben, läßt sich in Bildern und Worten sagen, die äußerlich historisch vielleicht so nicht zutreffen, die aber das Innerliche sind. Wir Heutigen stehen, zweitausend Jahre später, in anderen Zeiten vor einer ganz verwandten Situation. Kaum eine Klage ist heute grade bei den Menschen, die glauben möchten und den Glauben weitersagen wollen, lauter als die, daß das Sprechen von Gott tot sei und sich nicht mehr zum Leben erwecken lasse. Es ist vermutlich dieselbe Erfahrung, daß alles sterben *muß*, was wir äußerlich in Händen zu halten glauben. Und es ist immer wieder das Wunder des Pfingstmorgens, daß augenblicklich von Gott sich etwas regt und zu Wort meldet, wenn wir innerlich schauen. Wir hören Menschen zu, die den eigenen Mitteilungen nach an Gott kaum denken, mit ihm nichts im Sinn haben und für Jesus Christus eigentlich kaum irgend etwas von ihrer Zeit verschwenden. Sie fragen scheinbar nicht einmal mehr nach Religiösem, und so scheint der Eindruck sich zu bestätigen, was wir wollen, habe sich überlebt und sei im Grunde von allem Geistigen mumienhaft entleert. Hören wir aber genau zu in den verschiedenen Sprachen der Erfahrung so unterschiedlicher Menschen, so werden wir spüren, wie wichtig Glaube ist, Religion ist, wenn wir sie *geistig* fassen.

Da klagt ein Arzt, der die Kirche seit Jahrzehnten nicht gesehen hat, darüber, daß er auf seiner neuen Dienststelle in einem neuen Krankenhaus nicht zurechtkommt. Er ist erst ein halbes Jahr dort, und er möchte eigentlich den ganzen Beruf aus den Händen geben. »Ich habe«, sagt er, »im Verlauf der letzten Monate, wenn ich ehrlich bin, mindestens fünf oder acht Menschen in den Tod gehen lassen, wo ich es hätte verhindern können. Es wird im Kollegium darüber kaum gesprochen, aber ich sitze abends und führe Protokoll, was sich ereignet hat im Verlauf des Tages, welche Fehler vermeidbar waren, und mich bringt das um, die Szenen, wo Leute in die Intensivstation kamen und irgendein hundsdämlicher Fehler ohne irgendeinen Schuldigen eine Mutter mit zwei Kindern aus dem Leben riß. Und ich hätte es vermeiden können, wäre nicht die Befehlspyramide auf den Stationen so unterschiedlich, würden wir uns die Mühe machen, mit jeder Krankenschwester im einzelnen zu reden, könnten wir zur rechten Zeit jeder Diagnose auf Verdacht hin genügend nachgehen.« So redet er, eine Stunde, zwei Stunden, bis unterhalb der Verzweiflung eines tüchtigen, fleißigen, pflichtbewußten Mannes sich wie durch ein Sieb eine Reihe von Wahrheiten sammelt. Ein Mensch kann nur leben, wenn er anerkennen darf, daß es Grenzen gibt, auch für ihn, sogar im Umgang mit Menschenleben, Grenzen der Verantwortung, Grenzen des Könnens, Grenzen des Einsatzes, Grenzen der Kraft. Es muß etwas geben wie eine Berechtigung, nur ein Mensch zu sein. Woher gewinnen Menschen die Berechtigung, nur Menschen zu sein? Hier ist von Gott überhaupt nicht die Rede. Der Mann würde sich zur Wehr setzen, wenn von Gott dem Wort nach auch nur ein Anklang wäre. Es würde ihn verwirren auf dem Wege zu sich selbst, den er grade beschreitet. Aber mag seine Sprache auch sein wie die der Perser, der Pamphylier oder der

Phryger: eine heidnische Sprache – sie redet von Gott. Sie erklärt uns, was auch die Gnadenlehre der Kirche meint: wovon Menschen leben, nur daß die Erfahrung aus dem, was Menschen durchmachen, und die christliche Verkündigung einander fremd und schwer ineinander zu übersetzen sind. Da ist ein Jurastudent. Er glaubt nicht an Gott, er besucht keine Kirche. Seine Eltern leiden darunter. Er wird auch heute, am Pfingsttag, nicht in der Kirche sein. Und seiner Mutter fällt das schwer; sie möchte, daß ihr Sohn in irgendeiner Form das, woran sie glaubt und was ihre Wahrheit ist, fortsetzt. Er aber geht schon deshalb in keine Kirche, weil das fromme, bigotte Gerede seiner Mutter ihm zum Halse heraushängt; so sieht er das. Aber er fragt sich: »Was werd' ich machen im Beruf? Noch zwei Semester, und ich werde vor der Frage stehen, wie ich Menschen beurteile. Es gibt Gesetze, aber jeder weiß, wie relativ sie sind. Es gibt Paragraphen, Verordnungen, ein ganzes Sprachspiel unserer Gesellschaft, aber wie wird man Menschen gerecht? Eines Tages soll ich vermutlich da sitzen und beurteilen, ob Menschen schuldig sind und in welchem Umfang und nach welchem Maßstab sie strafwürdig geworden sind. Hängen wir nicht alle zusammen? Und was weiß ich von der Seele eines anderen Menschen? Womöglich ist er nur das Opfer seiner eigenen Kindertage und aller Lebensumstände. Was er braucht, ist vielleicht irgendein Heim oder eine Resozialisierungsstätte, auf jeden Fall ein Mensch, der ihm vielleicht zum erstenmal so etwas wie Vater und Mutter wäre, die er nie kennengelernt hat. Und ich tue in vielleicht zwei, drei Jahren meine Pflicht und handle nach Gesetzesvorschrift Menschen ab. Darf ich das?« Es ist wieder von Gott, von Jesus Christus, von der Kirche mit keinem Wort die Rede, und brächte man es ins Gespräch ein, wäre es nichts als Verwirrung und Störung. Aber was der junge Mann, in der heidnischen Sprache der Meder und der Elamiter versucht, ist nachzudenken darüber, was Menschen sind und was sie tun und daß sie alle, unterschiedslos, die Verlorensten aber am allermeisten, einer Vergebung, einer Führung, eines Haltes bedürfen wie Kinder unter dem Schutz ihrer Eltern. Und das hört nicht auf, so legt dieser junge Mann sich nahe zu denken, auch nicht, wenn wir scheinbar erwachsen sind. Und wie finden wir das Vertrauen, die Option eines Schutzes, der gilt, selbst wo wir ihn nicht sehen? Es wäre der einzige Grund, das, was wir tun, selbst so heilige Dinge zu ertragen wie Rechtsprechen, Ordnungsetzen, in seiner scheußlichen Relativität. Mit einemmal erwacht ein Gespür für etwas Absolutes, das gilt. Ein dritter klagt darüber, daß er immer wieder nur von Teilzeitarbeit zu Teilzeitarbeit hechelt, kaputtgemacht wird durch den Konkurrenzkampf gegen Jüngere, die ihn zu verdrängen drohen, und er sieht vor sich die Zeit der Arbeitslosigkeit, sieht sich auf dem Abschiebegleis wie einen Frührentner, einen Invaliden. Er fragt sich, was er wert ist nach dreißig Jahren Wühlerei. Auch er spricht von Gott, der Kirche und von Jesus Christus mit keinem Wort, aber wonach er, in der Sprache der Griechen und der Juden, fragt, ist im Grunde, woraus ein Mensch so leben kann, daß er Würde bekommt, Größe, Eigenständigkeit und Halt. Er lernt grade, so bitter es ihm wird, daß er all das nicht *machen* kann, so sehr er sich anstrengt. Entweder er *hat* eine Würde, Größe und einen inneren Halt, den er findet, weil er in ihm selber liegt, oder er wird ihn mit allen Anstrengungen nicht zusammenpressen und erleisten können. Er redet mit einemmal auf seine Weise von dem, was alle Religion meint, von dem, wie groß Menschen sind zwischen Himmel und Erde, einfach weil es sie gibt. Genau besehen, leben wir, zweitausend Jahre nach dem Evangelium des Pfingstmorgens, mitten in der Vielfalt der Sprachen von Gott, wenn wir sie nur hören. Die Voraussetzung aber ist, daß wir beginnen, alles *innerlich* zu verstehen. Manchmal denke ich, wir bereiten uns auf einen neuen Typ von Religion vor. Was bislang dafür galt, setzte sich fest in klaren Formen, überkommenen Traditionen, klaren Begriffsregelungen – man wußte, was Religion ist. Aber jede der Religionsformen war identisch mit ihrem eigenen Kulturkreis, schon dadurch sehr begrenzt und vermutlich unwahr. Worauf wir zugehen und was die Generation von Jugendlichen, die oft außerhalb der Kirche heranwächst, leidenschaftlich sucht, ist etwas, was von innen kommt. Man wird nichts mehr glauben, was nicht erfahren ist, weil es durch die Person von Menschen hindurchging. Man wird nichts mehr aufnehmen, was sich nicht beglaubigt durch innere Überzeugung, indem man es denken, fühlen, anfassen kann aus dem eigenen Leben. Und man wird sich für nichts mehr begeistern, was nicht die Kraft hat, das Leben von Menschen poetisch zu verdichten. All die Geschichten, in denen Menschen von sich sprechen, haben denselben Rang wie große Kunstwerke. Sie sind voller Tragödien, voller Dramatik, voller Epik, voller Lyrik – jedes Menschenleben ist ein sich unter den Augen Gottes gestaltendes kostbares Meisterwerk an Dichtung, Phantasie und Kreativität. So aber müßten wir's aufnehmen. Wir haben im Christentum vor allem gelernt, daß die Natur draußen kaum eine Rolle spielt, es ging uns stets um die Geschichte und im Grunde nur um den Menschen. Seit hundert Jahren bereiten wir uns vor, eine Religion neu zu lernen und in uns aufzunehmen, in der die Natur zurückkehrt als Raum und Heimatstätte des Menschen, verbunden mit unserer eigenen Seele. Die Fremdheit des Menschen gegenüber sich selbst, gegenüber der Welt draußen ist nicht mehr glaubwürdig als Bekenntnis vor Gott, der *alles* gemacht hat, was wir sind und woher wir kommen. Zweitausend Jahre nach Christus stehen wir buchstäblich wieder am Anfang und müßten alles, was wir äußerlich sicher in Händen zu haben meinten, aus innen neu entdecken. Es ist eine schwebende, fast gestaltlose, ganz offene, weite und freie Form zu glauben, so daß es die Welt umspannt, den Menschen aufhebt zum Himmel und uns untereinander verbindet ohne Schranken. Deshalb, weil wir die Kraft in uns haben, Menschen zu verstehen, selbst wenn sie noch so unterschiedlich reden, zwischen den Kulturen Brücken zu schlagen und alles Leben kostbar zu finden, nennen wir den Pfingstmorgen das Fest der Liebe und den Heiligen Geist die Kraft einer Wärme in einem Sonnenaufgang, der keinen Untergang mehr kennt.

Als es nun Abend war an jenem ersten Wochentag – und die Türen dort, wo die Jünger waren, aus Furcht vor den Juden verriegelt – kam Jesus, trat in die Runde und sagt zu ihnen: Friede euch! Und als er das gesprochen, zeigte er ihnen die Hände und die Seite. Freuten sich da die Jünger, daß sie den Herrn sahen. Nun sprach Jesus zu ihnen abermals: Friede euch! Wie der Vater mich gesandt hat, so schicke auch ich euch. Und als er das gesprochen, hauchte er sie an, und sagt zu ihnen: Empfanget heiligen Geist! Welchen ihr die Sünden nachlaßt, denen sind sie nachgelassen; welchen ihr sie behaltet, denen sind sie behalten. JOH 20, 19–23

Mit dem Pfingsttag verhält es sich wie mit allen gut erzählten legendären Berichten: sie sind so wahr, wie wir sie in unserem Leben als wahr betrachten. Die Historie, die sie vertreten, liegt nicht in der Vergangenheit, sondern in der Zukunft. Die Geschichte des Pfingsttages lautet in christlicher Überzeugung etwa so: Der Geist, der die gesamte Schöpfung durchzieht und gestaltet, hat Person angenommen in einem einzigen, in Jesus von Nazaret. In ihm offenbarte sich der tiefste Sinn von allem, was ist. In ihm gewann das Wort Gottes Gestalt, und es lehrte uns, zu vertrauen, zu lieben und miteinander zu leben. Und so begann in allen, denen das Geschenk des Glaubens zuteil wurde, eine neue Existenz, eine neue Art von Gemeinschaft. Wir nennen sie Kirche. Das ist die Geschichte. Daß sie sich als ein Wunder exakt fünfzig Tage nach Ostern ereignet hat, ist die symbolische Verkleidung. Da geht aus dem Tod das Leben hervor, da sammelt sich die Frucht aus dem Schoß der Erde am Erntedanktag, da sammelt sich in Reichtum, was Gott selber gesät und zum Blühen gebracht hat. Es sind drei Spiegelungen, in denen wir die Botschaft von Pfingsten in ihrem Glück, in ihrer Seligkeit, aber auch in ihrer Provokation, in ihrer Beunruhigung sehr deutlich betrachten können.

Das erste ist der Geist des Vertrauens, oder soll ich mit Hermann Hesse sagen: das Lob des Eigensinns? Vielleicht gibt es beim Lesen der täglichen Nachrichten keinen erhabeneren, stärkeren und wirksameren Trost, als den Blick von den Zeitungen abzuwenden und sich umzuschauen in irgendeinem noch so winzigen Teil der Natur. Da lesen wir von Kriegen, von Massakern, von

Unglück, von Katastrophen aller Art, das ist, was wir Menschen über Menschen bringen können; es ist kaum zu ertragen. Aber dann sehen wir, wie ein Vogel dabei ist, in den Frühlingstagen sein Nest zu bauen, mit welcher Selbstverständlichkeit ein Hund die Straße entlangläuft und an jeder Stelle schnuppert, voller Neugier und Freude Atem des Lebens einsaugt. Wir sehen, mit welcher Geschwindigkeit ein Eichhörnchen den Stamm hinaufläuft, als wenn es die Schwerkraft nicht gäbe. Wir sehen, wie ein Schmetterling in dem malerischen Glanz, den das Licht auf seinen perlmuttenen Flügeln hervorruft, eine Blume aufsucht. Alles Leben vollzieht sich, wie es muß, ein jedes Ding lebt nach dem Gesetz, das in es selbst hineingelegt wurde. Es ist gehorsam nichts anderem als nur sich selber. So vollzieht sich die Welt.

In unseren Köpfen herrscht eine Moral, die dazu gerade gegenläufig ist: Der Sinn für das Eigensinnige, das Gefährliche, das Chaotische, Anarchische, davor muß man warnen, dagegen muß man einschreiten, Gesetze verordnen, von außen her die Menschen festlegen. Und so bringt man sie durcheinander bis zum Wahnsinn. Am Ende wissen sie wirklich nicht mehr, wer sie selbst sind, sie können nur noch gehorchen wie Maschinen, die von außen gesteuert werden.

Wir halten die Kristalle und die Tiere für nach Stufengraden relativ unfrei, Gesetzen ausgeliefert, aber es sind keine anderen Gesetze als die des Lebens selber, die in ihnen liegen und wirksam sind, um Leben aufzubauen. Wer, der vor dreieinhalb Milliarden Jahren diesen Planeten Erde gesehen hätte, die Primitivformen ersten Lebens inmitten einer Atmosphäre, die uns vollkommen vergiftet erschienen wäre, hätte jemals glauben können, was sich im Verlauf von Jahrmillionen gestalten würde, einfach weil ein jedes Teil tut, was es muß: Es gehorcht nur sich selber, aber grade darin geht es an jeder Stelle über sich hinaus, trägt seinen Teil dazu bei, daß das Leben sich entfaltet. Die besten Einsichten, die wir in den Geist der Natur grad in unseren Tagen gewinnen, lauten, daß es eine großartige Fähigkeit zur Selbstorganisation der Natur, des Lebens auf jeder Stufe ihrer Prozesse gibt und daß man sie nicht stören sollte, indem man von außen eingreift.

Es gibt soviel Grund, Vertrauen zu haben, am Ende sogar in uns Menschen. Schaut man sich die Geschichte irgendeiner Familie an, die auseinanderbricht, würde man nicht den Pfifferling dafür wetten, daß irgend etwas zum Guten gelangen könnte. Da vertragen Mann und Frau sich nicht mehr, da scheint das Zusammenleben zerrüttet, da drohen die Kinder schwersten Schaden zu nehmen; sieht man dieselbe Familie nach zwei oder drei Jahren wieder, ist womöglich alles so gekommen, wie man befürchtet hat; die Eheleute sind auseinandergezogen, sie haben all die Dinge getan, die sie gar nicht hätten tun dürfen, aber mit einemmal zeigt sich, daß es so am allerbesten war für alle Beteiligten. Zum erstenmal vielleicht lebt der Mann, lebt die Frau von innen heraus mit einem Gefühl für ihr eigenes Leben und ihr eigenes Glück. Die Kinder können sich zum erstenmal an einer Mutter, an einem Vater orientieren, die wirklich Halt bieten, nicht mehr hin und her schwanken müssen unter jeglichem fremden Druck. Niemand kann im Leben eines anderen Menschen auch nur für zwei Stunden Zukunft garantieren, indem er sich hinstellt und sagt: »Ich weiß, was du tun sollst.« Aber es gestaltet sich von innen heraus, und dieses Vertrauen ist wunderbar. Da ist zwischen Gesetzmäßigkeit und Freiheit, zwischen Notwendigkeit und Wahrscheinlichkeit kein wirklicher Unterschied und Gegensatz. Da haben wir ein Gebilde vor uns, das immer wieder neu schwingt, sich einpendelt auf Zustände, die nach vorn hin offen sind, und so trägt es sich selbst in die Zukunft. Ich weiß für dieses Erleben des Vertrauens in den Eigensinn der Dinge, in die Macht der Schönheit, die sie durchzieht, keinen eindrucksvolleren, furchtbareren, aber auch mutigeren Kommentar als jenen, den vor Jahren eine Frau, eine Jüdin, in Erinnerung an die Tage in einem deutschen Konzentrationslager sprach. Sie sagte: »Was mich hat leben lassen zwischen den Stacheldrahtzäunen, war der Anblick der Vögel. Zwischen mir und dem Leben, zwischen meiner Person und der Freiheit war dieser Draht des Todes, aber die Vögel konnten ihn durchfliegen. Sie waren beneidenswert frei, für sie gab es keine Gesetze, keinen elektrisch aufgeladenen Tod, keine Wachmannschaften. Was hätt' ich darum gegeben, ein Vogel zu sein!«

Das Geheimnis des Pfingsttages ist es, daß wir einen Geist in uns tragen, der vogelgleich frei macht. Unsere eigene Kirche hat Angst vor ihm, jede bürgerliche Gesellschaft fürchtet ihn. Kaum daß davon die Rede geht, werden die Apostel dieses Geistes betrachtet wie Besoffene am frühen Morgen, wie meschugge Ekstatiker, wie taumelnde Verrückte. Aber sie haben völlig recht, von diesem Glück Zeugnis zu geben. Wenn ein Mensch begreift, wozu er bestimmt ist, wenn er ein Gefühl dafür entwickelt, was in ihm liegt, welch ein unausschöpfliches Potential an Möglichkeiten, an kreativen Entfaltungschancen, an Größe in ihm schlummert, breitet die Blume des Lebens ihre Blätter in das Licht der Sonne und bildet einen Ort der Schönheit, wie er noch nie war.

Das zweite ist zu lernen vom Geist der Liebe oder vom Geist der Menschlichkeit. Die Liebe ist die Kraft, die uns den eigentlichen Mut macht, an uns selbst zu glauben. Sie ist der Drang in uns, der auf die Suche geht nach etwas Gleichem und doch völlig anderem, nach Ergänzung und Verschmelzung. Die Liebe ist die unerhörteste Kraft, die in unserer Seele liegt, sie macht uns am meisten lyrisch, am meisten verletzbar, am intensivsten sensibel. Sie macht uns offen, leidenschaftlich, hoffend und stark und, wenn sie sich verweigert, fast bis zum Tod traurig. Schon deswegen muß die Liebe von Gott sein, weil sie die einzige Fähigkeit ist, die uns verstehen lehrt, warum überhaupt etwas ist und sein soll. All die Dinge ringsum sind wie selbstverständlich und sind es in Wahrheit gar nicht. Kein einziges der Lebewesen, der Teile dieser Welt, die uns umgeben, *müßte* sein. Auch wir sind im letzten zufällig, das Ergebnis eines unglaublichen, fast beleidigenden Lotteriespiels von eins zu vielen Millionen. Jeder weiß das biologisch, aber wehe uns, wenn wir beginnen, zu begreifen, *wie* flüchtig und beliebig wir sein können in der Welt, in der wir leben. Wer gibt uns, kaum daß wir darüber nachdenken, den Mut zu uns selber zurück? Die paradoxe Antwort ist: Den Mut zu uns selber gewinnen wir einzig, wenn es irgend etwas auf dieser Welt gibt, das wir wirklich lieben. Es wird uns auf der Stelle alles erklären. Der Mond, der sonst einfach kalt und blind am Himmel steht, fängt plötzlich an zu singen für die Stunden der Liebe. Der Wind, der sonst wie klagend durch die Bäume geht, spielt mit einemmal auf der Leier unserer Seele, und alles murmelt, flüstert, rauscht, summt diesen einen Choral der verschmelzenden Liebe. Wir fürchten sie im Rahmen der Kirche, im Rahmen der bürgerlichen Gesetze über alles. Sie gilt uns als am meisten chaotisch. Wir mißtrauen ihr, weil sie immer wieder Folgen zeitigt, die wir nicht zu wünschen wagen. Sie bringt Beziehungen zustande, die scheinbar die Ordnung stören. Es war eine der wunderbaren Fähigkeiten des Mannes von Nazaret, die Liebe zu leben, statt sie zu fliehen, Vertrauen in sie zu setzen, weil sie von Gott sei, statt sie abzulehnen mit einer Fülle von Vorurteilen. Die katholische Kirche glaubt noch heute, es sei eine Pflicht der Moral, die Liebe auf die Sexualität und die Sexualität auf die Fruchtbarkeit zu reduzieren, und die Menschen seien in ihren besten Kräften nichts weiter als Stammhalter der Generationen – eine scheußliche Perspektive. In Wirklichkeit lehrt uns jedes Tier, daß die Liebe viel mehr sein kann: Zärtlichkeit füreinander, suchen, pflegen, schutzgeben, ermutigen, einander in die Augen schauen, stundenlang beieinander sitzen und es beieinander aushalten, mit einer großen Kraft der Sehnsucht nacheinander. Als allererstes ist die Liebe ein Aufbruch, ein Wagemut, der Drang, auf etwas zuzugehen, was völlig unbekannt ist, und die Geduld, es kennenzulernen im Verlauf von vielen Jahren. Als allererstes ist die Liebe überhaupt nicht tierisch, sondern menschlich, und es gibt gar keinen Grund, sie zu fürchten. Sie ist die beste Kraft in uns. Wenn wir sie nicht verstehen, bricht alles auseinander, und wir begreifen gar nichts.

Leider sind viele ungläubig gewordene Christen, also in Wahrheit Verzweifelte, und das ist nicht erst heute so, sondern seit vielen Jahrhunderten. William Shakespeare konnte in seinem »König Lear« einen blinden König auf die Bühne stellen, der nicht mehr zwischen Treue und Lüge zu unterscheiden weiß, der seine eigene Tochter wie seine innere Seele verliert. Er begreift sich nicht, er begreift die Welt nicht, und an einer entscheidenden Stelle sinnt er darüber nach, wie brünstig und geil und verwüstet die ganze Welt ist. Da hummt und summt jede Biene, jedes Insekt, jede Fliege den scheußlichen Gesang der Liebe, drängt sich und paart sich und schleimt herum – es ist eine Welt, die dem moralischen Anspruch der Askese in keinem Punkte genügt. Aber vielleicht ist alles ganz anders, und Lear müßte nur die Augen wirklich öffnen, dann sähe er eine rauschhafte, orgiastische, dichterische, mit aller Kraft und allem Elan begabte Welt vor sich, die nur viel größer ist, als es die Fallen einer bestimmten zu eng gewordenen Moral uns weismachen wollen. Wir leben am Ende des 20. Jahrhunderts noch immer in einer Welt, in der wir die

Freiheit der Liebe fürchten, bekämpfen und ablehnen. Sie ist, muß man glauben, eine schwere Sünde. Zur Pflicht dagegen kann es gehören, auf Befehl ein paar tausend Menschen zu töten und zurückzukehren, und man wird empfangen als ein Held. Man hat überhaupt nichts getan, was dem Leben wirklich dienen würde, und war lediglich ein Rad in einem grauenhaften Vernichtungsprozeß, aber es gilt uns als vaterländisch, aufrecht und sogar tapfer. Was eigentlich fürchten wir in dieser Welt? Der Massenmord scheint uns unter Umständen ganz normal, aber wenn auch nur ein Mann eine Frau wirklich liebgewinnt und ihre Beziehung liegt nicht exakt auf den vorgebahnten Wegen, gilt uns das als etwas ganz Schlimmes; dafür drohen wir mit der Hölle. Wie aber wäre es, die Liebe käme zu uns wie ein Strahl vom Himmel, schenkte uns ein Stück vom Himmel, brächte ihn auf die Erde, und wir wären ganz nah bei Gott? Es war dies das einzige, was Jesus wirklich gewollt hat: daß Menschen sich aufrichten im Mut zu sich selber und im Finden zueinander.

Das dritte ergibt sich wie eine Folgerung. Ich möchte es den Geist der Verständigung oder den Geist der Kultur nennen. Der Pfingstmorgen beginnt mit einem Ende jeder Sklaverei, jedes direktiven Verriegelns von oben oder außen, und die Menschen richten sich auf in ihrer Freiheit, in ihrer Liebe und stehen voreinander da jenseits der Vorurteile und verständigen sich über alle Dinge, die wesentlich sind. Sie mögen Sprachen reden, welche sie wollen, sie wissen, wovon die Rede ist, und das verbindet sie. So sollte einmal Kirche sein, das hat man geglaubt, das war die »Legende« vor zweitausend Jahren, das war – wörtlich – »das zu Lesende«, die Urkunde. Eine phantastische Vision: In Erfüllung ginge, was sich die kühnsten der Propheten des alten Israel erträumt hatten, kein Mensch mehr träte hin vor den anderen und sagte: ich muß dich belehren über Gott, sondern den eigenen Kindern könnte man vertrauen, daß aus ihrem Munde Gott selber etwas zu sagen hat, der Sklavin auf dem Hof könnte man zuhören, weil in ihr Gott redet. Es ist keine Domäne der Könige und der Priester, der Politiker und der Religionsangestellten mehr, zu wissen, was die Wahrheit ist, was man glauben muß, was man tun muß, sondern genau umgekehrt: von unten her, im Herzen eines jeden einzelnen, und sei er noch so gering, lebt das, was von Gott ist, und es ist Schluß mit dem Egoismus der Gruppenbildungen gegeneinander: dieser Staat gegen den Staat, diese Kultur gegen jene Kultur, diese Religion gegen die andere Religion.

Es war mir vor vielen Jahren ein großartiges Erlebnis, einem türkischen Menschen zu begegnen, der in England Religionswissenschaften studiert hatte und große Freude fand an einem solchen Wirrkopf, wie ich es damals war. Alles, was er dachte und sagte, paßte mir überhaupt nicht in den Kram, es war nicht christlich, und er lachte meist: »Das ist das Dogmatische. Aber siehst du, wenn wir über Erfahrungen sprechen, ist zwischen Islam und Christentum gar kein Unterschied. Ich zeig' dir im Museum von Karatepe die vorläufigen Figuren des Christentums; du siehst die große Mutter, die jungfräulich ein Kind gebiert; du siehst eine Dreifaltigkeit, du wirst eine Menge Dinge sehen. Das stammt nicht von euch Christen, sondern das war hier in der Türkei Jahrhunderte früher, kleinasiatische Mythologie.« Mir summten die Ohren vor lauter solchen Erklärungen. Ich weiß heute, daß er ganz recht hatte. Wenn Menschen nicht ideologisch aufeinander zugehen und ihren Geist nicht dazu verwenden, einander zu beweisen, daß dieser noch mehr recht hat als der andere, da der andere nämlich gänzlich unrecht hat, sondern nur lange genug miteinander sprechen, wär's doch möglich, daß man von dem reden könnte, was man erfahren hat, und plötzlich wäre ein Gespräch unter Menschen möglich, nicht nur demokratisch, sondern wirklich geschwisterlich. Man könnte einander helfen, man begriffe mit einemmal, was man voneinander zu lernen hat. Es wäre so, wie wenn man ein Buch nimmt und sich in die Welt eines Dichters vertieft, der etwas zu sagen hat. Er hat Erfahrungen gestaltet, die wir so noch nicht durchlaufen haben; sie schenken uns eine Erweiterung des menschlichen Gefühls und Einsichtsvermögens. Wie wäre es, wir nähmen die Bücher der verschiedenen Religionsformen als große Dichtungen, die einander bereichern und beschenken? In diesem 20. Jahrhundert hat es ein einziges Mal einen großen Hindu gegeben, der sagte, er sei durch Jesus von Nazaret ein wirklicher Hindu geworden. Auf das umgekehrte Beispiel, daß es einen Christen gibt – nicht irgendwo auf der unteren Etage eines Sonntagsredners, sondern vielleicht sogar hochgestellt, einen Mann mit Macht und Amt – der sagen würde, er sei durch die Bhagavadgita, durch den Koran oder durch den Pali-Kanon der Buddhisten oder die ostasiatische Weisheit überhaupt erst zu einem wirklichen Christusgläubigen geworden – auf ein solches Beispiel warten wir immer noch. Es darf gar nicht sein. Wir glauben an lauter Wunder, die wir verbieten, wenn sie wahr zu werden drohen. Geöffnete Türen am Pfingstmorgen – hol's der Teufel! Menschen, die reden, einfach wie's ihnen das Herz eingibt, und trotzdem die Sprache des anderen sprechen – da sei Gott vor! Eine internationale Verständigung zwischen den Religionen und die Hände Gottes darüber gebreitet wie eine Wolke des Segens und überall spräche das Innerste des Geheimnisses der Welt, kündigte sich etwas an in den nie gehörten Worten eines göttlichen Geistes und lehrte uns Freiheit und Liebe und Einheit – es wäre ein wunderbares Pfingsten, eine Legende, die wahr wäre.

Es ist jetzt 450 Jahre her, daß Erasmus von Rotterdam aus einem Philosophen in seiner Schrift »Gegen den Krieg« zum Ironiker, fast schon zum Zyniker wurde. Er nahm sich die Pfingstgeschichte vor und sagte: Wir machen ein Experiment. Wir denken uns jemanden, der von einem fremden Stern auf diese Erde kommt. Er hat bei seiner Zeitreise eine einzige Information mitbekommen: Auf diesem kleinen Planeten gibt es Lebewesen, die Gott selber haben reden hören. Gott, der Schöpfer des ganzen Alls, hatte sie so lieb, daß er einer der ihren wurde. Er vertraute ihnen alles an, er machte aus der Liebe sogar das einzige Gebot, nach dem man sich richten müßte, und weil es diesen Lebewesen, grade aus dem Schlamm sich erhebend, so schwerfiel, das zu glauben, ging er bis in den Schlamm und bis in den Tod ihnen zuliebe. Solche Wesen gibt es im ganzen Universum, sie nennen sich Menschen. Aber dieser Ankömmling von einem anderen Planeten hatte keine genaue Beschreibung, wie die Menschen aussähen, und also fing er an, sie unter den Bienen zu suchen und zu vermuten. Sie sind so fleißig, so genau, so kooperativ, sie sind so wunderbar, vielleicht waren das die Wesen, die von Gott gehört hatten. Oder bei den Lemuren, Affen, die stundenlang dicht beieinander hocken. Sie pflücken einander die Flöhe aus dem Fell, sie streicheln sich von früh bis spät, sie können voneinander gar nicht lassen. Sie leben am meisten bei Nacht, denn die Tage sind ihnen gefährlich durch die Beutegreifer, und die Welt wird ihnen zu wild, sie sind ganz und gar friedfertig. Von den Bienen und Lemuren kommt er schließlich zu den Menschen, und er findet solche, die dasitzen, meditieren, sich um einen Geist des universellen Mitleids bemühen – er hört, sie nennen sich Buddhisten –, ob das diejenigen sind, denen Gott sich mitgeteilt hat? Am Ende ist dieser Reisende erschüttert, da man ihm sagt: Die Geschichte, die man dir berichtet hat, spielt nur in einer einzigen Gegend, im Westen Europas; dort glaubt man, was du sagst. Aber als der Reisende dorthin kommt, findet er die Luft verpestet von dem Geruch von Brand und Schießpulver, die Städte verwüstet, die Menschen verheert vor Angst. Sollten das die Christen sein?

Erasmus von Rotterdam wollte vor 450 Jahren fragen, was wir glauben, wie wahr Legenden sind. *Entweder* wir meinen: Was Jesus uns vermacht hat, das Ganze mit dem Pfingsten, blasen wir ab, weil es irreal, phantastisch und nicht wirklich zu leben ist – gut, dann sollten wir das Ganze als ein Sonntagsgeschwätz abtun und erklären: »Wir kennen das Leben anders, das Leben ist das Grausame, das Durchhalten, das Zähne-Zusammenbeißen, das Die-Pflicht-Tun, das Träume-Vergessen, das Weitermachen, das ist, was die Wahrheit ist, und *sie* setzt sich fort, das ist der Geist der Evolution, wie wir glauben, alles andere ist Ausschmückung, Dekoration und Unfug.« Dann sollten wir Christus beerdigen, dann sollten wir nicht sagen: »Er ist auferstanden, er ist erschienen, er hat uns seinen Geist geschenkt, er hat uns als Boten gesandt.« Dann sollten wir sagen: »Auch das ist eine abgeschmackte Phrase, um recht zu haben, um Länder zu erobern und Menschen auszubeuten, ein reiner Vorwand, gut erdacht, aber nicht wahr.« *Oder* wir können sagen: »Wir glauben das alles wirklich.« Dann ist die Welt, die wir uns errichtet haben, eine blanke Tollheit, ein Irrwitz, dann stimmt nichts von dem, was »normal« ist. Dann sind die Besoffenen vom Pfingstmorgen Redner der Wahrheit, und sie sollten wir hören. Wir sollten an ein Glück glauben, das taumeln macht, das uns die Sinne raubt, das fähig wird, in einer gebrochenen Sprache Dinge zu sagen, die womöglich nicht logisch tadellos sind, aber ins Leben passen und die Hoffnung tragen und uns leben lassen, indem wir glauben, daß Jesus lebendig ist, die einzige Art von Leben, die sich lohnt.

Zum Pfingstmontag

In eben dieser Stunde jubelte er im heiligen Geist und sprach: Hochpreise ich dich, Vater, Herr des Himmels und der Erde, daß du dieses vor Weisen und Klugen verborgen, Unmündigen aber enthüllt hast. Ja, Vater du, so hat es Gefallen gefunden vor dir. Alles ist mir von meinem Vater übergeben. Und keiner kennt, wer der Sohn ist, denn der Vater – und keiner, wer der Vater ist, denn der Sohn, und je wem der Sohn es mag enthüllen.

Und zu den Jüngern gewandt – abseits – sprach er: Selig die Augen, die erblicken, was ihr erblickt. Denn ich sage euch: Viele Propheten und Könige begehrten zu sehen, was ihr erblickt – und sie sahen es nicht. Und zu hören, was ihr hört – und sie hörten es nicht.

LK 10, 21–24

Nirgendwo sonst in den ersten drei Evangelien finden sich Worte Jesu, die so von Freude, Begeisterung und Glück in der Unmittelbarkeit Jesu zu seinem Vater erfüllt sind. Man hat deswegen gemeint, diese Worte für eine spätere rückwärtsblikkende Zeit aufheben zu sollen. Im Johannesevangelium finden sich Reden dieser Art. Tatsächlich aber ist alles, was Christus sonst gesagt und getan hat, wie ein sprechender, lebendiger Kommentar zu diesem Ausruf der Dankbarkeit. Denn grade so muß es Jesus erlebt haben. Es waren die Kranken, die zuerst spürten, welche Macht Gott in ihrem Leben gewinnen kann und vermöge einer einfachen Güte, die nicht verurteilt, in der Kraft eines einfachen Vertrauens, das sich nicht ängstigen läßt durch die Umgebung, in der Stärke, der unausweichlichen Wahrheit des eigenen Herzens zu folgen, koste es, was es wolle. »Die Kranken«, sprach Christus schließlich, »bedürfen meiner als Arzt.« Und er fand, daß die scheinbar so Gesunden offenbar wenig Grund hätten, zu verstehen, wovon er überhaupt sprach. Ihnen ging es, wohleingerichtet, so gut, daß keinerlei Notwendigkeit für sie bestand, ihr Leben zu prüfen oder gar zu ändern oder auch nur entfernt darüber nachzudenken, wieviel es andere wohl kosten mag, alle Schwierigkeiten des Lebens so weit von sich fernzuhalten. Bei den Kranken fand Jesus diese Sensibilität des Leids, die Kraft der Sehnsucht nach einem Leben, das unverfälscht und wahr Gott gegenübertritt und mitten in der Not das Herz des Menschen besser bereitet zur Wahrheit als in der Geschäftigkeit und Eile, mit der wir unsere Normalität definieren.

Es gab viele in Israel, die auf ihre Art zu leben wußten, die zu etwas gekommen waren und mit gewissem Stolz vorzeigen konnten, bis wohin sie es gebracht hatten. Es waren gerade diejenigen, die Jesus und seinen Jüngern die Tür wiesen, wenn er erklärte, wovon er wirklich sprach: daß Menschen bestimmt werden nicht durch Geld, nicht durch Reichtum, nicht durch das, was man äußerlich vorzeigt oder womit man sich gegen äußere Gefahren schützt. Nicht die soziale Stellung, sondern die innere Einstellung zum eigenen Leben, zu dem Menschen neben uns und zu Gott sollte ausschlaggebend sein. Diese einfachen Wahrheiten schienen beunruhigend, in gewissem Sinne absurd, in jedem Falle störerisch, in jedem Falle also abzulehnen, so daß Christus schließlich sagte: »Die Armen sind die Seligzupreisenden; sie wissen in ihrer Einfachheit und Gradheit, wie nah Gott ihrem Herzen ist.« Und es gab viele Gebildete und Weise in Israel. Sie überprüften auf Schritt und Tritt, ob Jesus sich richtig ausdrückte, ob er den Forderungen des Gesetzes entsprach, ob das, was er sagte, der Kritik der Verstandes standhielt. Und immer fanden sie, daß das, was Jesus verkündete, in gewissem Sinne töricht und dumm sei, gesetzlos und anarchisch, unweise und philosophisch nicht zu rechtfertigen. Noch hundert Jahre später werden die Römer von den frühen Christen sagen: »Alles, woran sie glauben, ist ein jedes vernünftige Maß sprengender Aberglaube.« Und man wird die Christen verfolgen, ihrer einfachen Torheit wegen. Und so wird Jesus sagen: »Es sind die Einfachen seligzupreisen ihrer Schlichtheit wegen.« In ihrem Herzen leben unverfälschte Wahrheiten, die nicht zerstört wurden durch die ständigen Anforderungen, wie man in Gedanken und Begriffen beweist und zergliedert, Haare spaltet und Worte wendet. Es gibt Menschen, die sind einem unmittelbaren Instinkt des Religiösen näher, und ihr Herz spricht grade. Diesen, dem verachteten Volk vom Lande, stand Jesus ganz nahe. Ihm allein schließlich fühlte er sich zugehörig. Und aus Erfahrungen dieser Art muß ein solches Wort hervorgebrochen sein: »Ich preise, dich, Vater, daß du dein Reich denen verschlossen hast, die groß und weise sind. Den Unmündigen aber hast du's geoffenbart.«

Ist es mit unserem ganzen Leben nicht im Grunde so: Man schickt uns in die Welt und umgibt uns mit einem ganzen Korridor von Anforderungen, Verfremdungen, Verformungen. Aber wenn Gott unmittelbar in unserem Herzen zu reden beginnt, ist es wie der Anfang eines neuen Lebens. Kaum waren wir auf der Welt, hat man uns gesagt, wer wir zu sein haben, bis daß wir schließlich schon glaubten, wir wären es selber. Und es waren lauter falsche Namen, falsche Begriffe, verformende Anreden. Es gibt aber den Namen, bei dem Gott uns ruft. Und es gibt die Gestalt, die aus seinen Händen in unser Herz gelegt ist: daß wir seine Anrede an uns hören und dem werdenden, sich entwickelnden Bild unserer Seele Raum verleihen. Dies ist das einzige, wozu wir in die Welt gekommen sind. Immer werden wir dann merken, daß es einfacher, in gewissem Sinne schlichter um uns wird. Es gibt schließlich viele Dinge, die wir nicht mehr zu tun brauchen, wenn wir wahr geworden sind. Es gibt vieles, was wir nicht mehr so zu lernen brauchen, wenn unser Leben an Wahrheit zu reifen anfängt. Und wir lernen, die äußeren Hüllen abzustoßen und zu vermindern, und je weniger wir reden, desto mehr konzentriert es sich, sammelt sich in seiner Fülle, reift zu seiner Fruchtbarkeit.

Es war Jesus ziemlich egal, ob jemand hohen oder niedrigen Standes war. Er legte wenig Wert auf die Anstandsregeln der guten und gebildeten Leute. Denn nicht durch Speise und Kultur, was in einen Menschen eingeht, sagte er, sondern was aus ihm herauskommt, wenn er den Mund aufmacht, das entscheidet über sein Herz. Und in dieser Art leugnete er, was sonst die Menschen voneinander trennt. Es war ihm egal, was man, entsprechend den Gesetzen, für gut und böse hielt. Denn alles Gute kann zum Übel geraten in Rechthaberei, Herzensstarre und Zwang. Aber was Menschen brauchen, um zu leben, und was sie benötigen, um ihre unverfälschte Güte zum Leben zuzulassen, dies war ihm wichtig. Weder die sozialen noch die moralischen Schranken waren für Jesus bedeutsam, aber daß in unser Herz eine Dankbarkeit einziehen könnte für das, was wir vor Gott in unserer Schlichtheit und Gradheit und in den Möglichkeiten unseres Wesens sind, das war ihm wichtig. Könige werden Menschen beneiden, die wissen, wie gütig Gott seine Hände über sie breitet. Selber sind sie die Söhne des ewigen Königs, und Propheten würden wünschen, an ihrer Stelle zu sein. Denn was diese ahnten, geht in ihrem Leben in Erfüllung.

Möge unser Leben in der Weise gesegnet sein, daß wir eines Tages ehrlich Gott dafür danken können, daß er seine Wahrheit den Einfachen, Armen und Unmündigen geoffenbart hat. Denn nur sie sind Gott wohlgefällig, und nur so ist es Gott ein Wohlgefallen.

Wenn aber der Mutbringer kommt, den ich euch vom Vater her ausschicken werde – der Geist der Wahrheit, der vom Vater ausgeht –, so wird jener für mich zeugen. Und auch ihr bezeugt, weil ihr von Anfang an bei mir seid.

Das habe ich euch gesagt, daß ihr nicht dem Ärgernis verfallt. Aus der Synagoge werden sie euch stoßen – ja, es kommt sogar eine Stunde, da jeder, der euch tötet, wähnt: Er bringe Gott ein Opfer. Und das werden sie tun, weil sie den Vater nicht erkannten noch mich. ... Noch vieles habe ich euch zu sagen, aber ihr könnt es jetzt nicht tragen. Kommt aber jener, der Geist der Wahrheit, so wird er euch in aller Wahrheit leiten. Denn nicht aus sich wird er reden, sondern er wird reden, was er hört, und das Kommende tut er euch kund. Verherrlichen wird mich jener, denn aus dem Meinen wird er nehmen, um es euch kundzutun. Alles, was der Vater hat, ist mein. Deshalb sprach ich: Aus dem Meinen nimmt er, um es euch kundzutun. JOH 15,26f.; 16,1–3.12–15

Die Worte aus den Abschiedsreden Jesu im Johannesevangelium bestätigen, was die frühe Kirche bereits erlebt hat. Man stößt sie aus der Synagoge und verfolgt sie im gesamten Römischen Imperium. Dennoch geht es nicht an, Texte wie diese auf eine bestimmte Zeit zu beschränken und sie von außen her, als Dokument der Vergangenheit, zu lesen. Täte man so, wäre ihre Wahrheit nur äußerlich verstanden. Diese Worte aber stellen ins Zentrum der Grundentscheidung eines Menschen jeder Kultur und jeder Religion, ob man die Wahrheit von außen her weitergibt und verstehen will oder ob man sie innerlich begreift und von innen her zu leben versucht. Es ist die Entscheidung zwischen dem fremden und dem eigenen Gott, eine Wahl, die Israel zu treffen hatte seit seinen Anfangstagen. Es war das wesentliche Gebot, das Gott am Sinai erließ: »Folgt keinen fremden Göttern. Seid treu dem Gott eurer Väter.« Aber selbst diese Worte kann man von außen nehmen. Dann geht es um das Bekenntnis eines bestimmten Stammes zu einer bestimmten göttlichen Offenbarung, die dieses Volk vor allen anderen auszeichnet, und den Gehorsam gegenüber diesem Gott muß man begründen in einer Fülle von Gesetzen, Überlieferungen, ehernen Bestimmungen.

Weil er dagegen die Botschaft der Freiheit, der Menschlichkeit und der Liebe gerichtet hat, ist Jesus in den Tod gegangen, und es war in der Tat tödlich, was er dieser Religion der Äußerlichkeit zugemutet hat. Scheinbar sind alle Angelegenheiten der Wahrheit so sicher verwaltet, so wohlgeborgen und gut aufgehoben, wenn man sie äußerlich verordnet, festschreibt und verfügt. Alle Dinge scheinen dann fest und sicher zu stehen, alle Zweifel sind ausgeräumt, alle Bedenken aufgehoben, jeder einzelne hat im Verband eines solchen Religionssystems seinen Ort, seinen Halt, es gibt keine Fragen mehr, die nicht längst durch die Tradition entschieden wären. Eigentlich brauchte alles nur so weiterzugehen, und wehe den Unruhestiftern! Eine solche Religion liegt da wie eine Landschaft im Winter unter Eis. Sie ist sauber und ordentlich; an jeder Stelle ist die Erde fest und hart gefroren; sogar die Seen und die Flüsse sind sicheren Fußes begehbar und die Eisflächen spiegelblank unter dem Nordwind. – Nichts muß eine solche Landschaft mehr fürchten als die Stürme des Frühlings, die mit ihrem wärmeren Atem jeden Bodengrund in Morast und Sumpf verwandeln, die Flüsse zu Überschwemmungen treiben, die Seenflächen aufreißen, und nichts mehr ist eindeutig, klar vorgezeichnet und sicher bis zum Grund. Ist nicht die menschliche Freiheit ein einziges Chaos, etwas Fürchterliches für die ordentlichen Leute? Diesen Sturm des Frühlings hat Jesus gewollt, ja, er hat ihn verkörpert. Er hat sogar noch hinzugefügt, er verstehe sich selber, seine ganze Mission mit solcher Leidenschaft und verzehrenden Glut wie ein Feuer, das vom Himmel kommt und endlich brennen will. Das ist es, was in den sanften Worten des Johannesevangeliums mit »Geist« ausgedrückt ist. Es gilt alles noch einmal zu lernen, von innen her, und die Wahrheit Gottes zu verstehen, so daß sie väterlich ist, uns eingeschrieben in das eigene Wesen. Auf Schritt und Tritt ist im Sinne Jesu die Probe aufs Exempel zu machen. Nur das ist wahr, was ganz von innen her sich bestätigt; und was wir lieben, anbeten, denken und verehren können mit allen Kräften unseres Geistes, unserer Seele und unseres Gemütes, nur das verdient den Namen Gott. Was uns trennt, spaltet, unterdrückt, erniedrigt und versklavt, mag den Namen Gottes führen, es führt ihn zu Unrecht, und es richtet sich gegen den Geist. Alles Geistige ist innerlich, vollzieht sich kraft eigener Überzeugung, umfängt das gesamte Herz, und es hebt den Unterschied auf, der zwischen Gott und den Menschen gesetzt wird. Die ganze Wahrheit Jesu war dies: daß Gott uns innerlich ist, eingeschrieben in unser Herz, so daß man ihn nicht von außen lehren, verfügen und verordnen muß. Das einzige, dessen es bedarf, ist ein tiefes Vertrauen zu der Väterlichkeit Gottes; dann wird es in unserer eigenen Seele sich zu regen beginnen, stark werden und wachsen. Wir selber tragen Gottes Atem in uns, wir selber sind aus seinem Geschlecht, und alles, was wir in zweitausend Jahren Kirchengeschichte lernen können, ist eigentlich nur dies: daß wir immer wieder das Leben selber töten würden, ließen wir uns in eine Religion der Geistlosigkeit einzwängen. Je mehr Traditionen, Gesetze, Verordnungen, beamtetes Tun in Sachen Religion walten, desto weiter weg ist alles von der Haltung Jesu, desto weiter entfernt von Gott selber.

Es gibt kein anderes Reden, das Jesus beglaubigt, als das Hören nach innen, das Vernehmen der leisen Sprache, die Gott zu uns spricht. Das Ureigenste, wenn es wach wird, unser eigenes Wesen, verbindet mit Gott, und dann ist es weltweit. Es gibt keinen Kampf mehr zwischen den Religionen, sondern überall auf dieser Erde werden Menschen sein, vor denen wir uns tief verneigen müßten, weil sie Gottes Geist und Atem in sich tragen. Unendlich viel hätten wir von ihnen zu lernen, gleich welcher Religion sie sich formal und äußerlich zugehörig fühlen. Gott redet in Wahrheit nur eine einzige Sprache, und das Wunder des Pfingsttages ist es, die Grenzen zu vergessen, die Universalität der Menschlichkeit zu spüren und zu fühlen und zu wissen, daß Gott der Vater aller Menschen ist.

Es gibt kaum eine Verheißung für den Pfingsttag, die zukunftweisender ist als die Worte des Johannesevangeliums in den Abschiedsreden Jesu: »Der Geist, den ich euch senden werde, wird euch in alle Wahrheit einführen.« Es ist ein Wort, gesprochen über die Zeiten, dazu bestimmt, uns zu lehren, daß wir in jedem denkbaren Moment der Kirchengeschichte immer noch am Anfang stehen. Es gibt in Fragen des Glaubens keinen sicheren, festen Bestand, den wir nur noch zu verwalten brauchten; es gibt einzig einen langen Weg des Suchens, des Reifens, des Wachsens. Die Art, sich geistig voranzubewegen, mag manchmal etwas Schmerzliches an sich haben, so sehr, daß wir darüber in Angst und Unruhe versetzt werden, und so scheint es richtig, am Pfingstmontag einen Augenblick darüber nachzudenken, wo wir jetzt, zweitausend Jahre nach Christus, eigentlich stehen in der Einführung in die Wahrheit, die der Geist uns lehren wird.

Wenn nicht alle Anzeichen trügen, ist das gegenwärtige Christentum durch eine Stimmung tiefer Resignation gekennzeichnet. Zweitausend Jahre Missionsarbeit vor allem im sogenannten christlichen Abendland haben dazu geführt, daß aktiv gläubig im Sinn der Religionsstatistik vielleicht noch fünf bis zehn Prozent der westlichen Bevölkerung sind, eine erschreckende Bilanz. Sie wird für Leute, die auf Statistiken Wert legen, noch dadurch unterstrichen, daß die Generation der Jugendlichen, die heute heranwächst, sich nicht ermuntert fühlt, in die Fußstapfen ihrer gläubigen Eltern zu treten. Der Religionsunterricht ist in einer schweren Krise. Die meisten katholischen Familien müssen sich darüber Rechenschaft geben, wie wenig von dem, was den Eltern lieb ist, sie ihren Kindern noch vermitteln können. Würden wir den Altersquerschnitt der Sonntagsbesucher einer normalen Messe zu ermitteln suchen, läge er vermutlich um die sechzig Jahre, und allein schon das Argument der Biologie scheint unsere Kirchen zu entvölkern. Darauf antworten die Kreise, denen die Verwaltung der Kirche zur Aufgabe wird, verängstigt und scheu, indem sie die bestehenden Formen überkommener Kirchlichkeit fester noch als bisher zu fassen versuchen. Es sollte doch möglich sein, denken sie, die verscheuchte Truppe auf Vordermann zu bringen durch klaren Marschbefehl, eindeutige Ordnung, unmittelbare Zielvorgaben – nur daß die Institution an den Rändern immer mehr abbröckelt und das Gros der Bevölkerung nicht mehr erreicht, im Gegenteil abschreckt und abstößt. Wäre es nicht möglich, daß wir, statt uns zu ängstigen und kleinmütig zu werden, gute Gründe haben, *geistige* Gründe haben, unsere Zeit mit Hoffnung auszustatten statt mit Müdigkeit und Schwarzseherei? Kann es nicht sein, daß es im Reich des Geistes der menschlichen Geschichte nicht anders zugeht als auch sonst im Leben überhaupt? Auflösung ist stets nur der Anfang eines größeren Umbaus, einer Veränderung zugunsten neuer Lebensformen, die an die Stelle des Alten treten werden. Nie in der Natur ist Sterben ein Ende, immer nur ein Übergang zu neuer Verwandlung. Es mag schmerzhaft sein, auf vieles zu verzichten, das wir sterben sehen. Es ist schlimm, wenn Altvertrautes uns entrissen wird. Aber gelänge es uns, die Augen zu öffnen und lernten wir über die Grenzen des Jahres 2000 hinauszusehen in eine künftige Menschheit, so gäbe es mindestens drei sichere Perspektiven, in denen wir heute schon hoffen könnten auf eine neue Art der Frömmigkeit, die nicht unwahrer, gleichgültiger, bequemer und fauler ist als die vergangene, sondern im Gegenteil inniger, geistiger und wahrer.

In drei Zentren läßt sich festmachen, worum es dabei geht.

Das *erste* ist die Freiheit. Vor kurzem sprach ich mit dem Leiter für Fortbildung im Schulamt einer Diözese, dessen Meinung über den Religionsunterricht sehr bitter ausfiel. »Ich kann«, sagte er, »den Lehrern beibringen, wie sie im Unterricht die Didaktik und Pädagogik verbessern; was ich nicht erreichen kann, wäre das Wichtigste: daß sie im Unterricht nicht von einer fremden Lehre sprechen, sondern von etwas, das sie selbst erfahren und erlebt haben. Sie haben es aber in den Universitäten nicht beigebracht bekommen und im eigenen Elternhaus kaum noch gelernt. Dieses Sprechen von Gott, ohne daß es die Menschen berührt, ohne daß es die eigene Existenz verwandelt, macht alles tot und bildet Zyniker aus. Die noch im Religionsunterricht bleiben, tun es oft nur, um ihren Notendurchschnitt zu verbessern oder weil sie von den Eltern dahin gepreßt werden. Er stirbt aus, der Unterricht, bei viel Geld und dem Einsatz hoher Bildungsmittel. »Ich selber«, fügte er noch hinzu, »kann mit meinen eigenen Kindern über Religion nicht mehr reden.«

Das ist die negative Seite. Die positive sah er sehr wohl. Dieselben Jugendlichen sind unmittelbar aufgeschlossen für alles, was sie innerlich empfinden können. Sobald die Rede ist von Dingen, die sie träumen lassen, die ihnen fühlbar werden, die sie sensibel machen, öffnet sich ihr Herz und werden ihre Augen weit. Warum haben wir verlernt, von Gott so zu sprechen, daß es das Herz von Menschen berührt? Es ist die einzige Art, Freiheit in die Religion zu bringen. Schauen wir genau hin, so war sie bis vor kurzem, bis in unsere Tage hinein, bei allem, wenn auch von Geist und Freiheit die Rede war, ein System von Außenlenkung, von Tradition, von Institutionellem, von Vorgesetztem. Man wußte, was wahr ist, man gab es fertig weiter, man fragte nicht danach, was im Inneren des einzelnen vorgeht, wenn er es lernt und übernimmt. Es war an und für sich richtig, man hatte es zu tun. Es war eine Pflicht, die es zu erfüllen galt, und dann stimmte, vermeintlich, das Leben der Menschen. Wir wissen längst, daß es so einfach nicht sein kann, daß das, was Menschen im Inneren, als Subjekt, als Individuum, tun, erleben, empfinden, ungemein viel wichtiger ist. Daran entscheidet sich die Wahrheit des Glaubens, oder sie existiert nicht. Dieselbe Generation, die sich weigert, die Frömmigkeit ihrer Eltern zu übernehmen, ist in Wirklichkeit begierig auf der Suche nach Lebensformen, die stimmen. Um *Geist* geht es dabei, nicht um äußere, tote Satzungen.

Der *zweite* Punkt ist der der Menschlichkeit. Wir leben heute noch in einer Form von Glauben, zu der wesentlich zu gehören scheint, jedem anderen, der nicht in den gleichen lehramtlichen Sprachspielen aufgewachsen ist, zu sagen, daß er nicht bei Gott ist, sondern allenfalls unterwegs zu Gott, daß er nicht im Besitz der vollgültigen Wahrheit ist, sondern allenfalls über Fragmente davon verfügt. Jede Religion tut das heute noch so, sie hat ihre Theologen und Ideologen, die den eigenen Gläubigen versichern, daß sie die letztgültige, höchstmögliche Wahrheit besitzen und daß alle anderen die Ungläubigen, die zu Missionierenden sind. So kann es nicht sein und wird es nicht bleiben.

Die Generation, die heute heranwächst, ist die erste, die sich durch die Massenmedien in eine gemeinsame Welt hineindenkt und -fühlt. Das Empfinden ist unvermeidbar, daß die Menschen rund um die Erde zusammengehören. Das Gespür wächst, wie provinziell jede Wahrheit ist, die sich nur in einem Teilabschnitt der menschlichen Geschichte bewegt, also daß es nicht richtig sein kann, Geschichte und Religion zu lernen in einer geradlinigen Hinführung von Adam über Abraham zu Jesus Christus und zur Kirche unserer Tage, ohne jede Ahnung von den asiatischen Kulturen, von Schwarzafrika, von den sogenannten Primitivkulturen (das alles ist nicht christlich, das brauchen wir nicht zu kennen, es geht uns im Grunde auch nichts an, ist lediglich die Masse des Missionsauftrages). Kein Kind in einer deutschen Schule wird heute unterrichtet über die Weisheit des indischen Königs Aschoka, 4. Jahrhundert vor Christus, Regent eines Reiches größer als das des gewalttätigen Alexanders des Großen. Dieser Mann erließ Toleranzedikte, in denen es hieß: Es ehrt seine Religion schlecht, wer sie dazu benutzt, die eines anderen herabzuwürdigen. Lessing schrieb vor zweihundert Jahren in »Nathan der Weise«, was als Richtmaß und Wahrheitskriterium in Sachen Religion zu gelten hätte: Die Liebe, die vor Gott und Menschen angenehm zu machen versteht und ein Schmuck ist an den Händen der Menschen, sie entscheidet, was Religionen wert sind, ganz im Sinne des Jesus von Nazaret, des Menschensohnes. Kann es nicht sein, daß wir seine Menschlichkeit lernen müssen? Das, was menschlich ist, haben wir gelernt aus zweieinhalbtausend Jahren abendländischer Geschichte, einem winzigen Faden im Gewebe der Menschheit, und nur das haben wir bis heute benutzt, um Jesus Christus zu verstehen. Wie viele Wanderungen anderer Kulturen können uns belehren, wie umfangreich und schön menschliches Leben sein kann, und sie alle kommentieren aus dem Verschiedenen, was Jesus wollte. Innerlicher, geistiger, menschlicher und universeller muß die Religion von morgen sein. Wir Christen haben nicht das Recht, in den Status einer Sekte zu emigrieren, oder wir hätten nicht den Geist, der uns in die Wahrheit einführt, wir hätten einen toten Apparat fertiger Paragraphen, aus denen der Geist entschwunden ist.

Das *dritte* ist vielleicht das Wichtigste und Aufsehenerregendste: die Natürlichkeit des Religiösen. Wenn wir einmal mit großem Atem denken und die Horizonte öffnen, spricht manches dafür, daß das, was wir heute Religion nennen, aus den letzten zehntausend Jahren geboren wurde, in welchen die Menschheit entdeckt hat, wie weit sie von der Natur getrennt ist. Die Einsamkeit, die Ausgesetztheit, die Sterblichkeit, die Leibverhaftetheit des menschlichen Daseins hat man so deutlich gespürt, daß man die Religion darein setzte, die Natur in gewissem Sinn zu überwinden. Der Mensch war deutlich unterschieden von allen Kreaturen an seiner Seite. Auch das Christentum ist in diese Fußstapfen getreten. – Die Generation, die heute heranwächst, träumt von einer Welt, in der zwischen Mensch und Natur Einheit gestiftet wird, und sie sucht eine Religion, die dafür die geistige Grundlage bietet. Das verändert alles, was wir heute noch Frömmigkeit nennen, im Wesen. Es ist nicht mehr möglich, zwischen Gott und Welt, zwischen Seele und Körper, Geist und Materie und sogar zwischen Mann und Frau, Priester und Gemeinde so deutlich zu trennen, wie wir's bisher getan haben. Diese Trennungen lassen die Lebendigkeit des Göttlichen außerhalb der Welt, durchdringen sie nicht wirklich, sind also ungeistig. Es ist inzwischen so paradox, daß uns die Naturwissenschaft im Denken über die Natur mehr Weisheit bietet als die herkömmliche Form des Religiösen. Durch die Teleskope und die Mikroskope schauend, entdecken wir die Zusammengehörigkeit aller Lebensformen im Kosmos, und wir finden, daß Geist nicht reserviert ist für das menschliche Bewußtsein und die Großhirnrinde in unserem Kopf. Alles, was uns umgibt, ist geprägt von Vernunft, von überragender Weisheit, und das Leben im ganzen gehört zusammen in einen einzigen großen Strom. Nur wenn wir so fühlen und denken, gewinnen wir einen Handlungsmaßstab dafür, mit den Kreaturen an unserer Seite freundlich zu verfahren. Es gibt in der liturgischen Leseordnung für die Bibel über drei Jahre nicht einen einzigen Text, der es erlauben würde, von dem Leid zu sprechen, das wir den Tieren antun, darüber zu sprechen, was wir in den tropischen Regenwäldern anrichten, wieviel Qual wir unseren Mitgeschöpfen auferlegen. Deshalb sei es heute, am Pfingstmontag, wenn wir vom Geist sprechen, erlaubt, daran zu erinnern, daß er auch in dem Kopf eines Hundes, einer Katze, eines Schweins und einer Kuh wohnt, ja, ich sage sogar, daß ein Hund mehr leiden kann als ein Mensch und daß wir kein Recht haben, mit unseren Mitgeschöpfen anzufangen, was wir wollen, nur weil wir von der herkömmlichen Form der Religion gelernt haben, daß Menschen ganz anders sind als alle Kreaturen und jedes Recht besitzen, zu machen, was ihnen nützt und guttut. Vierhundert Millionen Versuchstiere in unseren Labors gelten uns als normal, industrielle Massentierhaltung scheint uns ganz normal – ohne Nachdenken halten wir das für unser gutes Recht, die Verwüstung der Wälder – unser gutes Recht, die Vermehrung der Menschheit, ihre Verdoppelung alle 25 Jahre – unser gutes Recht. Woher?

Die große Hoffnung, die ich habe, ist, daß eine Generation von Jugendlichen heranwächst, die sich weigert, dies Frömmigkeit zu nennen, wie immer es sich begründet, und die darauf besteht und es zur Bedingung macht, wenn denn von Gott die Rede sei oder Göttlichem, daß es möglich sei, poetisch und sensibel eine Mystik der Natur wiederzuerlernen nach der Art der Dichter, eine Frömmigkeit der Welt, wie wir sie im Christentum kaum geahnt haben, eine Weltbrüderschaft mit allem, was lebt, mit Tier und Mensch. Dazu gehört die Natürlichkeit des Umgangs mit dem, was in unserer Seele vermeintlich tierisch ist. Großzügiger, glücklicher, gütiger und freier könnten wir werden. Und eben die Freiheit, die Menschlichkeit und die Natürlichkeit zusammen bedeuten, Religion noch einmal geistiger und innerlicher zu leben. Die Welt morgen wird nicht ärmer sein, sondern schöner und reicher, wenn sie überhaupt sein wird.

In jener Zeit hob Jesus an und sprach: Hochpreise ich dich, Vater, Herr des Himmels und der Erde, daß du dies vor Weisen und Klugen verborgen, Unmündigen aber enthüllt hast. Ja, Vater du, so hat es Gefallen gefunden vor dir. Alles ist mir von meinem Vater übergeben. Und keiner erkennt den Sohn denn der Vater. Und den Vater erkennt keiner denn der Sohn, und je wem der Sohn es mag enthüllen. MT 11,25–27

Kein Tag des Kirchenjahres ist so geschaffen, um über das Wort »Geist« nachzudenken, wie das Fest zu Ehren des Heiligen Geistes, wie das Pfingstfest. Merkwürdig. Würden wir nach Art eines psychologischen Tests einmal Zettel verteilen und jeden aufschreiben lassen, was ihm spontan, unkontrolliert, außerhalb seiner christlichen Gewissenszensur zum Wort »Geist« einfällt, so glaube ich, wir erhielten ein recht gutes Bild von den Verzerrungen, die wir in der Kirche selber beim Sprechen von Geist angerichtet haben. Da wird dem einen beim »Heiligen Geist« irgendein Schabernack aus einem Pfingstlager der Pfadfinder einfallen; da kam um Mitternacht der »Heilige Geist«. Ein anderer, wenn er von »Geist« hört, wird an ein Gespenst denken, das in irgendeinem Roman gespukt hat, auch um Mitternacht. Es ist etwas Absonderliches um den Geist. Er scheint sehr flüchtig, schreckhaft, verworren und störend; das ist das Allgemeine und eigentlich noch das Beste an ihm, denn so regt er wenigstens auf, wenn die Stunde schlägt. Ärger ist, daß der Heilige Geist sozusagen eine Schatztruhe der Langeweile ist. Ich selbst entsinne mich noch einer erhabenen Einführung irgendwann vor einer Firmung. Normalerweise kommt dann ein Bischof und erklärt den Ortsgeistlichen des Dekanats, wie die Firmung rein technisch, aber auch in der geistlichen, geistigen Vorbereitung durchzuführen ist. Da war die Rede davon, daß der Geist der Liebe uns erfüllt, daß er ausgegossen ist durch Jesus Christus, daß er die dritte Person der dreifaltigen Gottheit ist – es gab nichts, was ich nicht schon kannte, seitdem ich acht Jahre alt bin. Aber es wurde anderthalb Stunden lang sehr feierlich geäußert. Richtig in Erinnerung ist mir von damals nur noch das Wandbild an der Seite der Schulklasse, in welcher der Vortrag abgehalten wurde; es zeigte eine Serie von möglichen Verkehrsunfällen. Dieses Bild könnte ich heute noch nach über 24 Jahren in jedem Detail erzählen, über den Heiligen Geist eigentlich gar nichts. Er ist, bei Licht betrachtet, ein Lükkenbüßer. Er taucht immer auf, wenn es irgendwelche Beweislasten gibt, die nicht zu tragen sind. In der Natur ist irgend etwas nicht erklärbar, und schon ist es für die Theologen das Wirken des Heiligen Geistes. In welcher Kraft hat Jesus Wunder gewirkt? Natürlich in der Kraft des Heiligen Geistes. Wieso war Jesus der Sohn Gottes? Die Antwort: Weil der Heilige Geist Maria überschattete und er so geboren wurde. Der Beweis soll angetreten werden, wieso die Kirche, die Gemeinschaft, in der wir leben, eine heilige Gemeinschaft ist, gegründet auf die Säulen der Apostel, eingesetzt durch Christus, auch das Priesteramt heilig durch Christus. All diese Fragen sind sehr heikel, eigentlich gar nicht klar beantwortbar, aber jedesmal können Sie Ihren Kopf verwetten und werden ihn auf den Schultern behalten, wenn Sie sich für die Antwort starkmachen: Der Heilige Geist. Er wird gezogen wie für zwei Mark ein Päckchen Briefmarken aus dem Automaten. Sie können das auf alles kleben, was Sie wollen, es kommt ganz sicher richtig an. Nur: Was steht in dem Brief eigentlich?

Ich denke, wir sollten in wenigstens drei Punkten ein wenig Korrektur betreiben an der Art und Weise, wie wir den Heiligen Geist unter Absender und Adressaten handeln und verschicken, denn ich fürchte, er läßt das nicht mehr lange mit sich machen. Er wird wirklich die Kraft haben, die Jesus ihm im Johannesevangelium zutraut. Da sagt er: »Der Geist, den ich sende, wird Gericht halten. Daß es eine Lüge gibt, wird er beweisen, denn er ist der Geist der Wahrheit.«

Zum *ersten* werden wir, glaube ich, von Geist nicht länger mehr sprechen dürfen, indem wir ihn als Archiv des Wissens deklarieren. Von Geist ist fast ständig die Rede als einem Arsenal von fertigen Erkenntnissen, die objektiv tradiert werden, die also immer richtig sind und die man nur so weitersagen muß, um in der Richtigkeit zu bleiben. Daraus ist ein beamtetes, abgeleitetes, vorgefertigtes, ständig *bekanntes* Wissen geworden. Es gibt vieles, was objektiv vernünftig ist und all das übersteigt, was uns als Personen, als Individuen, als selber denkenden Wesen zu erkennen möglich ist. Andererseits ist all das, was nur objektiv ist, identisch mit dem Tod. Sie nehmen irgendein Buch, gleich von wem geschrieben. Enthält es, in Blei gegossen, irgendein Stück Leben? Der Autor selber hat vielleicht gelebt, hat lebendige Erfahrung in Sätze gefaßt, aber alles, was er zu sagen hat, ist Asche, die von der Glut übriggeblieben ist. Es wird darauf ankommen, im Leser selber Funken zu erwecken und ihm einen Atem zu verleihen, mit dem er das alte Feuer wiederentfacht. Das Brennmaterial aber ist *seine* Existenz. Das ist, was wir als erstes Geist nennen sollten: ein Wunder des Lebens, etwas, was aufscheint in uns selber, das hellmacht und wärmt und durchglüht, ein Funke des Bewußtseins. Er ist nicht abzuleiten, er ist wirklich ein Wunder der Entdeckung und des Erkennens. Grade deswegen aber läßt sich der Geist nicht aus einer fertigen Tradition beziehen. Geist ist Neuanfang, Aufbruch, Abenteuer, Wagnis, Leidenschaft. Niemals ist das Geistige die fertige Auskunft. Vermutlich leiden wir in unserer Generation daran sehr. Wir leben in einer Gesellschaft, in der wir Jugendliche, Mädchen und Jungen, großziehen möchten, damit sie sehr rasch all das lernen, wodurch sie tüchtige Frauen und Männer werden. Das Ergebnis aber ist beschämend. Wir verkürzen das Abenteuer der Entdeckungen des Geistes zu einem Formelkram, den wir in irgendwelchen Prüfungen unterbringen können. Jede Vierzehn- und Fünfzehnjährige, jeder Vierzehn-, Fünfzehnjährige wird heute beispielsweise die Keplerschen Gesetze auf dem Schnürchen haben. Da genügt es, Ellipsen berechnen zu können, und man kann's ihm erklären. Aber Johannes Kepler hat am Ende des 16. Jahrhunderts, als er anfing, diese drei Gesetze als sein Lebenswerk zu formulieren, allein über sechs Jahre lang, buchstäblich bei Tag und Nacht, als Hungerleider herumgerechnet, ehe er darauf kam, daß Planeten sich in Ellipsenbahnen um die Sonne bewegen. Und es stürzte eine ganze Welt zusammen. Dieser Mann war auf der Suche nach einer göttlichen Vollkommenheit in der Welt und konnte sie sich nicht anders denken als in der vollkommenen Form eines Kreises. Er lernte an einer Abweichung von ganzen acht Grad die Welt zum Einsturz zu bringen durch Ehrlichkeit, durch Forscherwillen und Leidenschaft des Geistes. Wo in Mathematik, Geometrie oder Naturkunde vermittelt man zusätzlich zum fertigen Wissen etwas, was den Funken des Geistes, der Begeisterung, der Leidenschaft für die Wahrheit und das Abenteuer des Forschens vermittelt? Das wäre Bildung und Erziehung, die den Namen verdienen würden.

Die katholische Kirche hat, wenn sie vom Heiligen Geist spricht, eine merkwürdige Formel. Sie sagt: Der Geist erscheint uns nie als Person. Das ist eine sehr windige, dialektisch zu handhabende Aussage. Sie kann bedeuten: Der Heilige Geist erscheint nicht als Person, und daraus geht hervor, daß wir am besten im Unpersönlichen, im Verwaltungsapparat, in der Maschinerie des Routinehaften den Geist unterbringen. Genau das aber ist nicht gemeint, darf nicht gemeint sein und verrät alles, weil es zur Lüge wird. Wenn zwei Menschen einander begegnen und sie erleben sich ganz stark als Person, ist die Energie, die zwischen ihnen strömt, Liebe. Die Liebe selber ist nicht Person, aber sie ist dasjenige, was Menschen zu Personen macht und was sie als Personen miteinander verbindet. Wenn wir das *Geist* nennen, ist es eine gute Beschreibung für das, was die Bibel, auch die kirchliche Lehre sich in etwa darunter vorstellt. Es ist gewissermaßen eine Trägerenergie für den kostbarsten Prozeß der Hervorbringung von all dem, was wir Person nennen. Nur im Vis-à-vis der Liebe gestaltet sich ein Mensch als Individuum. Das ist Geist: eine Kraft, die es vermag, das Schönste, Riskanteste, Ungeheuerlichste auf dieser Welt hervorzubringen, das wir kennen: einen freien, individuellen Menschen in seiner Schönheit, Größe, Ausgesetztheit und Behütetheit. Das schafft die Liebe. Wenn wir sie Geist nennen, erfahren wir zugleich, daß es nicht möglich ist, von ihm zu reden ohne das ganze Engagement, das dazu gehört, als Person sich einer anderen Person auszusetzen. Man möchte denken: Die beste Form, in der sich Geistiges aufhebt, ist so ein Buch, in dem zweifelsfrei steht, was zu denken ist, was früher grundgelegt wurde, wie es sich weitersagen soll. Aber auch ein Buch zu schreiben ist grade nicht das Niederlegen von Wissensschätzen, so wie man Geldbeträge bei der Bank oder der Sparkasse einzahlt. Im Gegenteil. Es ist die Auflösung des Kontos, es ist die Einzahlung ins Leben. Etwas Vernünftiges zu schreiben bedeutet, daß Sie sich genau vorstellen, mit wem Sie reden, wo Ihr intensivstes Bedürfnis liegt, etwas zu sagen, wo Sie etwas erreichen möchten an Erschütterung, an Wirkung, das weit über Sie hinausgeht. Und am

Ende ist es, wie wenn Sie einen Stein nehmen, ihn ins Wasser werfen und den Kreisen der Wellen zuschauen, die er zieht. Sie haben keine Ahnung mehr, wie sich die Wirkung fortsetzt. Aber grade das soll sie: eine Schwingung soll entstehen bis zum Rand und in sich zurückbrechen und wieder nach vorn in unabsehbaren Bewegungsmustern, in Energiegestaltungen, die angeregt wurden, aber nicht mehr zu bestimmen sind. Geist ist Freiheit und ebendeshalb menschliche Begegnung. Anders strömt es nicht, fließt es nicht, sondern friert sich ein oder blockiert sich selber.

Das *zweite* liegt grade darin: Wir haben gelernt, unter der Vorstellung von Geist und Wahrheit das Subjekt vom Objekt abzuspalten, und falsche Fronten aufgebaut. Der Geist sollte das Objektive sein, das Subjekt ging dabei zugrunde. Im Gefälle dieser falschen Fronten aber haben wir in uns selber den Geist abgespalten vom Gefühl, das Denken vom Erleben, die Theorien von der Erfahrungswirklichkeit, und im Raum des Religiösen sogar am allerkrassesten und deutlichsten. Vor einer Weile kam ein Theologiestudent zu mir und kapitulierte. Er sagte: »Ich schaffe dieses Studium nicht, ich bin, hat mir ein Psychologe mal gesagt, kein Mensch der differenzierenden Denkart. Aber die Theologen«, mit einem müden Lächeln fügte er das hinzu, »sind ganz groß im Haarespalten.« Das steht so ähnlich schon in Goethes »Faust«: daß immer, wo Begriffe fehlen, ein rechtes Wort sich einstellt und daß die Kunst der Unterscheidungen da, wo gar keine sind, eine bestimmte Art von Rationalität, von irregeleiteter Verstandestätigkeit hervorrufen kann. Das Wort »Geist« kennt noch im 12. Jahrhundert im Deutschen die Verwandtschaft mit dem Wort »gischten« – und das ist ein schönes Bild. Wenn der Wind die Wellen peitscht, bis sie sich, einander überstürmend, an den Strand werfen, bilden sich Schaumschleier, in denen das Sonnenlicht sich bricht, rasch verlöschende Blasen, die aufsteigen, sich zurücknehmen, wiederentstehen – dieser Wirbel, dieser Tumult im kleinen und im großen, diese Veränderung in der Mischung von Wasser und Luft, grade das wäre Geist: eine Verschmelzung der Elemente, eine nie festgelegte Form. So wäre unser eigenes Leben, wenn es wirklich geistig wäre. Wir müssen in diesen Tagen einen schlimmen Irrtum revidieren, der in der Annahme liegt, daß wir um so bessere Menschen werden, je intellektueller wir ausgebildet sind. Unser ganzes Erziehungssystem basiert auf Abspaltungen. Wenn irgendein Schüler oder eine Schülerin im Unterricht unruhig wird oder sich spontan äußert, gewöhnt man den Zwölfjährigen bereits solche Unmuts- oder Beifallsäußerungen als emotional ab. Wenn in irgendeinem Betrieb in der Etage diskutiert wird und jemand schlägt vor Wut auf den Tisch, ist das kein Argument. Natürlich nicht. Aber ist es richtig, im Leben Emotionen ständig flachzubügeln, bis daß sie wiederkehren als pfeilspitze Gedanken und hinterrücks wehtun, grad in den Zonen, wo der andere nicht gewappnet ist mit dem Visier seines fertigen Weltbildes? Was sind wir für Menschen, wenn wir die Hälfte unserer Seele gar nicht erst wahrnehmen dürfen, wenn wir als gestandene Männer alles, was an Gefühlen auftaucht, in der Sprache eines herrschenden Politikers unserer Tage, man kann's vorhersehen, »einen ungewöhnlichen Vorgang« nennen? Es ist eine Ruhestörung, eigentlich etwas Verdächtiges, ein Gefühl zu haben, ein Mensch mit Herz zu sein. Eine Berufsvorstellung, wie sie Jesus von Nazaret zur Bewerbung hätte geben können: »nichtseßhaft, arbeitslos und wundertätig«, hätte ihn bei jeder ordentlichen Branche durchfallen lassen. Aber er ist der Mann, auf den wir uns berufen. Er wollte, daß überhaupt nicht anders gesprochen würde als dichterisch; er meinte: So tut es den Menschen gut, so heilt es ihre Krankheiten, revidiert es den Wahnsinn in ihren Köpfen. Geist ist nicht Geist, wenn er nicht gefühlt wird.

Als Einwand höre ich immer wieder sagen: Gefühle sind irrational. Mag ja sein. Aber wieso sind Gedanken rational, wenn sie keine Gefühle haben? Die schlimmsten Dinge im 20. Jahrhundert können wir nur tun, weil wir dauernd Gedanken folgen, die keine Gefühle als Korrektiv an ihrer Seite zulassen. Die schrecklichsten Dinge sind uns möglich, weil wir die Augen schließen vor den Folgen unserer Gedanken. Jede Quälerei und Unmenschlichkeit, jedes in Auftrag gegebene Verbrechen ist uns möglich, weil wir Gefühle nicht mehr einsetzen zur Kontrolle von Gedanken. Das Umgekehrte gilt ständig. Von klein an müssen Gefühle beherrscht werden. Unser ganzes Weltbild hat die Abspaltungen unserer Seele sogar bis in die Metaphysik getrieben. Das ganze christliche Abendland basiert auf diesen falschen Gegensätzen: Geist oder Materie, Idealismus oder Materialismus, Idealismus oder Realismus. Das bedeutet schlechtweg, daß alles, woran wir wirklich glauben möchten, Fabelei ist, die sich nicht bewährt, und wenn die Leute kommen, die zu sagen haben, was Realität ist, werden sie's wegwischen.

Die Kirche glaubt, der Geist sei die gestaltende Kraft der Welt. Wenn das so ist, gibt es zwischen Materie und Geist gar keinen Unterschied, dann sind die Formgesetze von Energie und Materie in sich selber Geist, dann ist alles, was uns umgibt, Äußerung einer solchen ordnenden Macht. Die alten Ägypter sprachen in Bildern darüber; wir Heutige haben auch nichts Besseres, als Symbole einzusetzen. Wir sprechen von Materie und Licht, von Kraft oder Energie, und alles das sind auch nur Bilder. Die alten Ägypter dachten an Wind und Sonne, wenn sie von Geist und Schöpfung sprechen wollten. Sie hatten herausgefunden, daß es den Wind braucht, um Leben in die Blüten der Bäume und Blumen zu tragen, und daß nichts wachsen kann ohne die begütigenden Strahlenhände der Sonne, ihrer Wärme und ihres Schutzes. Wie es dann klingt aus den Gebeten, die tausend Jahre älter sind als die Psalmen, hat eine Sprache von unnachahmlicher Schönheit:

»Sei gegrüßt«, betet man zur Gottheit des Windes und des Lichtes, zu Amun-Re, »sei gegrüßt, der du im Frieden bist, Herr der Herzensweite, machtvoll an Erscheinungen, Herr der oberägyptischen Krone mit dem hohen Federpaar, schön mit dem Diadem der weißen Krone! Die Götter lieben deinen Anblick. Die Liebe zu dir ist durch die beiden Länder verbreitet. Deine Strahlen sind erschienen in den Augen. Die Menschheit wird schön bei deinem Aufgang. Die Tiere ermatten, wenn du am Mittag strahlst. Die Liebe zu dir erfüllt den Südhimmel, die Lust an dir den Nordhimmel. Deine Schönheit ergreift die Herzen, die Liebe zu dir lähmt die Arme, deine schöne Gestalt läßt die Hände erschlaffen, und der Sinn verwirrt sich bei deinem Anblick. Du bist der Eine, der alles Seiende geschaffen hat, der Eine, Einsame, der schuf, was ist. Die Menschen gingen aus deinen Augen hervor, und die Götter entstanden aus deinem Munde. Der die Kräuter erschafft, die das Vieh am Leben erhalten und den Lebensbaum für die Menschheit, der hervorbringt, wovon die Fische im Fluß leben und die Vögel, die den Himmel bevölkern, der dem Küken im Ei Luft gibt und das Junge der Schlange am Leben erhält, der erschafft, wovon die Mücke lebt und die Würmer, der für die Mäuse in ihren Löchern sorgt und die Käfer am Leben erhält in jeglichem Holz – sei gegrüßt, der dies alles erschaffen hat, der Eine, Einzige mit seinen vielen Armen, der die Nacht wachend verbringt, wenn alle Welt schläft, und sucht, was seiner Herde wohltut. Amun, bleibe lebend in allen Dingen, Preis dir mit dem, was sie alle dir sagen. Jauchzen erschalle dir, weil du dich abgemüht hast mit uns. Die Erde werde vor dir geküßt, weil du uns geschaffen hast. Sie sagen dir: Willkommen, der Vater der Väter aller Götter, der das Seiende schuf und, was ist, hervorbrachte. Deine Macht beten wir an, wir stimmen die Preisungen an, weil du uns hervorgebracht hast und dich abgemüht hast mit uns.«

So wäre Beten zum Heiligen Geist: ein Einschwingen in den Lobpreis der Schöpfung.

Drum als *drittes* sollten wir uns abgewöhnen, den Geist zu reservieren für die Erwachsenen. Es ist, wenn wir in der Kirche zum Heiligen Geist sprechen, fast so langweilig wie bei einem feierlichen Mittagsmahl in einer vornehmen Familie; die Kinder müssen den Mund halten in Gegenwart der Erwachsenen; sie müssen dasitzen und warten, bis die Tafel aufgehoben wird, und das kann Stunden dauern, wenn es besonders vornehm ist. Man darf nicht mit den Beinen zappeln, nicht mit den Händen rucken, man muß ordentlich sitzen – es ist gräßlich. Aber so haben wir alles, was geistig ist, reserviert für die fertigen Menschen. Jesus hatte recht, als er sagte: Geist ist Erneuerung, Wiedergeburt, Anfang bei allem, was jung ist, und es ist einer seiner ekstatischsten Ausrufe eben im Evangelium von heute: »Ich preise dich, Vater, nur den Kindlichen hast du's mitgeteilt!«

Was wir für gewöhnlich in der Kulturgeschichte ein Genie nennen, ist fast immer ein großes Kind, ein scheinbar erwachsener Mensch, der nie aufgehört hat, das Leben mit offenen Augen zu bestaunen, immer erschrocken und fasziniert vor unbegreifbaren Wundern. Eine ganze Welt erschließt sich, wenn man nur dem Drang der tiefsten Liebe folgt. Man sollte sich nicht ablenken und irritieren lassen. Unser Herz ist stark wie eine Kompaßnadel. Wenn wir ihr nur folgen, zeigt sie uns die Richtung, durch die wir die ganze Welt um uns herum ordnen und beschreiten können. Vielleicht ist alles, was wir im Namen des Geistes uns zurechtgelegt haben, eine einzige Narretei, aber die Kinder, die Dichter und die Wahrheitssucher sind närrisch genug, Gott wiederzufinden in der Form eines jeden Steins, im Gesang eines jeden Vogels, im Rufen eines Kindes, im Ziehen der Wolken, im Glanz der Sonne. Und der Geist, aus dem alles ist, der nicht erscheint als Person, aber uns zu Menschen macht, verdient dieses Wort: Liebe. Sie ist wie Wind im Ungestüm ihrer Freiheit und ist wie Sonne und wie Licht, sie macht die Augen glänzend vor Glück, sie hebt den Menschen auf zum Himmel, sie gibt ihm Herzensweite und Freude. Es gibt Dinge, die nie altern. Der Geist ist Grund dafür.

Zum Dreifaltigkeitsfest

Was ist der Mensch?

Viele Definitionen hat man darüber zu geben versucht. Daß der Mensch ein Tier sei, welches denken könne, galt lange Zeit als die Zusammenfassung aller Betrachtungen zu dieser Frage. Aber Menschen, die nur denken, können sehr unmenschlich sein, und vielleicht gibt es deshalb keine bessere Bestimmung des menschlichen Wesens, als zu sagen: Ein Mensch ist ein Tier, das mit Bewußtsein beten kann. Denn nur im Gebet nähern wir Menschen uns selber unserer eigenen Bestimmung, indem wir, im Gespür für unsere innere Natur, zugleich eine Ahnung gewinnen, was Gott ist. So eigentümlich verhält es sich mit uns, daß wir uns selbst nur wirklich kennen können, wenn wir etwas von Gott wissen. Wie aber ist dies Unvorstellbare vorstellbar, daß wir in den wenigen Zeitmaßen unserer irdischen Existenz, gebunden und gefesselt an die Endlichkeit, Staubgeborene und in unserem Sterbedasein zum Staub Zurückkehrende, Funken und Schimmer in unserem Herzen trügen vom Unendlichen, vom Ewigen und Göttlichen?

Es lebt in uns kraft der Vernunft ein Wissen um eine Art von Geistigkeit, die uns unendlich überlegen ist. Wo irgend wir forschend und suchend mit unserem Verstand die Natur betrachten, öffnet sich uns ein erster Pfad ins Verborgene und Unsichtbare. Die Astronomen dringen in unabsehbare Räume vor. In Lichtjahren dehnt sich der Kosmos bis an die Grenzen des Unsichtbaren. Aus dem Staub der Sterne formen sich die Galaxien, bilden sich neue Fixsternsonnen, explodieren und verglühen, und neu formt sich ihr Staub zu neuen Gebilden, die fähig sind, irgendwo im All Leben zu erwecken. Und bis in den Mikrokosmos hinein schiebt sich unser Wissen, bis in die Kenntnis der verborgensten Prozesse im Zellkern, im einzelligen Gebilde, und wir verstehen, daß nicht die kleinste Nuance der Natur ohne eine überragende Vernunft gestaltet wäre. Der winzigste Einzeller ist der Technologie unserer kompliziertesten Anlagen unendlich überlegen. In ihm liegt nicht nur eine gewaltige Programmieranlage, ein gewaltiges Kraftwerk, ein gewaltiges Programm der Selbstverdoppelung, es lebt in ihm eine höchste Sensibilität und Eingepaßtheit in die Ordnung des Ganzen ringsum. Sollte man denken, daß in der winzigsten Haarspitze, im winzigsten Teil eines fast toten Gebildes, das gesamte lebendige Programm unseres Körpers, unseres individuellen Geistes wie ein verschlossenes Buch enthalten sei, inbegriffen das gesamte biologische Programm unserer wenigen Lebensjahrzehnte? Je mehr wir von der Natur begreifen, desto unvorstellbarer wird ihre objektive Vernunft, desto dankbarer, staunender und erschütterter stehen wir davor.

Und dennoch ist der Gott der Schöpfung, der bewußte Geist als Ursprung dieser objektiven, sich selber noch nicht kennenden Vernunft, in der Gegenwart Grund aller Klagerufe und Proteste, Prinzip von Enttäuschungen, die unmittelbar in den Atheismus führen. Der Gott der Schöpfung hat durch die Einrichtung der Natur uns Menschen wohl hervorgebracht und uns als einzelne ermöglicht, aber sinnlos scheint es im Grunde, an diesen Gott sich im Gebet zu wenden. Zur Not ist jedes Bakterium, jeder Virus der Natur wichtiger als der liebste Mensch an unserer Seite. Der Gott der Schöpfung ist ähnlich, wie die Psalmen ihn manchmal beschreiben: »Wenn du die Hand an die Berge legst, beben sie und rauchen.« Ein Gott ist es, wie er im Wettersturm dem Ijob am Ende aller Klagen und Hilfeschreie erscheint, ein Gott der Macht, der überlegenen Weisheit, der den Menschen hinabdrückt in Ohnmacht und Staub, so daß wir nur die Hand auf unseren Mund legen können und schweigen, weil wir den Gott der Schöpfung nicht verstehen. Die alten asiatischen Philosophen wußten dies besser als wir Abendländer. Ungütig, lehrte Laotse, ist der Himmel; er schaut auf die Irdischen herab, mitleidlos wie auf stroherne Opferhunde.

Der Gang des Kosmos ist groß, die Bewegung der Spiralnebel bewundernswert, aber auf die Fragen unseres menschlichen Herzens antworten nicht die Sterne, antwortet nicht die Auffaltung der Gebirge, antwortet nicht der Gang der Jahrmillionen durch die Entfaltung des Lebens, im Gegenteil: wir wissen die Angst in unserem Herzen durch dieses Bild des Göttlichen in der Schöpfung eher vermehrt als beruhigt.

Ein anderer Weg ist nötig, um den Gott der Schöpfung wiederzuentdecken und als Menschen uns auf dieser Welt zurechtzufinden. Dieser Weg beginnt für uns mit Jesus Christus, ein anderer, nur uns Menschen meinender und jeden einzelnen von uns begütigend aufnehmender Weg. Bedenkt man, was Christus sagen und vor allem leben wollte, so war es sicher keine neue Lehre, keine neue Art von Theologie, wohl aber eine andere Weise, miteinander umzugehen. Es ist, wie wenn Christus einem jeden hätte sagen wollen: »Du, inmitten deiner Angst, vereinsamt in der Leere des Raums, ohnmächtig in der Unendlichkeit der Zeit, verschwindend hingegeben an die Vergänglichkeit, in dir, in dem Porträt deines Antlitzes, in der Gestalt deiner Seele erkenne ich etwas unendlich Kostbares. Im Gespräch mit dir formen sich Worte, in denen Gott auf eine unvordenkliche, einmalige und unwiederholbare Weise sich zum Ausdruck bringt, und ich selber beginne zu ahnen, daß Gott in dir etwas sagen wollte, das nur in dir Leben gewonnen hat. Unendlich muß Gott dich lieben, um dich ins Dasein gerufen zu haben. Der Augenschein trügt. Nicht das Lotteriespiel aus Myriaden Samenzellen und ein zufälliges Ergebnis, sondern ein Wille, der nur dich allein wollte und gemeint hat, spricht sich in dir aus, jenseits des Zufalls eine Liebe, die dich umgriffen hat von Ewigkeit her. Und ihr glaube ich, dieser ewigen Liebe, daß sie dich nie vergessen wird, daß sie dich setzen wollte als eine Wirklichkeit außerhalb von Gott und dennoch dazu bestimmt, nur in ihm selber wirklich zu existieren. So ist es jetzt, und so wird es für alle Zeiten bleiben. Es wird dich, gerufen in der Zeit, jenseits der Vergänglichkeit für immer geben müssen.«

Es ist eine Art, miteinander zu leben, die wir in Christus lernen, wie es sie vorher nie gegeben hat. Wir mögen viel darüber nachdenken, was Menschen miteinander verbindet, was es um die Liebe sei; aber was Christus uns lehrte, ist das Wahrste und das Menschlichste darüber: es auf ganz einfache Weise mit der Brüderlichkeit und der Schwesterlichkeit zu versuchen, mit einer absichtslosen Art der Güte, der Zärtlichkeit und der Liebe zueinander.

Wir brauchen, um den Gott der Schöpfung unseren Vater nennen zu können, einen anderen Menschen als unseren Bruder an unserer Seite. So hat es begonnen in Christus, und so soll es weitergehen durch die Jahrtausende bis zum Ende der Welt. Einander sollten wir so lieben, daß wir im anderen Gott glauben können und gegen die Angst einander uns versichern der unendlichen

Würde, der unendlichen Schönheit, der unzerstörbaren Größe eines jeden einzelnen Lebens. So viel ist aufzuarbeiten an Angst, die Menschen einander einjagen können, so viel an Herzensverhärtung aufzufangen. Aber in der Liebe kann es sich beruhigen und reifen zu einem starken, mutigen Vertrauen ins Leben, das bestimmt ist zur Unendlichkeit.

Finden wir so auf einem zweiten Weg in Christus zur Kraft unserer eigenen Seele, zu unserem eigenen Gefühl, zu unserer Liebe zurück, lernen wir gegen den Zynismus der »kalten« Natur, als die sie uns oft genug erscheint, die Wärme der Menschlichkeit wieder, so entdecken wir den dritten Weg zu Gott, die feine, sanfte, kaum hörbare Sprache unseres Herzens. Der Geist, der in uns lebt, beginnt mit einemmal, vertraut zu werden. Denn im Vertrauen zu dem andern, der uns liebt, gewinnen wir auch Zutrauen zu uns selber. Es leben in unserem Herzen so viele spontane, warme Regungen. Immer wieder sperren wir sie ab aus lauter Angst und innerem Tumult. Es lebt aber in uns gar nichts, bis in die Tiefen unserer Physis hinein, das nicht geprägt wäre von Geist und Weisheit. Sie wieder hören zu lernen und in Einklang zu uns selber zu gelangen bedeutet, den Geist Gottes in uns und überall ringsum zu hören und zu glauben. Unsichtbar und fein verbindet uns diese Macht des Inneren mit aller Welt ringsum. Wie viel spricht dafür, daß selbst das kleinste Atom geistig beseelt ist und eigentlich nur darauf wartet, zum Licht des Bewußtseins durchzubrechen und fähig zu werden der ewigen Anbetung.

Auf allen drei Wegen schließt sich der Kreis zur Einheit, in dem der Gott der Natur, wohnend in unzugänglichem Licht, in der Liebe und Geschwisterlichkeit von Menschen an unserer Seite erscheint und wir selber im eigenen Herzen die Wahrheit spüren und die Richtigkeit, zu *sein*. Unser Denken, unser Fühlen und unser Herz weiß ganz und gar um Gott, und diese drei Brüder Karamasow sprechen gemeinsam ihr Gebet im Wissen der Einheit dreier Personen in dem Wesen Gottes. Die drei Wege zu Gott, die drei Gestaltungen Gottes sind Teil *einer* Natur. So muß es sein, daß wir selber in drei Kräften unserer Seele eins werden in einer Person.

Ein Geistlicher, den ich sehr schätze, faßte auf seine Weise einmal in einem Bild zusammen, wie ihn ein russisches Mädchen über die Dreifaltigkeit belehrt habe. Mitten im größten Durcheinander des 20. Jahrhunderts, im Zweiten Weltkrieg, am Kuban-Brückenkopf, wo er stationiert war, war er einquartiert bei einer russischen Familie, mit deren Tochter er sich Abend für Abend traf und mit dem wenigen Russisch, das er sprach, in Unterhaltung kam über viele Fragen, die sie und ihn beschäftigten.

»Wie ist es«, fragte er eines Abends bei einem Spaziergang entlang dem Kubanstrom, »mit dem, was die Sowjets sagen? Ich sehe, bei euch hängt eine Ikone an der Wand, mit einem Ewigen Licht davor. Die Sowjets sagen, es gibt keinen Gott.«

Das Mädchen, mit Rücksicht auf das gebrochene Russisch ihres Gesprächspartners, schüttelte den Kopf und sagte: »Es gibt Gott.«

»Aber woher weißt du?« fragte der Geistliche.

Da zeigte es mit den Händen zu den Sternen und auf den Fluß, dann legte es seine Hand auf die Brust, und dann sagte es: »Auch Mutter hat es gesagt.«

»Nie habe ich«, sagte dieser Geistliche, »eine bessere Zusammenfassung gehört über alles, was ich später in meinem ganzen Leben über Gott sagen konnte.«

Es gibt die Sprache der Schönheit der Natur, es gibt das Vertrauen und das Wissen der Menschen, die wir am meisten lieben, und es gibt die Sprache unseres eigenen Herzens. Und sie alle drei bezeugen einen Gott, der in drei Weisen einig ist und uns als ganze Menschen will und meint, in Liebe einig.

Niemals ist ein Mensch größer und schöner, als wenn seine Seele sich aufhebt zum Gebet und die Schönheit und die Größe Gottes zu ahnen beginnt. Nur uns Menschen ist diese Fähigkeit gegeben, Gott nicht allein durch unser Dasein zu verehren, sondern in Bildern und Gleichnissen das unendliche Geheimnis, das uns umgibt und uns trägt, zu spüren, zu lieben und zu wissen.

Immer wieder hat sich die Frage erhoben, ob Gott nicht nur eine Vorstellung unseres Geistes sei, ein Traum unserer Sehnsucht inmitten des Leids, eine illusionäre Hoffnung angesichts unserer Enttäuschungen, eine gedankliche Rechtfertigung für unsere Schuld und die Verwirrungen unseres Lebens. Man hat gemeint, daß Gott ein Bild ist, das wir Menschen uns entwerfen, entsprechend den Orten, an denen wir leben, den Gegebenheiten des Raumes und der Zeit, der Einrichtungen unserer Gesellschaft. Aber das Wunderbare ist, daß die Idee eines unendlichen Wesens überhaupt Platz greifen kann im Geist von Gebilden aus Staub, die wir sind, vergänglich und nichtig; und unsere Sehnsucht und Hoffnung selbst, ja sogar unsere Enttäuschung und unsere Schuld ist in gewissem Sinn wie ein Beweis für Gott.

Niemals wohl im Verlaufe der Geschichte hätte so etwas wie Freiheit sich ereignen und riskieren können, ohne im gleichen Augenblick denken zu dürfen und spüren zu können, daß ihr eine unendliche Freiheit gegenübersteht. Niemals hätte der menschliche Geist seine Augen aufzuschlagen gewagt, ohne unmittelbar hinüberzuschauen in die Zonen eines unendlichen Bewußtseins, dem wir uns verdanken. Der Glaube an Gott ist kein Teilmoment der geschichtlichen Entwicklung oder ein Durchgangsstadium in der Geschichte des menschlichen Bewußtseins; der Glaube an Gott bildet die innere Struktur dessen, was uns als Menschen ausmacht. Von daher wird die gesamte innere Anlage des menschlichen Bewußtseins bestimmt. Wäre es nicht so, fiele dahin, was uns als Menschen kennzeichnet, besonders was uns als Personen in Freiheit und Würde ausmacht. Ohne die Vorstellung von Gott blieben wir Menschen nichts weiter als Teil einer sich in Jahrmilliarden vollziehenden Kette der Evolution. Kein Wert würde auf dem Einzelwesen ruhen, sondern was wir einen einzelnen Menschen nennen, wäre nur ein vorübergehendes Moment zum Erhalt des Gangs des Erbguts, nichts weiter. Keine besondere Bedeutung läge auf all dem, was wir als wesentlich kennenzulernen begonnen haben: Freiheit, Individualität und Personalität. Nur wenn es eine absolute Person im Hintergrund des unendlichen Szenariums der Welt gibt, ruht auf der Winzigkeit eines jeden Einzelmenschen die Größe, die Schönheit und die Würde, die uns als Menschen ausmacht, mit Sinn erfüllt und uns Hoffnung gibt. Insofern gibt es keinen vornehmeren Gegenstand des Gesprächs, kein schöneres Thema als die Natur Gottes und keinen tieferen Einklang als im gemeinsamen Nachdenken darüber.

Der Sonntag, den die Kirche der Heiligen Dreifaltigkeit widmet, ist solch ein Versuch, über das Geheimnis im Hintergrund von allem, was existiert, nachzudenken, nicht in der Unmittelbarkeit von Not und Bittgebet, nicht mit den Vorstellungen unserer oft so eingeschnürten Interessen, nicht mit dem Flehen um Gnade, sondern einmal frei, offenen Herzens und groß, mit gereinigtem Spiegel des Geistes.

Da sind es drei Bilder, die uns gegenübertreten, und alle drei sind wahr, indem in jedem von ihnen Gott auf besondere Weise als Person sich zeigt.

Das *eine* ist das große Bild des Schöpfers. Viel von dem, was wir heute Atheismus nennen, ist nur ein durch Verstellungen zustande kommendes Bekenntnis zu diesem Geheimnis im Untergrund der Schöpfung. Die Umwege dieses Bekenntnisses ergeben sich fast immer aus einem viel zu kleinen Vorstellungsbild und Rahmen von Gott.

Es ist noch keine siebzig Jahre her, daß die Astronomen noch darüber diskutierten, wie das Weltall im Prinzip beschaffen sei. Man hatte eine ungefähre Ahnung, daß es neben unserem Sonnensystem viele Milliarden anderer Sonnen geben müßte, zusammengefügt in einer einzigen Milchstraße, einer einzigen Galaxis. Man wußte oder glaubte zu wissen, daß es auch außerhalb dieser ungeheuren Ansammlung im Raum noch andere Gebilde gebe. Aber erst seit dem 1. Januar 1924, auf dem Astronomenkongreß, war man sich sicher, die Beobachtungen mit Hilfe des größten Spiegelreflektors so deuten zu müssen, daß es andere, außerhalb unserer Milchstraße liegende Galaxien geben müßte, Hunderte von Milliarden Sternen, neu zusammengefügt zum Andromedanebel, und dies so weiter ins Ungemessene, ins Unzählige, es würde milliardenmal Milliarden Sonnen geben, um die wieder Planeten kreisen würden in der Unermeßlichkeit des Raums. Dies das Weltall.

Es ist noch keine zwanzig Jahre her, daß die Astronomen ein neuer Schwindel erfaßte, als man definitiv zu wissen begann, daß diese ungeheure Apparatur des Kosmos, dieses Meisterwerk der Mechanik einen zeitlichen Anfang gehabt haben müßte, vor sechzehn bis zwanzig Milliarden Jahren. An dieser Stelle halten wir noch heute. Wir können unter Aufbietung höchster Energien den Zeitpunkt der Schöpfung auf Bruchteile von Sekunden nachbilden, an den Ursprung kommen wir niemals, weil die Gesetze, die wir kennen, mit diesem Zeitpunkt begonnen haben und nach rückwärts nicht zu überschreiten sind.

Wenn irgend wir uns eine Vorstellung machen von der Größe der Welt, werden wir zugleich der Winzigkeit unser selbst inne, und wir verstehen den Gott nicht mehr, der sie erschuf, kaum daß wir sein Motiv begreifen. Denn er, der Absolute, der Ewige braucht kein Gebilde in der Zeit sich selber gegenüber. Seit ältesten Zeiten sagen deshalb die Nachdenklichen unter den Philosophen und den Theologen, es müsse Gott die Welt erschaffen haben rein um ihrer selbst willen, als Mitteilung seiner Größe, seiner Allmacht und seiner Liebe. Aber dieses letzte Wort geht uns nur schwer über die Lippen. Denn was für eine Liebe ahnen wir im Lauf der Natur? Wir sehen ihre Weisheit an jeder winzigen Stelle, wir wissen, daß kein Detail ihrer Ordnung herausgebrochen werden könnte, ohne daß alles zusammenstürzen müßte. Von der Struktur der Wasserstoffatome bis zur Zusammensetzung der Erbbausteine im Inneren einer menschlichen Zelle geht alles seinen Gang nach den Gesetzen von Spiel und Notwendigkeit. Aber Liebe vermögen wir nach menschlichen Begriffen all dies kaum zu nennen. Es bewegen sich die Schollen der Kontinente auf dem schwimmenden Magma im Austausch zwischen Wärme und Kälte im Erdinneren. Es formen sich die Gebirge, es reißt die Erdkruste. Tausende von Menschen mögen daran sterben, der Natur ist es gleichgültig. Es kämpfen in der Natur die winzigsten Wesen miteinander um Nahrung, Raum und Entfaltungsmöglichkeit. Und wieder *muß* dies so sein, zeigt sich als unvermeidbar und ist doch so schwer für uns mit dem Begriff der Liebe in Übereinstimmung zu bringen. Es bleibt die Frage, die Dostojewskij in den »Brüdern Karamasow« stellt, als der Grübler und Zweifler, der in Gedanken mitleidige Iwan Karamasow, seinen frommen Bruder Aljoscha fragt: »Aljoscha, wenn du die Harmonie der Welt auch nur auf die Tränen eines einzigen Kindes gründen müßtest, ich frage dich, Aljoscha, würdest du das tun?« Der Gott, der die Schöpfung machte, hat keinen Augenblick gezögert, ein unendliches Maß an Leid in Kauf zu nehmen, ein Meer von Blut und Tränen in Kauf zu nehmen für eine wunderbare Harmonie, einen Gesang der Sphären, eine Welt, die unsere Schreie übertönt und in der wir nur vorkommen als Bausteine.

Wir brauchen ein *anderes*, genauso wahres, genauso wesentliches Bild von Gott, um inmitten dieser Natur als Menschen leben zu können. Dieses Bild lebt aufs innigste in der Person Jesu Christi. Es ist die Erfahrung, daß wir Menschen einander brauchen, nicht nur, um uns selber zu finden, sondern um Gott als die Liebe zu erkennen. Nur wenn wir einander sehr nahe sind, wenn unsere Seelen sich berühren, beginnen wir den Gott der Schöpfung zu verstehen. Denn nur in der Liebe begreifen wir, daß es diesen einen bestimmten Menschen unbedingt geben *muß*. Die gesamte Welt mag seit unvordenkbar langen Zeiträumen bestehen und aufs unabsehbare weiter existieren, aber diesen einen Menschen muß es geben, sagt uns die Liebe. Und wir verstehen mit einemmal die Art von Notwendigkeit am Anfang der Schöpfung, dank der die Existenz dieser Welt wirklich wird. Es ist keine äußere Notwendigkeit, aber es ist eine innerlich unausweichliche Bestimmung der Liebe. Das begreifen wir. Die ewige Frage der Philosophie: »Warum ist etwas und nicht vielmehr nichts?«, ist von der Welt her nicht zu beantworten und von Gott her nicht zu beantworten. Aber in der Liebe schließt sich die Lücke zwischen dem Schöpfer und der Schöpfung. Wenn wir das Geheimnis auch nur eines einzigen Menschen wirklich verstehen, ja, wenn wir auf dieser Erde auch nur einen einzigen Menschen wirklich liebhaben, begreifen wir mit einem Male Gott, der all dies machte, um diesen einen und dann ins Ungemessene viele, viele andere hervorzubringen. Nichts ist dann mehr Zufall, sondern alles taucht ein in die ewige Poesie der Liebe. Daß wir nur ein paar Jahrzehnte existieren, daß unser Dasein in Raum und Zeit winzig ist, all dies bedeutet nichts gegen die Versicherung der Liebe: Wir werden ewig sein. Dies ist es, was Christus Gott als seinem Vater zutrauen und uns als Vertrauen auf den Weg geben wollte. Der dunkle, schweigende Hintergrund der Welt beginnt zu reden in jedem Menschen, der uns nah ist in der Liebe, so sehr, daß Christus sagen konnte: Wo auch nur zwei oder drei von euch in Liebe beisammen sind, ist Gott mitten unter euch. Nur in der Liebe tauchen wir zurück an den Anfang der Schöpfung und schauen bis ans Ende der Welt. Und es schließt sich der Ring der Zeit. Denn Gott, der von Ewigkeit her wollte, daß wir sind, will in Ewigkeit, daß wir bleiben.

Es gibt ein *drittes* Bild von Gott, dessen wir bedürfen, um zu leben. Gäbe es nur den Schöpfer der Welt, blieben wir abhängige Kinder der Natur. Gäbe es nur die Sprache der Liebe neben uns, blieben wir abhängig von anderen. Das dritte Bild von Gott ist das des Geistes. Alles liegt in unserer eigenen Seele, alles ist eingeschrieben unserem eigenen Herzen und imstande, zu antworten auf die Liebe des anderen und auf die Größe der Macht Gottes in allen Geschöpfen. In uns selber liegt die Fähigkeit zur Resonanz, die ewige Harmonie wiederzugeben. In uns liegt die Fähigkeit, die schweigende Anrede Gottes in die gebrochene Sprache unseres Mundes zu fassen und Antwort zu geben. Unser eigenes Herz ist imstande, so rein und so klar die Weite der Liebe des Alls und des menschlichen Herzens zu fühlen, daß wir darinnen uns selber in unserer eigenen Größe und Schönheit wiederentdecken können als Geschenkte durch die Natur, als Wiedergegebene durch die Liebe anderer, aber als in Ewigkeit selbst Berufene in uns. Nicht Abhängigkeit, sondern Freiheit ist die Natur des Geistes.

Drei Weisen, in denen Gott sich zeigt als Person: als Wille und Macht im Untergrund der Welt, als demütige Liebe, die sich beugt zu jedem einzelnen, und als ein unendlicher Drang der Sehnsucht, des Gebetes und des ewigen Gesangs in einem jeden Menschenherzen und in jedem Teil des Kosmos. Er, der Unendliche, ist all diese drei als eins. Daß wir ihn glauben dürfen, macht uns als Menschen aus. Daß wir ihn hoffen dürfen, macht uns selber menschlich. Daß wir ihn leben dürfen in der Liebe, ist unsere schönste und gnädigste Bestimmung.

Als vor 1600 Jahren Augustinus in Rom den Weg zum Christentum fand, kam ihm keine Lehre der Kirche als so schwierig vor wie grade das Zentrum ihres Bekenntnisses von der Dreifaltigkeit Gottes. Ganze Völkerstämme hatte man bis dahin um dieses rechten Bekenntnisses willen aus dem Christentum ausgegliedert; mitten in der Kirche war man dazu übergegangen, Jagd zu machen auf die Ungläubigen. Augustinus selber aber kam sich angesichts dieser Formel, dieses Lehrsatzes von der Einheit dreier Personen in der einen Wesenheit Gottes klein und schwer von Begriff vor. Eine Legende erzählt, daß er eines Tages am Strand von Ostia ein kleines Kind traf, das mit seinem Schäufelchen bemüht war, in ein Loch im Sand Wasser zu schütten, und auf die Frage, was es da treibe, antwortete, es wolle das Meer in dieses Loch füllen. So Augustinus selber. Er versuchte, die Dreieinheit Gottes sich und den 1600 Jahren nach ihm zu erklären mit Modellen des menschlichen Geistes. Ist nicht auch in uns Intellekt, Gefühl und Wille ein und dasselbe, die Kraft der Erinnerung, der Einsicht und der Entschließung?

Die Schwierigkeit des Christlichen liegt grad in diesem Punkt, der seinen Höhepunkt darstellen soll, offen zutage. Das Dogma, der Glaubenssatz, mit dem wir am tiefsten und einheitlichsten zu beschreiben versuchen, woran wir glauben, ist außerhalb der Kulturwelt des Christentums absolut unverständlich und, wenn wir ehrlich sind, auch den meisten von uns allen. Wie erklärt man das Kernstück des Christentums den Menschen, für die es doch gesagt sein müßte, den sogenannten Heiden an den Rändern der Welt? Ist es nicht denkbar, daß wir nur eine Sprache gewählt haben, die sich selbst im Wege steht? Jedenfalls muß doch das, woran wir selber uns aufzurichten versuchen, genau dasselbe sein, woran auch Jesus Christus glaubte. Er sprach von Gott nicht als der Trinität, sondern als seinem und unserem Vater. Er wollte uns nicht ein Begriffsgespenst durch theologische Argumentationen nahebringen, sondern ein Gegenüber des Gesprächs, des Vertrauens, einen Gegenpol zu möglicher Verzweiflung. Sollte also nicht im Reden von Gott vielmehr ausgegangen werden von unseren eigenen Erfahrungen, die sich schließlich bündeln in diesem Brennpunkt eines Lichtes, das wir nur immer in zerlegten Strahlengängen zu schauen vermögen?

Sehen wir genau nach, so ist die Vorstellung einer Dreiheit des Göttlichen in der Religionsgeschichte gar nicht so selten. Auf einer kleinen Insel in der Bucht von Bombay, auf der Insel Elephanta, befindet sich ein alter Tempel der Hindus, darinnen die Darstellung des Gottes Shiva zu sehen ist, wie er den Betrachter mit drei verschiedenen Gesichtern anblickt. Es gilt offenbar dasselbe aus drei verschiedenen Richtungen zu sehen, um die Einheit dessen zu begreifen, was uns stets Widerspruch bleibt und dennoch zusammengehört. Die Väterlichkeit Gottes oder die Vertrauenswürdigkeit des ganzen Weltenhintergrundes, wie sollte sie uns näherkommen?

Es gibt eine Erfahrungsebene, die wir mit der Natur verbinden. Je mehr wir von ihr begreifen, um so großartiger erscheint uns alles, was wir sehen. Noch vor dreißig, vierzig Jahren galt als ein schnöder Materialist, wer behauptet hätte, Geist und Stoff seien vermutlich ein und dasselbe. Heute spricht fast alles dafür, daß es sich so verhält und wieder nur in unserer Vorstellung auseinanderfällt, was zusammengehört. Ein großer Philosoph des 17. Jahrhunderts meinte einmal ahnungsvoll im Anblick der Welt, die uns umgibt, sie enthalte unendlich viele Eigenschaften, und nur zwei von ihnen seien uns wirklich zugänglich, die wir als Denken und Ausdehnung, als Geist und Materie benennten. Vieles spricht dafür, daß Geist eine Struktureigenschaft aller komplexen Systeme ist, eine Energie, die in allem liegt und dann unmittelbar zur Erscheinung kommt, wenn die Bedingungen sich dafür herstellen. Mit einem Wort: Die ganze Welt ist ein ungeheures Fluten von Leben und Geist, ein riesiger Organismus, in dem alles mit allem zusammenhängt, ungemein weiser, klüger und geistvoller als das Beste, was wir heute davon ahnen. Nehmen wir das zum Ausgangspunkt, dann ist es schwierig, von diesem wie lebendigen Kosmos ein Göttliches überhaupt noch zu unterscheiden. Wenn wir's denn dennoch versuchen wollen, müssen wir sagen: Da alles in der Natur wohl geistvoll und vernünftig ist, sich aber nicht selber denkt, spricht manches dafür, daß ein Bewußtsein hinter all dem lebt, und das nennen wir Gott, ein Denken und ein Wollen, ganz menschliche Aktivitäten, die wir dennoch ins Absolute verlängern, um überhaupt ein Gegenüber zu finden, mit dem wir reden können.

Was wir von diesem Gott der Schöpfung wissen, ist eigentlich sehr weit entfernt von dem Vater Jesu Christi. Die Art seines Denkens ist eher die der Mathematik als unserer Gefühle, der Organismus, den er gebildet hat, uns selbst hervorzubringen, etwas, was immer wieder sich erhält aus Erschaffen und Vernichten, aus Fressen und Gebären, aus Aufbau und Zerstörung. So sahen es die Inder in der Bucht von Elephanta. Der Gott Shiva tanzt in heiligen Rhythmen, und diese pulsierende Welt dient den Bewegungen seiner Lust. Mit der Rechten lodernden Feuers setzt er die Welt in Gang und vernichtet sie mit seiner Linken, und immer wieder von vorn. Dieser Gott ist ebenso groß wie furchtbar, majestätisch wie schrecklich, staunenswert wie zur Rebellion provozierend. Hier ist ein Punkt erreicht, wo man nicht weiß, was Religion und Atheismus noch für Sinn haben. Wovon wir da sprechen, ist nicht mehr klar. Mit einem Wort: Wenn uns Gott als väterlich, vertrauenswürdig näherrücken soll, ist von diesen Erfahrungen nicht eine einzige zurückzunehmen, sie alle müssen gelten und dennoch noch einmal auf ganz andere Weise vermittelt werden. Und das ist es auch, was wir im Christentum sagen möchten und was jeder als Mensch verstehen könnte.

Wir lernen von Gott nicht nur durch die Betrachtung der Fixsterne und der Atome, wir lernen auch von Gott im Gegenüber anderer Menschen. Deren Liebe sagt uns etwas von dem, was die ganze Welt ausmacht. Denn einzig in der Liebe finden wir so etwas wie Berechtigung und Sinn. Die Natur braucht uns nicht, wir wissen nicht einmal, ob wir ihr nicht völlig gleichgültig sind. Jedenfalls spielt sie mit den einzelnen und Individuen auf eine Weise, die wir allenfalls rechtfertigen können, wenn wir am Ende sehen, daß sich doch Gleichgewichte erhalten, die in sich wieder großartig, bewundernswert, majestätisch, aber in jedem Detail den Prinzipien unserer Moral zuwider, barbarisch rücksichtslos und grausam sind. Nur Menschen, denen wir ein bißchen Liebe glauben können, verdanken wir die Fähigkeit, von uns selber ein Gefühl zu gewinnen, es sollte uns geben. Immer wenn ein Mensch den anderen liebt, läuft es darauf hinaus, ihm mit Worten und Taten zu vermitteln, daß es gut, ja in gewisser Weise unbedingt notwendig ist, daß es ihn gibt. Diese Notwendigkeit unseres Daseins müßten wir in etwas setzen, was in der ganzen Natur so nicht zur Erscheinung kommt und das auch die Bühne der Menschenwelt erst betreten kann durch uns Menschen. Wir sind ein Teil der Natur, aber keinesfalls ausschließlich. Wir sind auch ganz anders, und auch dieser Unterschied muß Teil des Absoluten selber sein. Wieder verlängern wir da sehr begrenzte, fast flüchtige Erfahrungen, ziehen sie aus ins Unausdenkbare und Unvorstellbare und nennen es Gott. Dieses ganz Menschliche nennen wir den Sohn Gottes oder den Logos Gottes. Jedenfalls ist alles, was wir damit verbinden, gebunden an den Menschen, den wir am meisten lieben, weil er uns Gott am nächsten gebracht hat: Jesus Christus. Ihn nennen wir schlechthin den Sohn Gottes, denn er hat uns versöhnt mit uns selber, mit der Flüchtigkeit unseres Lebens, mit der Quelle unseres Daseins.

Stünde es denn nur so, dann gäbe es die Natur und den Menschen, es gäbe in Gott den Vater und den Sohn, aber beide kämen nicht zusammen, blieben nur im Widerspruch und Kontrast. Immer, wenn wir einen Menschen lieben, möchten wir ihn bewahren vor dem Gang der Natur, vor Krankheit, Leid und Tod, vor Enttäuschung, Angst und Gefahr, und wir neigen fast immer dazu, um ihn eine unsichtbare Hülle der Geborgenheit zu legen. Die Natur zerschlägt sie, wenn die Zeit dafür kommt, nimmt auf unsere Bemühungen nicht die geringste Rücksicht, und wir protestieren dann gegen den Lauf der Natur, murren gegen Gott im Namen eines anderen Gottes, artikulieren das Mitleid gegen die Logik des Naturprozesses, und immer wieder reibt sich beides im Kontrast, die Schöpfung und die Menschenwelt. Es ist eine Hoffnung, eine Gewißheit, manchmal eine Fähigkeit, beides in eins zu sehen, in Harmonie, in wechselseitigem Austausch, und das ist eine Art, von Gott zu sprechen, die noch einmal anders ist. Sie hat im Grunde nichts zu tun mit Intellektualität und Denken, sie ist ein Vermögen, Kontraste auszugleichen, Spannungen zu vermitteln, Gegensätze ins Gespräch zu bringen, eine Energie, zwischen Unterschieden Einheit zu schaffen. Geist ist das, was über Zeiten und Zonen das Trennende verbindet. Auch das muß Gott sein, so nennen wir's: der Heilige Geist als Tröster aller Traurigkeiten, als die Kraft, Trostloses zu trösten, Verdorrtes zu befruchten, Erkaltetes zu wärmen, überhitzt Gewordenes zu kühlen, eine Macht, die alles schafft, indem sie ausgleicht. Auch das ist Gott: die Einheit aller Gegensätze, die Quelle eines Ursprungs ohne Widerspruch, Strahlungshintergrund eines Lichtes, das nur weiß ist, während es vor unseren Augen sich zerlegt in alle Farben des Lebens.

Nichts von alledem müßte geheimnisvoller sein als das Leben selber. Nichts von dem müßte unverständlicher sein als die Tatsache, daß es so etwas wie uns selbst und all die Dinge ringsum überhaupt gibt. Es ist eine Botschaft, die sehr leicht ist, weit wie das Meer, ohne Frage, und greifbar wie ein Loch im Sand. Es ist die Formel, mit der wir uns segnen, indem wir allen Dimensionen des Lebens gerecht werden: der Mut, die Natur zu ertragen, die Kraft, die Liebe nicht zu verleugnen, und die Poesie, Einheit wahrzunehmen mitten im Klangkontrast der Gegensätze. So segne uns Gott als Vater, als Sohn und als Geist.

Merkwürdig verhält es sich mit der Art, wie wir als Christen unseren Glauben aussprechen. Man kann sagen, daß es kein Bekenntnis gibt, das so viele Verständnisschwierigkeiten hervorgerufen hat wie eben diese Lehre von dem Großartigsten, von der Dreifaltigkeit. Innerhalb des Christentums hat es über keine Lehrmeinung heftigere Fehden und Kämpfe gegeben als über die Art, Gott richtig auszudrücken. Ganze Völkerstämme, wie die Germanen, die im 4. Jahrhundert sich zum Christentum bekannt hatten, wurden wieder aus der Kirche ausgegliedert, weil sie nicht *richtig* glaubten. Noch bis ins 13. Jahrhundert hinein grenzen sich Osten und Westen gegeneinander durch die Antwort auf die Frage ab, wie man den Heiligen Geist richtig begreifen müsse, ob er vom Vater gesandt werde oder vom Vater *und* vom Sohn. Im Grunde gehen diese Spannungen bis heute durch die Zunft der Theologen, und sie führen dazu, daß das Christentum sich den anderen Religionen so gut wie nicht verständlich machen kann. Die Lehre der Dreifaltigkeit empört die Muslime, ist überflüssig für die Buddhisten und den Hindus scheinbar nur allzu bekannt, für die Juden ist sie eine Lästerung. Mir scheint es daher richtig und wichtig, einmal zu versuchen, ob wir nicht unsere Überzeugung so aussprechen könnten, daß sie aus bestimmten Erfahrungsräumen heraus sich zusammenfügt, eben denjenigen, die auch in den verschiedenen anderen Religionen leben. Es sollte doch möglich sein, daß die Botschaft des Christentums so etwas ist wie eine Symphonie, die in den verschiedenen Teilen eine gemeinsame Harmonie zum Klingen bringt.

Dann läßt sich über die Lehre der Dreifaltigkeit vielleicht etwas sehr Schönes lernen von jemandem, der bei einer Indienreise in der Bucht von Bombay mit dem Schiff hinüberfährt zu der kleinen Insel Elephanta. Es ist, wie wenn verschiedene Welten einander begegnen würden. Noch sieht man unter den Strahlen der Sonne silberweiß die Kuppel des Atomreaktors des modernen Bombay liegen. Und dann betritt man ein altes hinduistisches Heiligtum, einen Höhlentempel, darinnen zu sehen ist das Bild der dreifaltigen Hindu-Gottheit. Man muß sie umschreiten, um von allen Seiten das Angesicht Gottes, auf verschiedene Weise dem Menschen zugewandt, zu erblicken. Es ist Gott, verehrt und abgebildet als der Schöpfer, aber auch als der Welterhalter, der in den verschiedenen Stufen der Entfaltung des Lebens vom Fisch bis zum Menschen immer neu erscheint und auf die Welt kommt. Und es ist der Gott, der im tanzenden Rhythmus und Schwingen der Gesetze der Natur alles hervorbringt und alles wieder vernichtet, immer im Wechsel, ein gestaltendes Prinzip, fast unsichtbar. Schon vor Tausenden von Jahren haben die Hindus in dieser Form ihren Glauben bekunden wollen. Gehen wir ihn in den Einzelheiten durch, so finden wir darin wieder vieles, woran die Muslime glauben, vieles, woran wir Christen, vieles, wovon die Buddhisten sich überzeugt zeigen.

Was ist Gott als der Schöpfer oder, wie wir in biblischem Sprachgebrauch auch sagen, als der Vater? Vielleicht lernen wir das heute wirklich am tiefsten von der großen Religion des Islam, des »Gottvertrauens«, wie man wörtlich übersetzen sollte. Es zersetzt scheinbar unseren missionarischen Eifer, zu sagen, daß wir von dieser Konkurrenzreligion des Abendlandes etwas lernen sollten, aber so wird es sein. In den Gebieten der Sahara, in der christliche Missionare, Weiße Väter vor allem, das Christentum seit vielen Jahrzehnten zu vermitteln suchen, ist zur Erfahrung geworden: Man kann einen wirklichen Muslim, einen Gottergebenen, nicht überzeugen von einer anderen Religion, aber man kann lernen, mit den Muslimen gemeinsam zu beten. Und das macht das Christentum viel intensiver, das schenkt uns selber so etwas wie nie geahnte Offenbarungen. Wenn ein Muslim betet, streckt er sich in den Sand der Wüste nieder, so die ursprüngliche Erfahrung, denn nichts sind wir Menschen, biblisch geredet und mit dem Koran gesprochen, als Asche und Staub. Wohin wir uns wenden, wölbt sich über uns die gleißende, flirrende Kuppel des Himmels, unerreichbar, grenzenlos, majestätisch, ohne zu fragen und ohne zu antworten. Darunter sind wir Menschen ein Nichts, und wir wären bestimmt, in wenigen Zeitmaßen zu kommen und zu gehen, und die Spuren im Sand wären sehr rasch verweht. Wenn ein Muslim betet, richtet er sich auf aus dem Sand der Wüste, indem er die Hände an die Ohrmuscheln legt, als lauschte er in den Wind, der von fernher kommt, und vernähme darin etwas vom unhörbaren Wort Gottes. Das ist es, was er in seinem Buch vom Himmel, in dem »was man lesen muß«, im Koran, findet: Ein Mensch richtet sich auf, wenn er begreift und hört, daß er ein

Angerufener ist. Aus dem Himmel, dieser undurchdringlichen Kuppel aus Glas und Geheimnis, dringt etwas, das uns Menschen will und uns Würde verleiht. Und daraus allein, aus dem unhörbaren Anruf einer Macht hinter allem, gewinnen wir Menschen die Kraft zu leben, leben zu wollen und den Weg zu wagen bis zum nächsten Brunnen, bis zur nächsten Zisterne. Niemand hat diesen Gott je gesehen, aber weil er die Kraft ist, die uns aufrichtet, nennen wir ihn Vater oder den Allbarmherzigen, und jedes Gebet eines Muslim beginnt mit diesen Worten der ersten Sure: »Im Namen Gottes, des Allbarmherzigen«. Es ist das Geheimnis der Welt, daß es in ihr nichts zu geben brauchte; alles, was existiert, findet sich vor aus einem Wort reiner Gnade. Keine Religion weiß um die Brüchigkeit des Lebens und die Größe des Glaubens so sehr wie der Islam.

Es wußten die Hindus, es glauben die Juden, es fassen zusammen wir Christen, daß Gott nicht nur »oberhalb« der Sphären eine unsichtbare Macht sei, sondern gleichermaßen auf Erden erscheine in allem, was lebt, und für uns Menschen am sichtbarsten im Gegenüber eines anderen Menschen. Es mag sein, daß jede Religion ihre Grenzen besitzt und nur bestimmte Momente der Wahrheit ganz verdichtet. Wüßten wir »nur«, was der Islam sagt, wäre eine gewisse Gefahr des Fanatischen wohl nie ganz herauszunehmen. Wenn wir Menschen nur existieren durch das Bekenntnis zu Gott und *nichts* sind außerhalb davon, entscheidet sich dann nicht überhaupt der Wert eines Menschen nur durch die Religion, und ist nicht alles außerhalb des Religiösen wie Überfluß und Abfall?

So kann es nicht sein und darf es nicht bleiben, so groß dieser prophetische Geist der Wüste auch sein mag. Es muß im Menschen selber und im Geschaffenen auch etwas aufleuchten von der Macht Gottes. So glauben wir Christen mit dem Blick auf Jesus von Nazaret zuversichtlich. Wenn wir ihn sprechen hörten von der Güte seines und unseres Vaters, dann war es, daß der Mensch selber zu einer leuchtenden Quelle aus Wärme und Licht wurde. Es war, daß in der Kleinheit eines noch so unbedeutenden Menschenlebens sich etwas entdeckte von den Spuren Gottes in der Welt. Man muß in die Augen eines Menschen sehen, tief in sein Herz hineinschauen, um Gott noch einmal zu finden, so nahe und spürbar wie nirgends sonst. Wieviel gibt es mitten in der Kleinheit des Menschendaseins an Tapferkeit und Größe! Wieviel lernen wir über das, was Gott uns zu sagen hat, einzig nur, wenn wir uns von ganzem Herzen Menschen zuwenden in ihrem Suchen und Irren und Fragen! Die Menschen sind nicht klein, sie sind eine ganze Welt für sich, ein Ausschnitt der Welt, gewiß, aber ein Spiegel von allem, mit besonderer Bedeutung. Diesen Eigenwert, den alles besitzt, festzuhalten ist uns nur möglich in einer Energie der Liebe, die alles kostbar macht. Und sie ist doch auch von Gott. Auch die Menschlichkeit muß ein Teil des Göttlichen sein.

Dann gibt es die Erfahrung, die vielleicht am stärksten im Buddhismus lebt: Es gibt nicht nur den Himmel, es gibt nicht nur die Erde, es weht darüber befruchtend der Wind, möchte man mythologisch sagen. Auch ein anderer Mensch ist noch etwas außerhalb von uns, und die Grenze des Christlichen liegt vielleicht darin, die Wahrheit, die es besitzt, sehr stark äußerlich zu nehmen. Auch dadurch können Zwang und Tyrannei entstehen. Ein Mensch ist Gott in der Liebe, das heißt wesentlich auch, daß im anderen das Göttliche wohnt. Das braucht nur ein wenig verzerrt zu werden, und wir haben darin eine Quelle endloser Fremdbestimmung, von draußen kommend und vergewaltigend. Der Buddhismus weiß, daß Gott auch etwas im eigenen Inneren sein muß, etwas ganz Unsichtbares, Schwebendes, rein Geistiges, eine Erleuchtung, die im eigenen Bewußtsein aufscheint, und sie muß beides umschließen, den Himmel und die Erde, den Vater und den Sohn. Alles wohnt in uns, alles Göttliche, alles Menschliche, alles Geschöpfliche. Es fügt sich aber nur zur Einheit, wenn wir selber zu einer Form finden aus einem gemeinsamen Zentrum heraus, einer einzigen inneren Erfahrung, ganz zu leben. Da gibt es nicht etwas mit den Lippen zu bekennen, sondern etwas im Leben zu erfahren durch Verinnerlichung, durch Vereinheitlichung, durch Vertiefung des Standpunktes.

Woran also glauben wir, wenn wir an Gott glauben? Alle Dinge zeigen über sich hinaus, alle Menschen weisen auf Gott hin, und die weise Gewordenen werden ihn überall finden, an allen Orten der Welt, zu allen Stunden der menschlichen Geschichte, in allen Religionen. Das Bekenntnis zur Dreifaltigkeit Gottes ist kein Kampfruf streitbarer Missionare gegen die heidnischen Religionen. Dieses Bekenntnis ist oder sollte eines Tages werden eine Symphonie, eine Melodie aus dem Herzen aller Menschen. Man findet Gott wieder auch und vor allem in allen Religionen, denn wir sind *gemeinsam* unterwegs.

In allen Völkern, Sprachen und Kulturen sehnen sich und suchen die Menschen nach Gott. Wie könnte es auch anders sein, denn mit der Vielzelligkeit des Lebens kam der Tod, mit dem Nervensystem kam der Schmerz, und mit dem Bewußtsein kam die Angst in diese Welt, meinte vor Jahrzehnten ein großer Biologe. Wir Menschen aber brauchen Antwort auf den Tod, den Schmerz und die Angst. Wir leben inmitten einer kalten, uns weitgehend unverständlichen Welt, und so sinnen wir darauf, in irgendeiner Form Ordnung und Weisung zu gewinnen. All die Gründe, die religionsgeschichtlich für den Glauben an Gott sprechen, enthalten in sich ebenso viele Zweifel wie Fragen, und so muß es wohl sein. »Werft ihr nicht«, könnte ein Skeptiker fragen, »euer Herz immer wieder in den gleichen Abgrund, bis daß ihr aus ihm das Echo eurer eigenen Fragen als Antwort zu hören glaubt?« Rätselhafter denn je ist uns am Ende des zweiten Jahrtausends nach Christus all das, was wir Wirklichkeit und Welt und Leben nennen. Man kann denken, daß schon der Ungewißheit unseres Daseins wegen die Menschen mit all der Kraft ihrer Vorstellung und ihres Denkens Gestalten als absolut genommen haben, denen sie in überragender Weise wie zufällig begegneten. Sie glaubten an den Großen Bären und setzten ihn sogar am Himmel unter die Sterne. Sie glaubten an die Kraft der Fruchtbarkeit auf den Feldern und sahen im Getreide und im Wein Bilder des Göttlichen. Und immer wieder wurde ihnen der Kreislauf von Vergänglichkeit und Hoffnung, von Tod und Leben, von Sterben und Aufblühen zum größten Rätsel und zur größten Verheißung.

Woran glauben wir wirklich, wenn wir von Gott sprechen? Die Bilder sind zahlreich, und immer sind sie aus dem Bereich unserer menschlichen Erfahrung genommen. Selbst wenn wir Gott unseren Vater nennen oder unsere Mutter oder, wie es manche Völker tun, ihn zweigeschlechtlich glauben, enthalten alle Begriffe und Bilder die Vorstellungen von uns Menschen, von denkenden Säugetieren, die sich mühsam einen Weg suchen im Strudel der Zeit. Was aber ist wirklich hinter den Bildern, hinter den Begriffen? Es müßte inmitten der christlichen Kirche so etwas geben wie den Tempel noch eines unbekannten Gottes, denn jedes Wort, das wir über Gott gebrauchen, ist eher dem Göttlichen unähnlich, als daß es zutreffend wäre. Im Hintergrund von allem wohnt Gott in einem unzugänglichen Licht wie ein schweigendes Geheimnis, als ein Rätsel, das uns undurchdringlich ist. Man mag denken, daß sich gewisse Anschauungen des Göttlichen durch die Kulturen der Menschheit vermitteln. Aus dem Reichtum kam der Staat, und aus den Kriegen gingen die Könige hervor, und das Bild der Könige formt sich allenthalben zu der Gestalt eines machtvollen Weltenlenkers. Wem aber dienen wir, wenn wir uns einer Macht unterwerfen, die wir menschlich denken, wo sie übermenschlich fremd ist?

Das Spiel der Natur an unserer Seite ist womöglich der erste Zugang, und so verknüpfen sich die Haupterfahrungen im Sprechen von Gott immer wieder mit dem Gedanken an die Welt und die Schöpfung. Selbst wenn wir, ausgehend von Gott als dem Vater, einen Weg zur Dreifaltigkeit suchen, müssen wir dessen innesein, daß die Vorstellung eines dreifaltigen Gottes in den anderen Religionen älter und noch breiter angelegt ist als bei uns Christen. Die Dreiheit tritt auf in den Bildern von Vater, Mutter und Sohn. So malt sich bei den alten Ägyptern und Babyloniern oder noch heute in Indien, sehr ähnlich unserem eigenen Glauben, das Bild der Gottheit in den Bildern einer Macht der Schöpfung und Größe, einer Kraft der Begleitung und Bewahrung all dessen, was ist, und der Stärke, die zerstört und wieder aufbaut als drittem. In allen Gestaltungen wohnt Gott, und es wäre daher ein Fehler, die Bilder, mit denen wir unsere Unwissenheit einzugrenzen suchen, für etwas Absolutes, Endgültiges zu nehmen. Wir sind unterwegs, auch in der christlichen Religion, und es sollte uns nicht gestattet sein, das wenige, das wir erhoffen und erahnen, in einer Weise absolut zu setzen, daß der Fehler weit größer wäre als das bißchen Berechtigung, das in jedem Glauben liegt, in unserem eigenen in einer sehr tiefen Weise. Die Dreifaltigkeit ist im Verlauf der Theologie sehr unterschiedlich erklärt worden. Immer hat man gedacht, von Gott her auf die Menschen zu sprechen zu können. Immer hat man sich damit selber ein göttliches Wissen zugetraut. Aber selbst das, was wir Offenbarung nennen, was ist es anders als das Fließen eines reinen Lichtes, das uns erreicht in den Brechungen des Prismas irdischer Erfahrungen?

Da ist das Bild des Schöpfers, des Vaters, wie wir auch sagen, aber es verschlägt uns den Atem. Im Alten Testament taucht es relativ spät auf. Ursprünglich ist Gott an die Erfahrung eines Volkes gebunden, und er wird, wenn schon in der Natur, angeschaut im Bild des Mondes in der Nacht, unter dessen Schein die Hirten ihre Herden über die Steppe treiben, oder auch in den ängstigenden Erscheinungen vulkanischer Eruptionen, im milden Glanz der Nächte und im Feuerschein des Aschenregens, in Güte und Grausamkeit malt sich das Bild ein und desselben Gottes. Auch das ist uns vertraut, daß alle Götter wie Ungeheur und Dämonen beginnen. Dann kommen die Priester und Erklärer und vermenschlichen die grundlegende Erfahrung bis zum Vertrauten. Die Götter werden alt, weise, gebrechlich und sterben. Der Gott Israels wird im Verlauf seiner Geschichte merkwürdigerweise jünger und größer, er dehnt sich aus zum Gott der ganzen Welt, er wird zur Grundlage der Schöpfung. Nur: was wir meinen, wenn wir von Welt reden, ist uns heute weniger klar als vergangenen Geschlechtern. Was ist die Wirklichkeit, die wir berühren? Wir verstehen womöglich zum erstenmal, daß alle Begriffe, alle Vorstellungen, denen wir im Denken und Fühlen folgen, allenfalls auf eine bestimmte Mittellage der Wirklichkeit eingependelt sind. Es hilft uns zu überleben und uns ganz grob zurechtzufinden, im Geäst des Urwalds, in den Klüften der Gebirge, im Suchen nach Wasser und Nahrung. Viel mehr aber verstehen wir eigentlich bis heute nicht von der Welt, ja, je besser wir sie begreifen, desto fremder wird sie uns, und wir merken, wie paradox ihre Erscheinungen sind. Gehen wir in den Bereich des sehr Kleinen oder sehr Großen über, verlassen wir die Mittellage des Alltags und nähern uns den Extremen der Wirklichkeit – wir legen die Hände an den Mund und wissen es nicht mehr.

Vielleicht müssen wir grade heute begreifen, daß eine der ärgsten Zumutungen für uns als zeitliche, geschichtliche Wesen darin liegen kann, womöglich zum erstenmal in unseren Tagen ungefähr zu ahnen, wie die richtigen Fragen an die Weltwirklichkeit aussehen könnten, und genau und sicher zu wissen, daß wir Heutige keinerlei Antwort darauf bekommen, vielleicht Menschen in Hunderten oder Tausenden von Jahren, wenn sie sich sehr fleißig weiter bemühen, ehrlich forschen und sich niemals beruhigen mit Vorurteilen der Tradition. Die Begriffe selbst, die uns im Christentum geläufig sind, stehen in Frage bis in die Tiefe. Die Bibel selber zeichnet noch eine Schöpfung, die nach Plan, Führung und Konzept entworfen wird. Da ist ein Gott, der spricht, und die Welt formt sich darunter durch die Macht seiner Vorsehung. Was wir dagegen heute sicher zu sehen glauben, ist ein endloses Spiel aus Zufall und Notwendigkeit, wobei der Zufall die Möglichkeiten der Freiheit mischt und die Notwendigkeit Strukturen von Sinn und Ordnung erzwingt. Aber das, was am Ende als Ergebnis sich herausbildet, ist eine Harmonie, die nachträglich entsteht; sie ist niemals vorweg, sie entwirft sich niemals nach fertigem Plan, und die beste Vorstellung von Gott als dem Schöpfer ist wohl mit vielen Völkern eher die des Spielers oder des Träumers, kaum noch des Dichters, weit eher wieder des Tänzers, wenn wir ihm zutrauen, daß er im Taumel der Seligkeit den eigenen Rhythmus erst aus der eigenen Bewegung findet. Wer ist dann Gott im Hintergrund dieses Rätsels? Die Menschen haben unendlich gelitten, weil sie sich Gott zu menschlich vorstellten. Da sitzt er und plant und will das Gute und setzt es ins Werk, und siehe, diese Welt schreit auf vor Leid. Sie ist grade ein bißchen mehr lebensdurstig als todeshungrig, sie ist grade ein bißchen mehr im Zustand von Glück als nur Leid. Und oft genug sind die Waagschalen von Freude und Unglück gar im Gleichgewicht. Kein Gott, den wir nach Menschenweise uns denken, verträgt sich mit dieser Welt, aber das Bild einer Schöpfung, die sich selbst erst findet, die endlos voller Überraschungen auf sich selbst wartet und die sich ins Unvorhergesehene offenbart, immer neu, auf immer höheren Stufen, die sich selber zurücknimmt, wenn es nicht mehr zusammenpaßt, und neu gebiert zu anderem, Wechselvollerem, das ist eine Schöpfung, an die wir nie denken mochten. Sie ist uns Menschen großartig und schrecklich fremd, und wenn wir Gott unseren Vater im Hintergrund dieser Wirklichkeit nennen wollen, wissen wir nicht, was wir sehen, und wir begreifen, daß es anders nicht sein kann. Schauen wir mit ungeschützten Augen in die Sonne, wissen wir, Unvorsichtige, die wir sind, nach wenigen Minuten nicht mehr, ob wir das Licht oder die Finsternis erschaut haben. Nur noch der Schmerz bleibt. Nichts vom reinen Licht darf uns erreichen ohne Filter, ohne Vermittlung, weil wir es nicht vertragen.

Es ist möglich, daß es großartig und weise ist, bei dieser Erklärung des Religiösen stehenzubleiben. Gott sei Dank tut das Christentum dies nicht. Es beruft sich auf eine ganz andere Erfahrung, im Widerspruch zu jener ersten, damit logisch gar nicht zu vermitteln, aus einem ganz entgegengesetzten Bereich genommen. Es ist der Brennpunkt, der Strahlenbereich der Person des Jesus von Nazaret. Alles, was er vermittelt, ist ganz und gar auf uns Menschen hin gesprochen, und er möchte uns eine Güte lehren, ein Vertrauen und eine Hoffnung, die sich rechtfertigt, einfach weil wir Menschen sind und es so und nicht anders brauchen. Er wagt es, dieses schweigende Geheimnis im Hintergrund des Alls seinen und unseren Vater zu nennen, etwas von der Höhe des Himmels auf die Erde holen, und er möchte uns begütigen gegen die Angst, gegen den Schmerz, gegen den Tod. So lehrt er das Vertrauen und lebt er die Unsterblichkeit und bringt uns die Freude und die Dankbarkeit des Daseins zurück. Es sind Worte über Gott, die nur ein Mensch dem anderen sagen kann, und in ihnen verdichtet sich ein neuer Bereich des Absoluten. Gott spricht nicht nur in den Quanten der Atomphysik, in den explodierenden Supernovae, in den sich gebärenden und zerstörenden Sonnen, er spricht auch durch den schwachen Atem eines Menschen, auch durch den Glanz der Augen eines anderen, der uns liebt, er spricht auch durch die Zärtlichkeit der Hände, die einander berühren. Gott kann ganz nahe sein durch uns Menschen. Alles, was wir sind, fällt nicht aus den Händen der Macht, die uns schuf. Im Rahmen der Schöpfung sind wir Gleichgültige, Vergängliche, reine Übergangswesen. Nichts von uns ist wirklich gemeint, gewollt und in diesem Sinne notwendig. Wenn ein Mensch den anderen liebt, wird er ihm notwendig grad durch die Liebe. Das ist es, was Jesus leben wollte und dadurch uns lehrte. Ein jeder Mensch ist unverzichtbar, er ist groß. Das, was uns trägt, ist die Liebe. Und tauchen wir durch den Abgrund hinab, weit unter die Zonen, bis wohinein wir zu sehen vermögen, wagen wir den Urgrund von allem noch einmal neu, nicht als Schöpfermacht, sondern als Liebe zu glauben. Ihr sind wir wichtig, für sie sind wir einzig und einer dem anderen unentbehrlich. *Das* macht uns zu Menschen. Kein Rätsel der Welt wird so beantwortet, aber wir gewinnen Boden unter den Füßen, wir vermögen zu gehen, mindestens durch den heutigen Tag. Wir leben immer noch mit der Hand vor dem Mund vor Staunen und Schrecken und im Nichtwissen um den morgigen

Tag, aber ebendies ist das menschliche Leben, daß es den Mut hat, zu gehen in eine Zukunft, die wir nicht kennen.

Es gibt eine dritte Erfahrung, ein drittes Zentrum von allem, weil es nicht dabei bleiben darf, daß Menschen und Natur einander gegenüberstehen wie zwei ganz und gar fremde, getrennte Bereiche. Grad in unseren Tagen spüren wir deutlicher denn je, daß die Zerspaltenheit, die Fremdheit und Kluft zwischen Schöpfung und Kultur zum Zerreißen gefährlich werden kann. Es muß Teil der Religion selber sein, diesen Abgrund zu schließen. Das ist es im Grunde, was wir mit der Chiffre des »Heiligen Geistes« bezeichnen. Der Geist ist die Kraft, Getrenntes zusammenzudenken, Zerstreutes zu sammeln und einander Entgegengesetztes so zusammenzufügen, daß es sich wechselseitig braucht, um sich zu ergänzen. Es ist das alte Sprichwort: Zwei halbe Wahrheiten ergeben niemals eine ganze Wahrheit – Geist aber ist es, in der Hälfte der Wahrheit das andere bereits mit zu erkennen. Bis in die Art des Umgangs miteinander ist das so. Ein Mann entdeckt in der Andersartigkeit die eigene Zugehörigkeit, den eigenen Antrieb zur Verschmelzung in einer Frau und wieder umgekehrt. In allem, was wir sind, bleiben wir bedürftig der Hinzufügung von etwas, das wir nicht sind. Auch das ist ein Antrieb der Liebe, in Einheit das Verschiedene zu setzen und miteinander zu verschmelzen, so daß es fruchtbar wird und weitergeht. Geist ist das und Lebenskraft, Versöhnung und das Geheimnis in allem, eine Schöpfermacht, die beides ist, Fürsorge und Gestaltung, ein Unendliches an Energie und ein Winziges an Sanftheit, und zwischen dem Großen, Allgemeinen und dem sehr Kleinen, Individuellen ist eine Einheit, kein Widerspruch mehr. So ist es, wenn Gott uns innerlich wird, wenn er aufscheint in unserem Herzen und wir im eigenen Denken zu leben beginnen. Mit einemmal wissen wir nicht mehr: Ist Gott ein Teil des menschlichen Lebens, ist das menschliche Leben ein Teil des Göttlichen, sind wir Gott innerlich oder Gott uns? Schon daß wir so fragen können, bringt uns dem Geheimnis Gottes ein Stück näher. Wir sind nie außer Gott. Alles, was wir sind, ist eine wahre Erscheinung seiner Energie, seiner Kraft, seiner Schönheit, seiner Phantasie und Poesie. Aber auch umgekehrt. Alles, was wir sind und denken, uns vorstellen und träumen, beziehen wir auf Gott. Es ist, wie wenn ein kleiner Junge voller Angst mit einer Taschenlampe in einen dunklen Keller geht und mit dem Schein seiner Lampe umherirrt, suchend nach etwas, was er genau selber nicht weiß. Überall trifft der Strahl der Lampe irgend etwas von der Wirklichkeit. So unser Denken von Gott. Wir können leuchten, wohin wir wollen, irgend etwas werden wir finden. Die Bruchstücke ergeben für uns selten einen Sinn, und doch verzichten wir niemals auf die Ahnung, daß alles, was wir sehen, eine Einheit ist, die uns umfängt und leben läßt. Und irgendwann wird das Dunkel hell und geleitet uns in den Morgen, wo das Glauben und Hoffen endet in der Gewißheit der Liebe.

Die elf Jünger aber gingen nach Galiläa zu dem Berg, wo Jesus sie hinbestellt hatte. Und als sie ihn sahen, verneigten sie sich tief vor ihm; einige aber zweifelten. Da kam Jesus heran, redete mit ihnen und sagte: Mir ward gegeben alle Vollmacht im Himmel und auf der Erde. Geht nun und macht zu Jüngern alle Völker, sie taufend auf den Namen des Vaters und des Sohnes und des Heiligen Geistes, sie lehrend, alles zu wahren, was ich euch gewiesen. Und da! Ich bin mit euch durch das All der Tage bis zum Voll-Ende der Weltzeit.

MT 28,16–20

An keinem Fest des Kirchenjahres ist der Abstand größer, der uns und unser Leben vom christlichen Bekenntnis trennt. Nirgends sonst ist deshalb das Stammeln und das Schweigen ausgedehnter als an diesem Tage. An dieser Stelle des Matthäusevangeliums, in den Abschlußworten, die Jesus den Jüngern mit auf den Weg gibt, steht diejenige geheimnisvolle Formel von Gott, die das christliche Bekenntnis bis heute zentral bestimmt: »Tauft sie im Namen des Vaters und des Sohnes und des Heiligen Geistes.« Wenn wir einander segnen, wenn wir zu Gott beten, verwenden wir am Eingang wie am Ende diese Formel. Aber was bedeutet sie?

Sie faßt alles zusammen, was Jesus in diese Welt gebracht hat, so glauben wir. Und dennoch hat es um diese Formel endlose Streitereien und Kriege gegeben. Da wurden ganze Völkergruppen im Namen des dreifaltigen Gottes aus der Kirche mit Gewalt hinausgedrückt. Daß dies heute nicht mehr geschieht, liegt eigentlich an dem Verschleiß der Kräfte, ja genauer gesagt, an der Langeweile den heiligsten Formeln gegenüber. Wenn sie nur lange genug heilig sind, rührt sie niemand mehr an, man macht einen großen Bogen darum, und dann hat jeder seinen Frieden, aber sie tragen nicht mehr das Leben.

Darum stelle ich mir heute morgen einmal vor, wir würden in einer gedachten Familie ein Gespräch führen über die Heilige Dreifaltigkeit, eine Tochter käme zu ihrer Mutter, ein Sohn zu seinem Vater mit der Frage: »Woran glaubst du, wenn wir sagen: Gott ist dreifaltig einer?« Wir nehmen die Ausreden gleich beiseite, die an dieser Stelle die Normalität bestimmten: »Das ist eine schwierige Formel; dazu weiß ich nichts Rechtes zu sagen; das lernst du doch in der Schule; das hat der Pfarrer heute morgen doch erklärt.« Es soll gelten, daß wir von Gott überhaupt nicht anders sprechen könnten, als indem wir uns mit unserem eigenen Leben in dieses Sprechen einbringen. Also gibt es kein Entkommen. Die Mutter steht vor ihrer Tochter, der Vater vor seinem Sohn und soll Antwort geben. Tut er es nicht, so hängt nicht mehr oder weniger davon ab als: ob er ein Christ ist oder nicht. Es ist der Ernstfall. Da hilft es überhaupt nichts, die Frage hin und her zu schieben wie einen Dominostein, um den Anschluß zu bekommen. Jede Frage nach der Religion entscheidet sich im Dialog, unter Personen. Aber wie findet man den Anknüpfungspunkt? Das ist wirklich schwer.

In unseren Tagen ist dies vermutlich grade für diejenigen Familien, die es ernst meinen mit dem Glauben, am allerschwersten: zu erleben, daß schon die nächste Generation, daß ihre eigenen Kinder »aus dem Ruder laufen«. Sie wissen mit all dem, woran ihre Eltern durchaus noch glauben möchten, kaum mehr etwas anzufangen. Man spürt, daß da irgend etwas in der Vermittlung abbricht, es ist nicht einfach der Zeitgeist, es sind nicht die Umstände, es ist nicht die atheistische Erziehung in der ehemaligen DDR, es ist nicht der Kapitalismus, nicht der Kommunismus, nicht der Wille zum Genießen ohne Verantwortung – es stimmt irgend etwas in der Sprache nicht.

Vermutlich müssen wir ganz einfach bei ein paar Erfahrungen beginnen, um zu verstehen, was wir mit »Gott« oder der »Dreifaltigkeit« meinen. Darum denke ich mir, es würde die Mutter ihrer Tochter keine Erklärung geben über Weltzusammenhänge, sie würde vielleicht einfach mit einer Gegenfrage das Gespräch beginnen:

»Gibt es in deinem Leben, gute Doris, Katharina, irgend etwas, das dir ganz heilig ist?«

»Nein, so etwas ganz Heiliges kenne ich nicht.«

»Gibt es etwas, an das du unbedingt glauben möchtest, um glücklich zu sein, um wirklich zu leben?«

»Nein.«

»Doch«, sagt die Mutter, »ich glaube schon, nur würdest du dich schämen, davon zu reden, und siehst du, es geht mir fast genau so. Ich bin heute vierzig Jahre alt, fünfzig Jahre alt, und doch gibt es Dinge, die berühren mich so persönlich, daß ich heute noch fast rot werde, wenn ich davon spreche. *Ein* solches Thema ist die Liebe. Wir haben darüber womöglich noch nie wirklich geredet, und das tut mir heute morgen leid. Weißt du, eben weil ich Angst habe und immer hatte, von mir selber in diesem Bereich persönlich zu reden, hab ich's dabei bewenden lassen. Über die Liebe redet die Religionslehrerin in der Schule und der Biologielehrer im Unterricht und vielleicht noch die Sozialkunde. Aber das genügt nicht, das hast du gespürt. Es liegt, glaube ich, daran, daß die Liebe uns Frauen heimsuchen kann wie eine Macht, der wir nicht widerstehen können. Du lachst jetzt, aber es *ist* so. Du bist grade achtzehn Jahre alt, und es gibt keine Spannung, keine Stimmung, keinen Gedanken, kein Gefühl, das auch nur annähernd so stark sein könnte wie die Liebe. Sie sucht die Träume heim, sie sucht die freien Stunden heim, sie raubt die Konzentration mitten in der Arbeit, sie macht, daß es um überhaupt nichts anderes mehr geht als um eine einzige Sehnsucht, eine einzige Vorstellung.«

»Ja, aber was hat das mit Gott zu tun, Mutter?«

»Ich weiß es auch nicht, aber etwas, was so stark ist, daß es jede Faser unseres Leibes, jeden Gedanken in unserer Vorstellung in Besitz zu nehmen vermag, sollte das nicht etwas sein, was man Gott nennt?«

»Aber das ist doch nicht der Gott von uns Christen, Mutter. Das hab ich wirklich gelernt in Religion: In der Antike nannte man den Eros oder den Amor Gott. Das war heidnisch. Man glaubte diesem Gott zu begegnen in der Bocksgestalt des Pan, man besang ihn in orgiastischen Tänzen. Meinst du, Mutter, daß man so Gott verehren könnte? Soll das heißen, daß ich jetzt nicht mehr abends um zehn pünktlich nach Hause kommen muß? Ist es das, was du grade sagen willst? Wie hast du es eigentlich selbst gemacht, als du achtzehn warst?«

Wenn die Mutter ganz ehrlich ist, würde sie wahrscheinlich noch einmal sagen, daß sie sich merkwürdigerweise schämt, sie läßt sich das jetzt aber nicht mehr durchgehen.

»Bei uns erwachsenen Leuten ist das komisch. Wir haben immer Angst, euch Jugendlichen zuzutrauen, ihr könntet mit euch umgehen. Wir sagen: die Liebe ist Gott, aber wir fürchten sie als eine Gefahr, als einen Ausbund von Unsittlichkeit, weil sie so stark ist. Sie hat die Macht, uns zum höchsten Glück zu erheben; aber sie kann uns auch ausliefern bis zum Beschämenden. Sie macht uns wehrlos, bettelnd, suchend, einsam, verzweifelt, und dann wieder erfüllt sie uns mit dem Schimmer aller Seligkeit. Es ist schon so, daß man die Liebe nicht übersehen kann. Sie ist spürbar im Glanz der Augen, in der Art, wie jemand den Kopf wirft, im Tonfall seiner Stimme, in der Bewegung seines Körpers, im Spiel seiner Hände – alles drückt die Liebe aus, sie ist so alt. Selbst als auf dieser Welt noch keine Sprache war, redeten doch die Tiere in der Liebe, und deshalb fürchten wir Menschen sie. Sie ist um viele Millionen Jahre älter als unsere Fähigkeit, zu denken, sie durchzieht jedes Element der Erde. Die einfachsten Kulturen tun sich noch recht leicht mit der Liebe, aber all die Kulturen, die nach ihrem eigenen Urteil besonders hoch entwickelt sind, machen aus ihr etwas Kompliziertes, legen über sie ein ganzes Flechtwerk von Bestimmungen, und darum ist es schwer, die Liebe wirklich zu lernen. Darum haben alle Mütter Angst vor der Liebe ihrer Töchter und sogar davor, von der Zeit zu reden, als sie selber noch Töchter waren.«

»Aber Mutter«, wird die Tochter fragen, »warst du glücklich in der Liebe?«

An der Stelle kann ich nicht weiterreden, da müssen wir das Gespräch den Erfahrungen derer übergeben, die wir uns vorstellen. In einer ehrlichen Bilanz kann an dieser Stelle *alles* sein. Von Qual und Enttäuschung, von erfüllten Hoffnungen, von Reifen aufeinander zu, von einem ständigen Wachsen miteinander oder einem Zerbrechen aller Illusionen kann da die Rede sein. Und dennoch, wenn eine Familie überhaupt noch existiert, ist immer wieder auch die Rede von der Kraft, neu zu beginnen und nacheinander zu suchen.

Und diese Energie, die Liebe, soll Gott sein? Halten wir einen Moment lang an dieser Stelle inne und geben wir zu, daß wir etwas Besseres nicht zu sagen wissen. Wir können Gott mit allen möglichen Begriffen und Anschauungen benennen, es wird einen dichteren, wirklicheren Erfahrungsraum als die Liebe nicht geben.

Freilich höre ich den Bruder der vorgestellten Tochter sagen, daß das alles Geschichten für Frauen sind. Die Frauen glauben an die Liebe, die sind gefühlsselig, träumerisch, romantisch und immer auch ein bißchen verrückt; unter Jungen zählt das nicht. Jungen in unserer Gesellschaft brauchen andere Inhalte, Werte, Perspektiven. Vielleicht denken wir uns also zur gleichen Zeit den Vater in einem Gespräch mit seinem Sohn. Er wird nicht gleich in die Peinlichkeit kommen, von der Liebe zu reden, er wird unter Männern sprechen. Aber auch da gibt es etwas, was fast eine gleiche Stärke hat. Es läßt sich nicht aufspalten zwischen Männern und Frauen und Jungen und Mädchen, das steht schon fest, aber in unserer Gesellschaft versucht man es aufzuspalten, und darum folgen wir einmal dieser Merkwürdigkeit oder Unmenschlichkeit, auseinanderzureißen, was zusammengehört. Wir nehmen also an, daß auch der Vater seinen Sohn fragt, ob es etwas gibt, das ihn begeistert sein läßt, das ihm schlaflose Nächte bereiten kann, etwas, woran er glaubt. So etwas gibt es. Im Geschichtsunterricht kam das manchmal vor, mitunter auch in der Naturkunde, seltener, aber immerhin auch in der Religion und ganz gewiß im eigenen Leben. Worum sich unser Leben mindestens so sehr dreht wie um die Liebe, das ist die Wahrheit. Was die Liebe ist, das läßt sich diskutieren. Die Reklame hat eine sehr andere Vorstellung davon als manche Bücher und diese wieder eine andere, als das Leben sie uns vermittelt. Aber was die Wahrheit ist, das will man wissen, und das muß man wissen. Welche Opfer sind für sie gebracht worden, welche Energien wurden aufgewandt, um der uns unbekannten Natur auch nur irgendeines ihrer kleinsten Geheimnisse zu entreißen! Aber man wollte es wissen. Dabei ist die Wahrheit, die man wissen *kann,* nur ihre eigene unterste Stufe. Es gibt Wahrheiten, die man durchaus nicht weiß, an die man aber glaubt und für die man gradesteht mit aller Leidenschaft. Grade in den Bereichen, wo eine Diskussion sich nicht zu Ende bringen läßt mit Argumenten, Reflexionen, Hinweisen, Absicherungen, bleibt das große Feld der Überzeugungen. Menschen können sich irren, selbst in dem, was sie für wahr halten, und dennoch sind sie groß und bringen in gewissem Sinne die Geschichte vorwärts, wenn sie sich einsetzen für das, was sie als wahr erkennen. Eine große Leidenschaft ist das, die Menschen über sich selbst hinausträgt.

Der Sohn wird an dieser Stelle seinen Vater fragen, ob es in seinem Leben Wahrheiten gab, die stark genug waren, irgend etwas wirklich zu tun oder womöglich irgend etwas ganz sicher *nicht* zu tun, Widerstand also auszuhalten, Gegnerschaft nicht zu fürchten, Auseinandersetzungen nicht zu scheuen. »Wie war das im Dritten Reich?« wird er fragen. Oder: »Hast du nie gelogen – ich meine jetzt nicht irgendeine Nebensache – zentral?« Es ist so peinlich, wie nach der Liebe zu fragen in den Stunden, da sie uns um den Verstand zu bringen droht. Genau das kann die Wahrheit auch. Sie nötigt zu jeder Art von Unverstand, sie hebt die Vorurteile auf, sie zersprengt all die gewohnten Redensarten, sie ist ungeheuerlich. Sie führt dazu, daß Menschen, die noch soeben irgendeine fertige Behauptung aufstellten, plötzlich die Hand vor den Mund legen und wissen, daß sie nicht stimmte.

Dieser Tage noch sagte mir ein Mann: »Alle Menschen sind Egoisten.« Das hatte man ihm beigebracht. So hatte er selber als Lehrer unterrichtet, mehr als vierzig Jahre lang. Es war das Weltbild, dem er folgte. Aber es stimmte überhaupt nicht. Sein eigener Vater war Kommunist gewesen, hier im Westen. Es hatte gleich nach der Gründung der Bundesrepublik dazu geführt, daß er niemals eine ordentliche Stelle bekam, daß er als Staubsaugervertreter Klinken putzen konnte, daß er gesellschaftlich unten durch war, er folgte einer Ideologie einer Partei, die man nicht wählt, er hatte keine Chance. Aber dieser Mann hatte nach dem Zweiten Weltkrieg gedacht, so etwas wie der Faschismus, eine Allianz zwischen Geld, Diktatur und Gewalt, dürfe sich nie wiederholen. – Ist der ein Egoist, der der Überzeugung nach lernt und lehrt, die gesamte Geschichte sei eine Geschichte von Interessen- und Klassengegensätzen? Die Wahrheit kann sich inhaltlich noch so merkwürdig anhören, noch so unmenschlich klingen, allein schon daß jemand daran glaubt im Namen von Menschen, macht sie als Wahrheit kostbar und entfernt den Menschen, der sich für sie einsetzt, von jeder Art der Lüge. Sie spricht ihn in gewissem Sinne heilig mitten im Irrtum.

Wir sehen in jedem Fall, daß wir, ob wir von der Wahrheit oder von der Liebe sprechen, unser Gefühl und unser Denken beschwören, Kräfte wie Feuer und Wind, die als Kräfte ambivalent sind. Sie können tragen und stürzen, lebendig machen und töten. Wenn wir die Wahrheit oder die Liebe Gott nennen, bleibt es immer ein ambivalenter, gefährlicher Gott, und doch ist die Richtung schon gewiesen, in die wir uns weiter orientieren müssen. Sie lautet, daß die Liebe und die Wahrheit ihre Eindeutigkeit erst gewinnen können, wenn sie nicht als Ideologie, nicht als abstrakte Sehnsucht sich selber verbrauchen, sondern Gestalt gewinnen in einer Person. Die Liebe ist erst wirklich in einem Gegenüber, an das sich glauben läßt; die Wahrheit ist erst glaubwürdig, in einem Menschen, der sie lebt.

Und nun beginnt die lange christliche Selbstrechtfertigung, die dahin führt, daß die Person des Jesus von Nazaret eben dies verkörpert: die Liebe und die Wahrheit. Um es im Gegenüber einer anderen Fragestellung zu formulieren: Die Muslime werden uns fragen: »Wie kommt ihr dazu, aus Jesus von Nazaret einen Gott zu machen und ihn für den Sohn Gottes zu erklären?« In unserer Zeit zu glauben, daß es Gott gibt, ist keinesfalls noch selbstverständlich, aber einen Menschen inmitten der menschlichen Geschichte für Gott zu erklären, das findet den schärfsten Widerspruch von mehr als 1,2 Milliarden Muslimen auf dieser Welt. Wenn wir ihnen nicht begreifbar machen können, woran wir glauben, vertun wir uns vermutlich in dem, was wir selbst meinen. Ich glaube, daß wir die Sprache, die Eigenart des biblischen Denkens an dieser Stelle ein Stück weit historisch vermitteln müssen. Wir sollten uns einmal vorstellen, was wir denn von Gott in einem Menschen wirklich verdichtet fühlen können. Grad wenn wir jemanden besonders lieben, holt er ein Stück vom Himmel auf diese Erde. Grad wenn es an unserer Seite jemanden gibt, der uns hilft, an die Wahrheiten zu glauben, die wir in uns spüren, öffnet er die Wände der Welt und läßt etwas vom Lichtglanz des Göttlichen in unser Leben fallen. »Aber«, wird jeder Muslim sagen, »man betet den Menschen, den man liebhat, nicht an; man macht aus demjenigen, der einem die Kraft gibt, wahrhaft zu leben, keinen Gott.« Und das ist wahr. Jesus von Nazaret hätte sich gewehrt gegen die Form, in der wir heute inmitten der christlichen Bekenntnisformeln ihn anbeten: an der Seite Gottes, anstelle Gottes, als einen Teil von Gott – wie auch immer. Es gibt eine kleine Szene im 10. Kapitel des Markusevangeliums, in der der reiche Jüngling zu Jesus kommt mit der Anrede »Guter Meister« und Jesus, noch ohne weiter zuzuhören, ihm sogleich ins Wort fällt: »Was nennst du mich gut? Einer ist gut, nur Gott.« Anderes wollte Jesus nie sein als ein schattenloser Hinweis auf diese Macht, die alles trägt.

Wenn wir dennoch vom Alten Testament und den Königspsalmen her im Neuen Testament Jesus als Sohn Gottes angeredet finden, liegt die Erklärung fast so weit vor Christus zurück, wie wir nach Christus leben. Es ist der Sprachgebrauch des alten Orients bezüglich seiner Könige und höchsten Wesire. Der Wesir am Hof des Pharao Cheops, Chem Junu mit Namen, trug als einen seiner Titel »mein leiblicher Sohn, den ich liebe«. So sprach der Pharao zu seinem eigenen Wesir. Chem Junu war nicht der Sohn des Pharao, er war nur sein oberster Beamter. Was die alten Ägypter sagen wollten, war dieses: Jeder, der dem Wesir begegnet, trifft in ihm den Pharao selber. Die Macht, die Ägypten regiert, bleibt im Verborgenen der Paläste, zeigt sich nur sehr selten, aber das, was man von ihr erfährt, der Ort, wo man ihren Willen spürt, die Kraft der organisatorischen Planung, die nach außen dringt, hat einen Namen und wird konzentriert in einer einzigen Person, Chem Junu. Deshalb, so der Pharao, ist er mehr als mein Sohn, er ist wie ich selber, und auf ihm ruht all meine Huld. Wer seinen Willen tut, tritt in den Machtbereich des Pharao selber ein. Und auch von ihm wurden dieselben Formeln gebraucht. Er war »das erscheinende Licht der Sonne«, er war »die lebende Gottheit auf Erden«, in einem seiner wichtigsten Titel war er »der Sohn der Sonne selber«.

Wir brauchen diese alten Formeln nur in Erinnerung zu rufen, und wir werden merken, daß der Begriff »Sohn Gottes«, der uns in der Sprache der Theologen so klar kommentiert scheint, alles andere als eindeutig und griffbereit ist. »Jesus ist der Sohn Gottes« – das kann nur jemand sagen, der in bezug zu dem Mann aus Nazaret in ein solches Verhältnis der Anerkennung, des Gehorsams, der Einheit tritt wie der alte Ägypter zu dem Wesir des Pharao. Nur für denjenigen, der die Worte Jesu so in sich aufnimmt, daß sie ihm die Welt erschließen als Liebe und Wahrheit, wird es gelten, und da muß jeder die Probe machen bei sich selber, ob er von Jesus denkt, so wie hier geschrieben: alle Macht sei verdichtet in der Person des Jesus von Nazaret, er sei der wahre König dieser Welt, der unsichtbare Regent aller Dinge im Namen Gottes.

»Und wer ist dann Gott?« müssen wir fragen. Ist nicht am Ende alles nur menschliche Projektion, Suche nach Liebe, Suche nach Wahrheit und ein gemeinsamer Weg zwischen Irrtum und Erfahrung, Korrektur und mühsamer Reparatur? Die Macht, die wir Gott nennen, kennen wir gar nicht. Wir haben als Theologen bis vor kurzem darauf geschworen: Wenn wir Gott sagen, bezeichnen wir ein Wesen, das allmächtig ist, allwissend, allgütig – in allem alles. Gerade dieses Wesen gerät uns aus den Augen. An dieses Wesen zu glauben war der geheime Grund der Gottlosigkeit im 19. Jahrhundert. Wie kann ein allmächtiger und allweiser und allwissender und allgütiger Gott Katastrophen zulassen, in denen an einem einzigen Nachmittag Hunderttausende von Menschen sterben? Wie kann diese Welt so unbarmherzig grausam sein? Wie kann, was wir erleben, sich vereinbaren mit den Erklärungen der Theologen? Wir, die Theologen, haben einen tintenblütigen Gott erfunden, der die Menschen ständig in die Irre führt. Darum ist es vielleicht besser, heute den Naturwissenschaftlern zuzuhören als den Fachauskünftlern in Fragen Gottes. Die Naturwissenschaftler sind grade dabei, ein phantastisches Bild der Welt zu entwerfen. Es hat mit dem Gott der Bibel womöglich mehr zu tun als alles, was in unseren dogmatischen Handbüchern steht. Da wird ein Gott vermutet, eine Welt jedenfalls konzipiert, die niemals abgeschlossen ist, die immer weitergeht, die von den Startbedingungen aus nie exakt berechenbar ist. Mit anderen Worten: Selbst wenn es am Schöpfungsmorgen einen Gott gibt, muß er bis heute gespannt auf die Welt sein, die er gemacht hat, er kennt ihren Ausgang nicht, weiß nicht das Morgen festzulegen, sondern sitzt vor einer Art von Spieltisch und würfelt, ungewiß, wie viele Nummern in seinem Becher erscheinen. Das Bild ist witzig, fast zynisch, aber es stimmt. Es gibt dafür, soweit ich sehe, im ganzen Christentum nur eine einzige Tradition. Heraklit hat, Jahrhunderte vor dem Christentum, einmal formuliert, und das galt als Inbegriff der Gottlosigkeit: »Gott spielt – Zeus würfelt.« Das Christentum hat immerhin vor dem Hintergrund der Marienfrömmigkeit Bilder entworfen, auf denen die Madonna das Jesuskind auf den Knien hält, und in der Hand des Jesuskindes ruht die ganze Weltkugel. Das Bild hat niemand ernst genommen, es war dem Jesuskind mehr oder minder gegönnt, mit der Weltkugel zu spielen wie ein kommender Monarch mit der Erde, die er schon wie einen Reichsapfel in der Hand hält. Man hat sogar den Zynismus in Kauf genommen, daß die Mächtigen später wirklich mit der Welt so umgehen wie mit einem Kinderspielzeug. Die Sache aber ist ernst. Vielleicht ist eine kindliche Weltsicht im Namen Gottes das passendste Modell, um auf dieser Erde überhaupt etwas zu begreifen: eine Mischung aus festgelegten Gesetzen, die Ordnung bilden, und hohen Freiheitsgraden, die nie erlauben, vorherzusehen, was sein wird. Immer geht es weiter, schafft sich die eigenen Voraussetzungen, formt sie neu, Wirkungen wirken zurück auf die eigenen Grundlagen, gestalten sie um, verändern sich daran selber – ein ständiges Fluten und Kreisen und Drängen nach vorn. Und da ist es plötzlich beides in eins: Liebe und Wahrheit, Verbindlichkeit und Risiko, da nähert es sich dem, was wir Leben nennen, am allermeisten an. Und da bleibt nun nichts, als sich darauf einzulassen, ehrfürchtig, dankbar, staunend, entsetzt und betroffen, rätselnd und beunruhigt, aber eben dies ist das Leben, das uns Menschen gegönnt wird. Es ist ein Glaube, atemberaubend, spannend und groß, und ein Vorschlag, darüber zu reden. Denn das soll nicht mehr gelten, daß ein Vater, eine Mutter, eine Tochter, ein Sohn sagen: »Die Fragen der Religion sind für uns so erhaben, daß wir sie dem Pfarrer überlassen oder den Fachleuten, und wir sind die Entmündigten.« Jeder Schrei nach Hilfe, alle Tränen, alle Seufzer, jedes Stöhnen der Qual, aber auch jedes Stöhnen der Lust, jeder Augenblick der Wonne, jedes Lied der Freude ist eine Weise, von Gott Zeugnis zu geben. Außerhalb des Lebens ist er nicht, er ist das Leben selber.

Zu Fronleichnam

Wenn wir einen Christen fragen, woran er in seinem Leben wesentlich glaubt, so daß sich an diesem Bild und Glaubensinhalt sein Leben zwischen Verzweiflung und Hoffnung, Tod und Ewigkeit entscheidet, so müßte er eigentlich sagen: »Mein Glaube und meine Zuversicht ist das Sakrament des Altars.« Eigentlich müßte er so sagen.

Schwer fällt es uns, in den armen Riten, die fast leer geworden sind unter der Fülle der Erklärungen, der Unselbstverständlichkeit des Ausdrucks, so viel an Hoffnung zu verbinden und uns selber darin wiederzuerkennen.

Das vielleicht Merkwürdigste bei der Feier der heiligen Messe ist der Teil, der in der katholischen Kirche einen relativ breiten Raum einnimmt, der Teil, der früher »Opferung«, heute »Gabenbereitung« heißt. Merkwürdig ist dieser Teil der Messe deswegen, weil ursprünglich dort darum gebetet wurde, Gott möge unsere Gaben annehmen. Seit Kindertagen hat mich diese Stelle in der Messe beschäftigt. Wie denn, sollte, während wir die Messe feiern, auch nur irgendein Zweifel darüber bestehen, Gott könnte vielleicht unsere Gaben *nicht* annehmen? Aber wenn wir's als sicher voraussetzen, wofür dann so vielerlei Gebete?

In der Tat muß man an den Anfang der Bibel zurückgehen, will man begreifen, warum das Bild vom Opfer Christi bis in die Wurzel unserer Angst und Erlösungsbedürftigkeit zurückreicht, um alle Gründe der Herzensverstörung aus unserem Leben zu nehmen. Beginnen muß man mit der Szene, da zum erstenmal zwei Menschen zum Altar hintreten, um Opfer darzubringen. Einen Augenblick lang stockt einem der Atem vor dem, was sich verändert hat zwischen Paradies und Opferreligion, zwischen dem vertrauten Einvernehmen zwischen Gott und Mensch am Ort der Geborgenheit, dort, wo die Welt ihr Zentrum hat, und diesem Bemühen der Menschen jenseits von Eden, die zerbrochene Gunst ihres Gottes zurückzufinden. Wohl werden die Bibelerklärer nicht müde, uns zu versichern, das Darbringen von Opfern sei ein Fortschritt in der etablierten Religion, ja sogar ein Zeichen und Ausdruck wirklicher institutionalisierter Frömmigkeit. Doch was für ein Fortschritt ist das von der Geborgenheit, zu der die Menschen eigentlich berufen sind, in der man sich an Gott wenden kann und ihn nahe weiß, in der man ihn anfleht und auf sein Gehör vertraut, zu diesem verzweiflungsvollen Geschehen, wo es eben *nicht* sicher ist, ob man vor Gott ein Ansehen besitzt?

Wenn Sie sich an die dunkelsten Stunden Ihres Lebens erinnern, an die Momente Ihrer tiefsten Angst, werden Sie vor sich die entsetzlichste aller Fragen setzen, die unser Leben heimsuchen kann, die Frage nicht nur, was es für einen Sinn hat zu existieren, sondern abgründiger, ursprünglicher noch, ob, wenn wir auf der Welt sind, es irgendein Gegenüber gibt, für das wir etwas bedeuten, ob unsere Existenz für irgend jemanden von Belang ist, ob es, mit anderen Worten, ein Gegenüber gibt, dem an uns liegt, das uns liebt und möchte, daß wir sind. Wenn diese Frage nicht mehr eindeutig mit Ja zu beantworten ist, beginnt die Erde unter unseren Füßen zu wanken. Und sie hat es längst getan für die Menschen jenseits von Eden.

Gott ein Opfer darzubringen ist nicht ein Akt an einem Sonntagvormittag, es ist der Ausdruck eines Lebensgefühls vollkommener Herzensverstörung und Verunsicherung. Wenn wir wirklich nur glauben können, allein wertvoll zu werden durch das, was wir produzieren, und wenn wir, statt das Produkt selber zu genießen, es abtreten müssen an andere und erst im Opfer des Besten, im mutwilligen Zerstören des Schönsten Anerkennung zu finden glauben, dann sind wir dem Ursprung der Opferpraxis, der blutigen, grausamen Quälerei von Mensch und Tier durch die ganze Menschheitsgeschichte nahe. Allenthalben sehen wir uns Menschen so handeln, wertvoll scheinbar nur durch die Mühsal unseres Fleißes, anerkannt nur durch das Hergeben des Besten, Ansehen gewinnend nur durch Zerschlagung des eigenen Glücks. Es wachsen im Umkreis dieser Angst womöglich sehr tüchtige, in gewissem Sinn tapfere, zähe Menschen, charakterfest, aber auch steinern, unglücklich und stets geneigt zur Grausamkeit. Denn das Schlimmste im Umkreis einer solchen Frömmigkeit, eines solchen Daseinsgefühls ist die ständige Angst, der Bruder neben uns sei besser als wir selber. Wären wir Menschen um Lichtjahre voneinander entfernt, so könnten wir's im Umkreis dieser Angst vielleicht miteinander aushalten; aber unser Bruder neben uns, er, in seiner Gleichartigkeit, womöglich im selben Haus wohnend, im selben Revier und Terrain wie wir selber, verwandelt sich auf dem Feld der Konkurrenz in unseren Gegner, und wir müssen ihn beseitigen, um selbst existieren zu können. Überall auf Erden sind die Gefängnisse voll von Menschen, die zu Mördern wurden auf dem Weg zu einem letzten Rest vermißter Liebe, Wertschätzung und Anerkennung.

Wir haben's nicht verlernt, am Anfang der heiligen Messe uns Gott so zu nahen. Nicht Wein und Brot in kleinen Quanten geben wir der Gottheit, und es ist auch nicht so einfach fromm gemeint, wie es klingt: »Wir selber geben uns in den Gaben, stellen uns Gott zur Verfügung.« Wir müßten, um zu begreifen, was am Eucharistiesakrament erlösend ist, sagen: Ganz verlernt haben wir nicht zu glauben, erst wenn wir alles, wovon wir selber existieren, Gott zurückgeben, wird er uns vielleicht akzeptieren. Wenn wir die eigene Lebensgrundlage bis zur Zerstörung aufopfern, uns selber fast zugrunde richten, dann wird er uns vielleicht mögen, wenn die Selbstquälerei bis zum Herzen dringt, dann wird man Gott vielleicht akzeptabel werden. Nur wenn das so ist, versteht man das Wunder der Verwandlung und das eigentliche Mysterium der Eucharistie. Es geschieht, daß Gott ein für alle Mal in diesem Bild der Meßfeier uns sagen will: »Hört auf, euch so zu peinigen. Ihr braucht eure Gaben mir nicht abzutreten, ihr müßt das, wovon ihr selber lebt, nicht stets umsorgen mit der Furcht vor meiner Eifersucht. Ihr würdet mich verleumden, wenn ihr den Priestern glauben wolltet, die sagen, ich selber sei böse über eure Freude, ich selber fühlte mich gekränkt durch euer Glück. Habt ihr nie in den Psalmen gelesen, daß ich kein Gott bin, der Hunger hat nach euren Stieren und Böcken oder Durst hat nach eurem Blut? Ich brauche eure Opfer nicht, ich habe nicht nötig, mich zu mästen am Fettdampf eurer Rauchopfer. Einzig mich zu preisen bedeutet, die Freude eures Lebens zu lernen und in Dankbarkeit das Geschenk eures Daseins zu empfangen. Ich habe euch nicht gemacht zu Traurigkeit und Tränen. In eurem Glück preist ihr mich würdig. In der Weite eures Herzens wohne ich gern. Und hört auf damit, das, wovon ihr lebt, mir zu geben, wie wenn ich nur warten würde, euch aufzulauern und euch zu vernichten. Euch selber gebe ich's zurück, alles und ganz und ohne Rest, denn ihr sollt leben, und ein Ende soll sein der Opfer. Ein für allemal soll eine Religion existieren, die nicht mehr auf Opfer, Quälerei, Angst und Mißtrauen gegründet ist, sondern auf Einvernehmen des Herzens, auf Glück und Vertrauen.

Da sagt die Kirche, es verwandele sich in diesem Moment, wo dies so ist, das von uns Gott Gegebene, Wein und Brot, indem wir's von Gott zurückempfangen, in sein eigenes Wesen, in seine eigene Existenz, und dieses Wunder der Verwandlung sei das Größte, dessen wir innewerden könnten. Und in der Tat. So manchmal erleben wir's bereits miteinander, daß das, was wir einander schenken, nicht nur *etwas* ist, sondern die ganze Person. Es gibt das Sakrament des Wortes, und die halbe Meßfeier besteht daraus. So können manche Briefe sein, daß in ihnen nicht nur Worte gesagt werden, sondern das ganze Leben geschenkt wird. Und immer steht in solchen Briefen dann, daß der andere bedingungslos uns liebhat und wir uns ganz darauf verlassen können. Wird dies die Grundlage des Lebens, enthält ein solcher Brief den andern ganz; er hört auf, ein Brief zu sein, er wird ein Dokument des Lebens. Er ist nicht mehr ein Stück Papier, er verwandelt sich in die lebendige Gegenwart des anderen. Der andere kann in diesem Moment in Australien oder am Nordpol sein; im Augenblick, da wir einen solchen Brief in unseren Händen haben, wissen wir ihn ganz nahe, und nicht nur als Metapher, wir halten ihn in Händen in seinem Wort. So ist es mit der ganzen Heiligen Schrift. Alle Klagen, alle Flüche, alle Lobgesänge und alle Ergüsse des Herzens sollten vor Gott getragen werden, und alle gehen von ihm, begnadigt und erhört, an uns zurück. Das ist das ganze Wort Gottes an uns Menschen. Keine Szene unseres Lebens sollte uns mehr von ihm trennen.

Und es gibt das Sakrament der Gabe, der Eucharistie. Auch so können wir einander Geschenke machen, daß in dem dinglichen Element unseres Geschenkes, ob es Blumen seien oder Pralinés, irgendein Schmuckstück, irgendein Andenken, wir selber uns so äußern, daß wir darin gültig und bindend zum Ausdruck bringen: »Darin lebe ich selber. Dies ist ein Zeichen von der Art, daß es dir absolut zuverlässig sein kann und muß, tust du mir nicht unrecht in neuerlicher Angst. Du kannst ganz sicher sein und wissen: Ich will zu dir gehören und bin bei dir, und du wirst nie von mir getrennt sein müssen, nie mehr abgespalten, gleich, was sich ereignen mag, sondern lebendig eins wird unser Leben sein.« Und wieder, wenn das die Grundlage des Lebens ist, ist der Gegenstand des Geschenkes wie ein Sakrament. In ihm lebt der andere, in ihm ist er *ganz* für uns, und in den Augenblicken der Angst, der möglichen Unsicherheit brauchen wir nur dieses Geschenk oder nur jenen Brief noch einmal vorzuholen und wissen dann ganz sicher: So ist es. So ist es gemeint, so dürfen wir hoffen, und so können wir leben.

Immer, wenn wir den Herrn in der Messe empfangen, erinnern wir uns daran. So hat er es gewollt und uns versprochen, und wir würden ihm unrecht tun, wenn wir noch einmal daran zweifelten. Es gibt das Sakrament der Buße; dort wird verhandelt, was wir falsch getan haben. Die Eucharistie heilt die Wurzeln aller Schuld, unsere Angst. In ihr ist Gott uns so sehr nahe, daß unser Leben aufblüht zum Lobpreis, daß es selber zur Danksagung, zur Eucharistie wird.

Das Abschiedsmahl des Herrn, dem wir das Zeichen von Tod und Auferstehung, von Schuld und Vergebung, von Trennung und ewiger Gegenwart des Herrn verdanken, ist ganz und gar eingetaucht in die Symbolsprache des alten Israel. Wenn das auserwählte Volk in der Passahnacht zum Mahl zusammentrat, ordnete es seine heiligen Handlungen in die Vierzahl der Zeichen, angelehnt an das 6. Kapitel des Buches Exodus, wo Gott selber zusammenfaßt, was alles er seinem Volk tun will und getan hat. »Ich habe euch herausgeführt. Ich habe euch gerettet. Ich habe euch erlöst. Ich habe euch angenommen.« All dies ist für den frommen Juden die Feier der Passahnacht: Erinnerung an den Hindurchgang, was wörtlich »passah« bedeutet, Erinnerung an die Bitterkräuter und das ungesäuerte Brot, Vergegenwärtigung des anbrechenden Frühlings und endgültiges Fest der Befreiung.

Was sich aufs tiefste mit dem Gedanken an die Herausführung Israels aus Ägypten verbindet, ist zweierlei: einmal, jede menschliche Knechtschaft abzuschütteln, die Angst zu verlieren, die Menschen unter der Zuchtrute anderer versklavten und sich zu trauen, das noch nie Betretene zu betreten, das Unbegehbare zu begehen und zu erleben, daß die Wasser des Todes sich spalten, und trockenen Fußes hinüberzugelangen. Die Verfolger werden ohnmächtig sein, aber am anderen Ufer wird ein neues Leben beginnen, mag sein, äußerlich betrachtet, ein Leben von der Hand in den Mund, aber in Wahrheit ein allmorgendliches Aufsammeln des Geschenks des Lebens aus der Hand unseres Gottes. Körnchen für Körnchen wird man das Manna vom Boden der Wüste sammeln und nicht nur Lebensmittel nach Hause bringen, sondern eine Herzenserfahrung machen: Man lebt nur aus der Gnade Gottes und der Unbegreifbarkeit seiner Güte. Und mehr noch: Man will und kann überhaupt gar nicht anders leben als in dem Vertrauen auf seine Gegenwart und Begleitung. Dies ist Leben: jeden Tag sich verdanken der ewigen Liebe, die will, daß wir sind. Dies ist der Glaube Israels, den Jesus teilt, als er das letzte Mahl des Abschieds mit seinen Jüngern feiert.

Es gibt aber in Israel noch heute eine eingebürgerte, wenn auch umstrittene Tradition von dem fünften Becher, der in der Passahnacht zu leeren ist, dem Becher des Elija. Als Christus mit der Schar der Jünger vom Abendmahlssaal durch das Kidrontal zum

Ölberg geht, ist sein Herz umdunkelt von Angst und Traurigkeit. Drei seiner Jünger bittet er, sie möchten tun, was in dieser Nacht mehr denn je nötig ist und aus Vätertagen überliefert: Sie sollten wachen und ihn begleiten im Gebet, einen Steinwurf weiter. Es ist diese geringe Distanz, die in der Traurigkeit und Angst Menschen unendlich trennen kann und mag. Denn während die Jünger schlafen, durchkämpft Christus ein letztes Mal den Weg der Wahrheit und des Lebens gegen eine Welt der Lüge und des Todes. Es ist die Nacht des Wachens, »lēl schimorim«. Und es wartet ein fünfter Becher, der Becher des Elija. Es ist das einzige Mal im ganzen Testament, daß wir Christus seiner selbst wegen bitten hören, es möchte dieser Becher an ihm vorübergehen. Christus fügt hinzu, was er selber uns zu beten lehrte: »Dein Wille geschehe, nicht der meine.« Und Christus wird den Becher trinken müssen bis zur Neige.

Man hat die Angst von Getsemani immer wieder als Angst der Kreatur vor dem Tod gedeutet, aber das ist es nicht. Jesus hätte den Tod fliehen können, äußerlich, im Aufschub der Jahre, die uns das irdische Leben gönnt. Mehr zu fürchten als der Tod ist jedoch das menschliche Herz, wenn es nur bestimmt ist vom Gedanken an den Tod, wenn es aus dem Sterbenmüssen eine Waffe der Angst gegen alles Bedrohliche schmiedet, wenn es das Leben umformt in einen Becher von Gift und in einen Dolch des Hasses, der Kälte und des Verrates.

Man hat gemeint, daß die Angst von Getsemani im Zweifel an der Macht oder der Güte Gottes begründet sei. Aber auch das ist es nicht, was Christus lähmt und quält bis zum Blutschweiß. Es ist, daß Gott mitten auf dieser Erde so fern sein kann, es ist, daß man Gott im Herzen und hinter der Stirn tragen kann und ihn nicht verständlich zu machen vermag, daß es, wie im Propheten Amos geschrieben steht, einen Hunger nach dem Wort Gottes gibt und dennoch keine Ohren, die imstande wären, es aufzunehmen, wenn es gesprochen wird und das menschliche Herz wie ein Kerker, wie eine Zwingburg ist. Dies zu sehen und zu fühlen ist furchtbarer als der Tod. Menschen können schrecklicher sein.

Es ist dies der einzige zentrale Punkt, an dem Jesus im Abendmahlssaal greifbar die Tradition der Väter geändert hat, mit einem ungeheuren Mut, so sehr, wie wenn ein Priester sich unterfangen wollte, die Messe in einem zentralen Teil anders zu lesen, als sie seit Jahrhunderten gelesen wird. Im Passahmahl ist dies eine feste Bitte: »Gieße aus, Ewiger, deinen Zorn über die Völker.« Und Israel hatte Grund, so zu beten, denn es fühlte sich als das Zeichen über der Schar aller anderen Geschlechter. Es glaubte sich auf dem Berg, zu dem die Völker wallfahrten würden aus dem Schatten zum Licht, aus dem nebelverwirrten Dasein des Taumelns der Angst zum Ort ewiger Ruhe. Und es hat nichts als Leid, Verfolgung, Preisgegebenheit und Ausgesetztsein erleben müssen. Es ist dasselbe Schicksal, das sich im Leben Jesu noch einmal verdichtet, nur unerhört konzentrierter, weil gebündelt in einer einzigen Existenz, komprimiert in den wenigen Jahren eines Menschenlebens.

Aber über die Lippen Jesu kommt nicht das Gebet des Fluches. Jesus weigert sich, diese Worte der Psalmen nachzusprechen. Er, den man seit Kindertagen den Psalter auswendig zu beten lehrte, spricht diese Worte nicht, statt dessen identifiziert er das Brot, das gebrochen wird, und den Wein, der getrunken wird, mit seinem eigenen Leiden und dem eigenen Sterben und fügt hinzu: »Dies Brot wird gegeben zu eurem Leben, und dieser Becher Wein, mein Blut, wird getrunken zur Vergebung der Sünden.«

Es trat Johannes der Täufer auf, um zu taufen zur Vergebung der Schuld, unter Androhung der Strafe und im Hinabtauchen in die Fluten. Jesus kennt nur diesen einen Weg zur Vergebung der Schuld: den Weg eines universellen Verstehens, eines grenzenlosen Nicht-Verurteilens, eines Nachgehens auf den Spuren des hundertsten Schafs, das vom Weg abgekommen ist, einer gütigen einfühlenden Weise, die Verwirrungen des menschlichen Herzens zu begreifen, wenn irgendein Mensch fortläuft aus dem Vaterhaus auf der Suche nach seiner vermeintlichen Freiheit.

Jesus mag sich vorgekommen sein, wie Dostojewskij es in seinem Roman »Der Idiot« in der Gestalt des Fürsten Myschkin schildert, eines Menschen, der alles versteht und dennoch nichts ändern kann im Äußeren, der durchaus alles begreift und dennoch kaum erreicht, daß das Wunder geschieht, daß Menschen sich selber begreifen, eh' es sie umbringt.

Und dennoch gibt es keinen anderen Weg. Es gibt nicht die Legionen von Engeln, die der Vater schickt, damit sie den Ausgesetzten schützen. Wieder, in der Nacht der Wache, wird der

Dämon durch die Zelte nicht nur Israels, sondern der Menschheit gehen, würgend und blutgierig und Verlangen tragend nach einem Opfer. Er wird es bekommen. Aber Jesus wird dieses Vertrauen mitnehmen in alle Zeiten, wir würden aus seinem Tod lernen. Und dann gilt es den Becher des Elija anders zu leeren als nur im Umkreis des Leidens. Als Elija starb, berichtet die Legende, hörte er von fern das Rasseln des göttlichen Wagens, der über die Erde kam, ihn zu holen. Mit seinem Schüler Elischa ging er noch einmal hindurch durch den Jordan. Aber er gab Elischa mit auf den Weg, er werde nur ein Prophet im Besitz des Geistes seines Vaters Elija sein, wenn er den Tod anders sehe als mit den Augen menschlicher Angst. Man stirbt nicht vor Gott und in der Wahrheit, indem man, wie wir zu sagen pflegen, über den Jordan geht; sehen kann man, daß im Tod Gott seine Hand ausstreckt, wie auf einem Königswagen uns zu holen, heim zu dem Ort, von dem wir kamen. Und jedes Menschenleben sieht sich seither anders an. Denn wenn es zurückkehrt zur Stätte seiner Heimat, ist es dann nicht von dort gekommen, wohin zu gehen es bestimmt ist? Lebt nicht in jedem Menschenleben ein Wesen, das geformt wurde im Himmel, eh' es hinabgeschickt wurde, auf Erden zu erscheinen? Nur ein wenig an Traurigkeit, nur ein wenig an Krankheit, nur ein wenig an Müdigkeit umhüllt das strahlende Bild dieses Wesens für unsere Mitmenschen, oft auch für uns selber. Und dennoch gibt es dieses Wesen, das in unserem Herzen lebt. Dennoch gibt es dieses Bild, diesen unseren ewigen Namen, den Gott in seine Hand geschrieben hat und der in seinen Händen ruht. Alle Kunst, das Mahl des Herrn zu feiern, liegt für alle Zeiten darin, das Gottesantlitz, so verborgen auch immer, in unserer Schwester, in unserem Bruder wiederzuerkennen und ans Licht zu heben und zu begleiten auf dem Weg der Ewigkeit. Keine Schuld mehr sollte uns trennen, sondern gemeinsam sollten wir uns versammelm um den Tisch einer untrennbaren Brüderlichkeit. Unablösbar sollte das Schicksal eines jeden von uns von dem der anderen und von dem Schicksal unseres Herrn Jesus Christus sein.

Wenn die Juden das Fest des Hindurchgangs, der ungesäuerten Brote, der Bitterkräuter und ihrer Befreiung feierten, begingen sie es auch als Frühlingsfest. Wir Christen gedenken, mitten im Sonnenhöchststand, wenn der Tag am längsten ist, der Feier des ewigen Lichtes, das nie erlöschen wird, und wir wollen eine Weltbrüderschaft, die nichts mehr ausschließt, nicht einmal unsere Mitkreaturen an unserer Seite, nichts mehr, ist es uns doch vergönnt, im Brot Gott zu sehen und in allem, was lebt, den Atem Gottes zu spüren, eine ewige Poesie der Welt, bestimmt aus Liebe und aus Frömmigkeit, berufen, nie mehr zu vergehen in alle Zeiten.

Was immer wir in unserem Leben von Gott verstehen, werden wir am tiefsten verstehen in der Sprache unserer tiefsten Sehnsucht und unserer tiefsten Gefühle. Kein Gefühl aber lehrt uns, Gott tiefer zu begreifen, als die Empfindung der Liebe, wenn sie unser ganzes eigenes Leben ergreift, ist doch Gott selber die Liebe, ihr Ursprung, ihr Ziel.

Wenn wir einen Menschen so anreden, daß wir ihn bis in die Tiefe seines Wesens hin meinen und erreichen, und wenn wir sein Du so aussprechen, daß es seinen ganzen Namen verdichtet und bezeichnet, öffnet sich sein Wesen und verwandelt sich in einen Weg ins Unendliche. Hinter der Gestalt einer jeden menschlichen Person, eines jeden menschlichen Du taucht unsichtbar die Person und das ewige Du Gottes auf und ist mit angeredet und mit gegenwärtig. Und wann immer wir selber uns so angesprochen fühlen, daß unser eigenes Ich davon umfangen, gemeint und getragen ist, fühlen wir uns selber verbunden mit dem Grund unseres Daseins. Wenn wir »Du« sagen, verbindet uns dies mit dem *Sinn* unseres Lebens. Wenn wir uns selber in unserem Wesen angeredet fühlen, tauchen wir zurück in den Grund unseres Daseins. Und am Anfang und am Ende unseres ganzen Lebens ist Gott in der Sprache wechselseitiger Liebe.

Vielleicht ist es ein zentraler Weg, jedenfalls ein möglicher Zugang, um zu verstehen, was Christus mit dem Bild der Eucharistie sagen wollte, wenn wir es einmal betrachten als Ausdruck und Gebärde eines Geschenks der Liebe. Geschenke machen wir einander eigentlich in Antwort auf eine bestimmte Erfahrung. Wenn wir einen anderen Menschen selber als Bereicherung empfinden, als etwas, das uns gnadenhaft verliehen wird, sogar als etwas, das wir notwendig brauchen, um selber zu sein, antwortet alles in uns auf die Gegenwart des anderen und möchten wir selber uns empfinden als Geschenk, Bereicherung und Gabe. Dies ist Wesen und Erfahrung der Liebe. Daß wir es einander zu zeigen versuchen, indem wir bestimmte Dinge miteinander austauschen und einander zum Geschenk machen, liegt wohl daran, daß wir auf Erden noch begrenzt in den Schranken von Raum und Zeit leben müssen. Eigentlich versuchen wir mit Hilfe von Geschenken einander nicht nur zu sagen: »Ich erlebe dich selber als ein Geschenk für mein Leben, und ich möchte dir Bereicherung und Beistand sein«;

es ist auch ein Versuch, die Trennungen der Zeit in Form einer bleibenden Gegenwart zu überbrücken. Das bloße Ding, das wir als Geschenk austauschen, soll sich füllen und zum Leben werden durch den Ausdruck unserer Seele. In dem Gegenstand des Geschenkes möchten wir selber beim anderen sein und möchten, daß er uns selber als gegenwärtig in seinem Leben fühlt. Und je tiefer wir dies spüren, desto mehr haben wir nicht mehr ein totes Ding vor uns oder an unserer Seite, sondern, erfüllt mit der Poesie und der Spürkraft der Liebe, etwas Lebendiges. Das Ding wird zum Zeichen, das Zeichen zum Sakrament. Raum und Zeit verlieren mit einemmal ihre Kraft, voneinander zu trennen, und es kann sein, daß wir etwas, was zunächst nur als ein Gegenstand der Erinnerung gemeint war, nun als etwas uns Begleitendes, ganz und gar Lebendiges, Sprechendes empfinden. Es ist wahr, wir können ein Bild, ein Erinnerungsstück, ein Geschenk aus vergangenen Zeiten in die Hand nehmen, und es beginnt ein sonderbares Zwiegespräch mit uns. Wir selber sprechen die Worte von damals, aber es geschieht in Antwort auf das Hören der Worte von damals, und wir wissen, daß es eine Vergangenheit gar nicht gibt, sondern nur eine lebendige Gegenwart, ein nie abreißendes Gespräch, einen unendlichen Dialog einer unsterblichen Liebe.

Auf diese Weise feiert die Kirche jedesmal das Geschenk der Eucharistie. Wir hören die Worte von einst und wissen: Sie sind nie vergangen. Sie sind ganz gegenwärtig in unserem Leben, und die Zeit trennt nicht, sondern taucht uns immer wieder ein in dieselbe Erfahrung eines begleiteten Lebens. Wir selber formen die gleichen Worte der Dankbarkeit, der Fürbitte und der Verehrung nach und nennen es Gebet, und in Hören und Antwort versammeln wir uns um den Gegenstand des Geschenks, das Lebendigste von allem. Es ist die Frage, wie man so schenken kann, daß es sich vollkommen ausdrückt. Und wenn wir zu wählen hätten, was wir einander schenken, wären wir gehalten, etwas Endgültiges in dieser irdischen Welt zu bezeichnen und auszudrücken, ein Geschenk des Abschieds auf Erden. Was würden wir dann schenken? Ein Bild von uns? Der andere trägt unser Bild im Herzen, und wir werden in zehn Jahren schon nicht mehr so aussehen, wie ein äußeres Photo uns zeigen könnte. Ein Gemälde von uns? Es wäre nur wahr, wenn es gezeichnet wäre in den Umrissen und der

Wahrnehmungskraft der Liebe, und nur der andere, dem wir's schenken wollen, wäre imstande, dieses Bild zu zeichnen, zu sehen und bei sich zu behalten. Also bedarf es eines solchen Ausdrucks nicht. Worte von uns, testamentarische Hinterlegungen? Was irgend lebendig war an unseren Worten, lebt im Herzen des anderen, ist Teil, Garantie und Beistand seines Lebens. Nichts ist hinzuzufügen, was wichtig wäre, ein Kommentar überflüssig, denn der andere wird mit seinem Leben selber zur Auslegung all dessen, was gesprochen wurde. Man weiß es wirklich nicht, was Jesus Besseres hätte sagen sollen, tun können, als was er sagte und tat im letzten Moment seines Abschieds vor seinem Leiden. Weil er unser Leben ist, drum wußte er's nicht besser, als zum Geschenk die Mittel unseres Lebens zu erwählen. Weil seine Gegenwart uns Nahrung ist, deshalb wollte er, daß wir nie wieder Brot äßen, ohne daß es uns mit ihm verbindet. Weil er unser Glück, unsere Freude, unsere Begeisterung, der Rausch der Freude unseres Lebens ist, darum wollte er, daß wir den Wein, das Getränk der Festlichkeit, nie anders zu uns nähmen, als daß es uns in Verbindung setzt mit allem, was unser Herz weit macht und zum Himmel erhebt. Er wollte, daß wir die Grenzen unseres Lebens verlören, die drückende Angst, die lastende Schuld. Er wollte, daß wir uns verbünden könnten in derselben Weise des Fühlens und Denkens im Umkreis der Liebe, und daß wir, wann immer wir einander tief begegnen, seine Gegenwart spürten wie Brot, wie Wein, wie Festgemeinschaft. Und es sollte nie aufhören. Zu Ende sein sollten die Begegnungen mit Gott in Gestalt der blutigen Opfer; nie mehr die Vorbedingung, Gottes würdig zu werden in Kasteiung, Askese, Qual und Bedrückung; zu Ende der Gedanke der Opferlämmer, der Sündenböcke, der Prügelknaben. Wir sollten leben als eine heilige Gemeinschaft und unser eigenes Leben als etwas unendlich Kostbares begreifen lernen.

All dies wäre nicht denkbar und kein Geschenk wäre im Grunde möglich, wenn es nicht, mehr noch als Erinnerung, Verheißung wäre. Erinnerung verbindet mit Vergangenem und trägt an sich das Gewand der Traurigkeit. Bei aller Freude, die sie uns vor Augen stellt, hört das Gefühl des Getrenntseins nicht auf. Wahr ist ein Geschenk, wenn es nicht allein mit der Vergangenheit verbindet, sondern viel mehr noch mit der Zukunft. Denn wir erinnern uns ja nicht an etwas Totes, sondern an Lebendes, Gegenwärtiges, und am allermeisten ist ein Geschenk der Liebe wahr, wenn in ihm die Hoffnung lebt und zur Gewißheit wird: Wir werden einander wiedersehen, und es gibt eigentlich keinen Abschied, keine Trennung, sondern nur eine Überbrückung der Zeit und des Raumes inmitten des irdischen Lebens.

Kaum war das Brot gebrochen und der Becher geleert, als Jesus seine leidenschaftlichste und schönste Vision noch einmal aussprach: seinen wahren Bund, sein wirkliches Vermächtnis vom Reich Gottes, in dem wir trinken vom Gewächs des Weinstocks in Ewigkeit in seiner Nähe. Geschenke sind Brücken zwischen Vergangenheit und Zukunft. Das Geschenk der Eucharistie aber ist eine Brücke zwischen Zeit und Ewigkeit, Ausdruck dessen, was die Liebe ist. Ein Weg ist sie der Gemeinsamkeit durch die Welt hindurch bis zum Horizont des Unendlichen. Nach diesem Lobgesang gingen sie hinaus zum Ölberg, man wird auch sagen dürfen nach Golgota, zum Tabor, zum Sinai, zu jedem Berg des Herzens, wo Leid zur Freude wird, Traurigkeit zur Hoffnung, Schuld zur Weisheit und Angst zur Tapferkeit.

Was uns das Sakrament der Eucharistie bedeuten kann, erläutert die Bibel in vier Szenen, die, wenngleich voneinander isoliert, sich doch wechselseitig erklären und zu einem Gesamtbild ergänzen. Alle vier Szenen haben zu tun mit unserer Armut und Not.

Das erste Bild stammt aus der Zeit der Wüstenwanderung Israels. Grade ist das auserwählte Volk aus der Knechtschaft des Pharao ins Freie entflohen, grade hat es hinter sich das Erlebnis der Rettung im Schilfmeer, als es weder vor- noch rückwärts wußte, weil die Wasser ihm den Weg versperrten und in seinem Rücken die Streitwagenabteilungen der Ägypter es bedrängten. Es war auf den Befehl des Mannes Moses hin, daß das Volk es wagte, einen Weg zu gehen ins scheinbar Unbegehbare, um am anderen Ufer sich gerettet wiederzufinden, entronnen aller Angst, entkommen aller Menschenfurcht. Aber wenig später schon weiß dieses Volk nicht, wovon es leben soll, und es wirft Moses vor, daß er es wagte, die Freiheit höher zu setzen als die Lebenssicherheit, die Berufung durch Gott höher als die gehorsame, tagtäglich eingeübte, wohlversorgte Abhängigkeit von Menschen. Dem Volk Israel erscheint das neugewonnene Ufer als eine sich dehnende Wüste, als ein Ort des tagtäglichen Verhungerns, und es entsinnt sich, vorwurfsvoll und wehmütig, an die Zeit des Überflusses im Land Ägypten.

Wovon leben wir wirklich? Israel machte damals die Erfahrung, daß man, wenn der Morgen beginnt, durchaus nicht wissen muß, wovon man lebt, wenn man nur weiß, daß Gott mit einem geht. Es ist jeder Tag aus den Händen Gottes wie ein neues Wunder. Man sammelt es auf in winzigen, kleinen Stücken, aber dies genügt. Würde jemand uns fragen, was das ist, wovon wir leben, wir könnten's nicht erklären. Wir hätten nur einen Namen, der mehr unsere Frage bezeichnet, als daß er eine Antwort gibt: »Manhu – was ist das nur, wovon wir leben?« Es ist das tägliche Wunder, das wir dankbar empfangen, daß es uns gibt und Gott uns aushält. Wovon leben wir außer von dem täglichen Brot, das Gott uns heute gibt und jeden Tag?

Eine andere, wenngleich ganz ähnliche Erfahrung machte der Prophet Elija. Er war ein zweites Mal aufgestanden, um die Angst und Abhängigkeit seines Volkes zu beenden, diesmal nicht die

Abhängigkeit von Menschen, sondern weit innerlicher: die Angst und Abhängigkeit von Götzen und Dämonen, von Gottesvorstellungen, die den Namen nicht verdienen, weil sie den Menschen nur einschüchtern und ihn ständig zwingen, das Beste zu opfern, sogar seine Kinder durchs Feuer gehen zu lassen unter dem grausamen Tribut, den diese menschenfressenden Götzenbilder fordern. Elija wollte, daß man den Gott der Freiheit nicht verwechsele mit den Schreckgespenstern der Angst, also daß er mit Axt und Feuer gegen die Dämonen, wie er sie sah, vorging. Er wollte vor allem, daß die Könige Israels aufhörten, die Menschenangst zu benutzen zu einer neuen Despotie der Machtausübung und der Machtausnutzung. Also war Elija bald der bestgehaßte und am meisten steckbrieflich gesuchte Mann in Israel, und es kam der Augenblick, wo er nur noch fliehen konnte vor dem König Ahab und seinen Häschern. Und dann war es wieder in der Wüste, auf der Suche nach dem Gottesberg Horeb, daß Elija zusammenbrach und nicht mehr aus noch ein wußte.

Wofür leben wir Menschen, wenn alles schließlich sinnlos erscheint, wofür wir uns einsetzen, und die Macht der Leute, die das Sagen haben, über uns hinwegzugehen droht und wir selber nicht mehr wissen, wie es weitergehen soll? Suchen mag man ja den Gottesberg Horeb, aber was ist, wenn man nie dahin kommt, aus lauter Erschöpfung nicht, aus lauter Ohnmacht nicht, und man weiß nicht mehr wie? Unter einem Ginsterstrauch, erzählt die Bibel, habe Elija sich ausgestreckt, voller Verzweiflung, und den Tod gesucht. »Ich«, sprach er, »bin nicht besser als meine Väter auch.« In dieser Stunde sei es gewesen, daß ein Engel vom Himmel kam, Elija aufweckte und einen Aschenkuchen und Wasser ihm an die Seite stellte. Gestärkt, berichtet die Bibel, sei Elija gewandert, so viele Tage, wie Israel einst in der Wüste war, bis daß er anlangte am Gottesberg Horeb, seinem Ersatz für das Gelobte Land, aus dem er fliehen mußte, und er fand Gott und kehrte zurück. Wofür leben wir Menschen? Die Geschichte von der Rettung des Elija sagt: für Gott und unsere Berufung.

Auf den ersten Seiten der Bibel gibt es ein drittes Bild, das unser Leben beschreibt, wie es von Grund auf gefühlt werden kann und uns dennoch nicht leben läßt: Es ist die uralte Geschichte von der Versuchung im Paradies. Man kann sich so fühlen, als wenn wir, kaum zur Welt gekommen, in unabsehbare Schuld verstrickt wären, so wie wenn schon unsere Stammeltern sich versündigt hätten und unser ganzes Dasein unter einem merkwürdigen Fluch angesiedelt wäre. Schon das Essen selber kann man wie Schuld erleben. Daß wir Nahrung und Kleidung benötigen, stiehlt anderen etwas, was sie brauchen. Wie läßt es sich rechtfertigen, daß es uns gibt? Wieso überhaupt haben wir ein Recht zu existieren? Bis in die Wurzel hinein läßt sich das Gefühl der Schuld verdichten, so daß alles, was wir machen, von Grund auf verkehrt und unser Dasein am Ende vorwerfenswert ist.

Gegen dieses Gefühl der ständigen Schuld, der Blockierung in allen Lebensbereichen unter dem ständigen Vorwurf, eigentlich dürften wir gar nicht auf der Welt sein, richtet sich das Bild der Eucharistie, indem es behauptet, Gott wolle rückgängig machen, was wie ein Fluch auf uns liegt. Wann immer wir uns fragen, ob wir würdig genug sind zum Leben, sollten wir dieses alte Bild des Sündenfalls überwinden lernen durch ein größeres Vertrauen. Gott kommt nicht als ein Würgeengel in den Garten der Welt, uns zur Rechenschaft zu ziehen und uns als Todesschuldige hinzurichten. Gott kommt, um uns zu empfangen und uns zu umfangen mit einem grenzenlosen Erbarmen, mit einer nicht endenden Geduld und einer Bereitschaft, uns alles zu vergeben. Wir werden nie gut genug sein, um uns zu verdienen, daß wir auf der Welt sind. Aber Gott möchte, daß es uns gibt, und von ihm leben wir. Daß wir auf der Welt sind, werden wir nie begründen können, aber wir können es dankbar entgegennehmen. Gott sind wir erwünscht, er möchte, daß wir existieren, und das ist Grund genug jenseits aller Schuld.

Dann bleibt noch die Frage, womit wir leben und was wir tun können. Darauf antwortet das Bild des Neuen Testamentes von der wunderbaren Brotvermehrung. Auch so können wir uns oft genug sehen: daß wir uns angesichts der Not ringsum vollkommen überfordert fühlen. Machen wir die Augen auf und sehen, was die Menschen brauchen und was wir tun müßten, dann hat es nie ein Ende. Wenn wir anfangen zu rechnen, was notwendig wäre, kommen wir nie zum Abschluß, und wir können nur erklären, daß wir es nicht in der Hand haben. Wir können nur allen Leuten ringsum ganz laut sagen: »Geht weg, versorgt euch selber, macht euch aus dem Staube, denn wir können für euch nicht aufkommen.« So, wenn wir sehen, was wir vermögen und was wir tun sollten.

Es ist das Wunder, das sich in unserem Leben immer wieder begibt, daß, wenn wir das wenige, was wir haben, nur einsetzen und wagen, es sich plötzlich verwandelt und gut genug ist für die Menschen ringsum. Wir können nicht sagen, wie es sich zuträgt, aber vielleicht brauchen ja die Menschen an unserer Seite gar nicht die Fülle unserer Werke, die Menge unserer Produkte, die Fülle unserer Abgaben. Vielleicht brauchen sie nur ein Stück unserer Liebe. Und dann genügt ein weniges und wirkt Wunder, so daß andere beginnen, davon zu leben, und nicht wegzugehen brauchen.

All dies ist, was das Wunder der Wandlung in Gestalt der Eucharistie uns lehrt. Es beantwortet uns die Frage, wovon wir leben, an jedem Morgen neu. Es sagt uns, wofür wir da sind, wenn wir nicht mehr weiter wissen. Es beruhigt uns in der Hölle unserer Schuldgefühle und spricht uns frei von Grund auf. Und es sagt uns, daß wir gut genug sind, wenn wir nicht wissen, womit wir die Not lindern sollen, die uns umgibt. Denn in allem, in dem Woher und Wohin und Wovon und Womit, stehen wir ganz und gar in der Hand Gottes.

Ich bin das lebendige Brot, das aus dem Himmel niedergestiegen. Wenn einer von diesem Brot ißt, wird er leben auf Weltzeit hin. Und das Brot, das also ich geben werde: mein Fleisch ist es – für das Leben der Welt.

Stritten da die Juden untereinander und sagten: Wie kann der uns sein Fleisch zu essen geben? Sprach nun Jesus zu ihnen: Wahr, ja wahr ists, ich sage euch: Wenn ihr das Fleisch des Menschensohnes nicht eßt und sein Blut nicht trinkt, habt ihr kein Leben in euch. Wer mein Fleisch zu sich nimmt und mein Blut trinkt, hat unendliches Leben. Und ich lasse ihn auferstehen am Letzten Tag. Mein Fleisch ist wahre Speise; und mein Blut ist wahrer Trank. Wer mein Fleisch zu sich nimmt und mein Blut trinkt, der bleibt in mir und ich in ihm. Wie mich der lebendige Vater gesandt hat und ich durch den Vater lebe, so auch, wer mich zu sich nimmt: Auch der wird leben durch mich. Das ist das Brot, das aus dem Himmel niedergestiegen, kein solches, wie es die Väter gegessen – und gestorben sind. Wer dieses Brot zu sich nimmt, wird leben auf Weltzeit hin. JOH 6,51–58

Was Jesus in der Synagoge von Kafarnaum verheißt, ist die Wahrheit seines eigenen Lebens, leibhaftig und Fleisch geworden. Es ist eine Erfahrung, die zum zweitenmal gilt und noch tiefer reicht als die Erlebnisse der Wüstenwanderung des Volkes Israel. Schon was sich dort begab beim Auszug aus dem Haus der Knechtschaft, vermochte eine Welt zu verwandeln und zur Stätte der Freiheit, der Gemeinsamkeit und einer neuen Heimat zu werden.

Wie sehr am Rande müssen sich Menschen eigentlich fühlen, um zu begreifen, daß unser menschliches Leben so ist wie ein schier endloser Gang durch die Wüste? Das, was Israel, vom Ruf seines Gottes getrieben, in den Oasen auf dem Marsch durch die Wüste Sin erlebte, ist Bild und Vorbild dessen, was wir an jedem Tag zu spüren bekommen: wie haltlos, vergänglich, ausgesetzt ohnmächtig und zerbrochen unser Leben ist. Wenn man sich des Morgens in den Zelten der Kinder Israels erhob, wußte niemand, wovon er leben sollte. Man sammelte zwischen den Steinen auf, was Gott vom Himmel regnen ließ, und es war in den Händen der Hungernden wie ein Wunder der Barmherzigkeit und Güte Gottes. Es war nicht zu erklären, so daß man voll Erstaunen immer wieder fragte: »Manhu – was ist das nur?« Und so bezeichnete man das Wunder des Überlebens als Speise des Manna.

Nichts hat sich geändert, wenn wir ehrlich hinschauen. Wenn du am Morgen ein Paar Stiefel bestellst, meinte Tolstoj, weißt du am Abend nicht, ob du sie tragen wirst. So jederzeit heimgesucht von der Vergänglichkeit und vom Abgrund sind wir.

Daß es uns gibt, ist ein ständiges Zeichen dafür, daß Gott uns aushält und trägt wie auf den Schwingen des Adlers, meinte das alte Israel. Und so dürfen wir denn die Tatsache unseres Lebens selber wie ein Wunder begehen und feiern, indem wir uns dankbar jedes Atemzugs, jedes Schlucks Wasser und jedes Bissens Brot freuen dürfen. Mit jeder Faser unserer irdischen Existenz verdanken wir uns Gott, und dieses Wunder, leben zu dürfen, unableitbar, unverdient, staunenswert in seinem Aufbruch, seiner Ausgesetztheit, seinem Wagemut, verbindet sich auf den Schwingen der Sehnsucht der Freude, der Ausgelassenheit, der Hoffnung, auch oft der Traurigkeit, der Einsamkeit mit Gott, der möchte, daß wir sind.

»Lehre mich, Herr, die Länge meiner Tage, mache mir kund, wie lang' es mich gibt, ehe ich aufblinke und nicht mehr bin«, so beteten die Psalmen des alten Israel. Nur eine verschwindende Spanne sind wir im Kreislauf der Welt, und dennoch darf es uns geben. Das ist die erste, wunderbare Erfahrung Israels beim Auszug aus Ägypten, dem Ort der Knechtschaft. Wie bergend kann diese fremde Welt uns sein, wenn wir Gott in ihrem Hintergrund wahrnehmen, jenseits des Heers der Sterne, jenseits der Weiten der Wüsten.

Es gibt eine andere Ebene der Erfahrung, die dem Christentum wesentlich ist und auf die Jesus mit seiner ganzen Person antworten wollte. Es gibt das alles noch einmal, nach innen gezogen, im Erfahrungsraum unserer Existenz: Heimatlosigkeit, Suchen, Ausgesetztheit und Tod. Wir sind mit unserer physischen Existenz in jedem Augenblick davon bedroht, aus dem Kreislauf der Natur ausgestoßen zu werden und zurückzufallen in ein Nichts. Schlimmer aber als diese physische Bedrohung erreicht uns die Frage, was wir denn mit unserem Leben machen, wenn es uns schon gibt. Schlimmer als alles wäre die Bilanz, sinnlos gelebt, den eigenen

Plan unseres Daseins womöglich verfehlt zu haben und nun wie etwas Vertanes und Überflüssiges hinausgedrängt zu werden aus der Ordnung der Wahrheit. Nur wir Menschen können uns im ganzen verfehlen. Vor allen Fragen der Moral und der Übereinstimmung mit bestimmten Gesetzen lauert die Angst, im ganzen nicht zu uns selber zu kommen und am Ende, trotz allem Bemühen, mißraten zu sein; es hätte am Ende Gott uns gar nie gekannt, so weit hätten wir uns von seinem Plan entfernt. Auf diese Angst wollte Jesus eingehen, sie wollte er beruhigen. Mit Bezug auf diese Unruhe des Herzens wollte er, daß Gott noch einmal, und jetzt viel tiefer, unser Brot, unser Wasser, unser Wein sei, aus dem wir leben Tag um Tag. Deshalb feiern wir das Zeichen der Speise als Sakrament der Begegnung mit Gott.

Hören wir, zweitausend Jahre später, den Lehren der Kirche zu, wie wir uns Gott nähern, sogar diesem Zeichen des Altares, dann sind es beruhigende, im Grunde zudeckende Antworten, die wir hören: Es kann sein, daß wir uns an bestimmten, womöglich wichtigen Stellen des Gesetzes Fehler und Übertretungen haben zuschulden kommen lassen. Darüber, so werden wir seit Kindertagen belehrt, sollten wir vor dem Empfang des Altarssakramentes nachdenken, und stoßen wir auf solche Stellen unseres Lebens, sollten wir sie uns selber und stellvertretend für alle dem Priester bekennen, darüber Reue und Buße erwecken und geloben, daß wir uns bessern, womöglich uns anstrengen, den angerichteten Schaden wiedergutzumachen; dann sind wir in Ordnung. So herrscht die Überzeugung. Aber so war es in den Tagen Jesu nicht, und so wird es bis ans Ende der Tage nicht sein, wenn wir wirklich verstehen wollen, was wir da empfangen als den Leib des Herrn.

Es ist das Merkwürdige im Christentum, daß es alle Probleme des menschlichen Lebens radikalisiert, schonungslos die Masken entfernt und die Erde aufreißt bis zum Mittelpunkt. Aber dann ist es unendlich gültig und hat auch die Kraft, die Fragen, die wie ein Erdbeben aufbrechen, zu beruhigen. Und umgekehrt: Wer die Sache Gottes vorschnell, im Durchschnitt beruhigt, betäubt und mit den Mitteln des Alltags kaschiert, schafft auf die Länge der Zeit nicht Erleichterung, sondern Erschwerung. Das aber begreift man erst, wenn man noch einmal und jetzt existentiell sich inmitten des Lebens so ausgesetzt fühlt wie Israel in der Wüste – völlig am Rande. Das waren die Menschen, die Jesus magnetisch anzog, Verlorene, Verlaufene, Menschen, die mit sich nicht ein noch aus wußten und die nicht so praktisch-einfach erklären konnten: »Dies tut uns leid, und damit sind wir gebessert.« Es waren allesamt Leute, die ihr Leben durchaus nicht in der Hand hatten, so ausgeliefert fühlten sie sich. Es spricht sich heute wunderbar leicht: Jesus meinte auch die Randexistenzen, die armen Leute, sie bezog er ein in die Verkündigung von Gott. Gewiß, das glauben wir, das wollen wir, es ist für uns ein Teil der gelebten Caritas; auch um diese Leute muß man sich kümmern. Aber das war es nicht, weswegen diese Art, zu denken und zu fühlen, für Jesus tödlich ausging. Er ließ sich einladen von Zöllnern und Sündern, richtig, er fühlte sich ihnen zugehörig als einer von ihnen, sehr wahr, und ebendieser Gemeinschaft der Sünder verdanken wir heute, daß wir uns Christen nennen und eine gewisse Ahnung besitzen von dem, was Befreiung, Erlösung und wahres Leben heißen könnte. Aber machen Sie doch selber einmal die Probe aufs Exempel: Wagen Sie es, irgendeines der im Raum der Kirche oder der Gesellschaft oder im Namen der bürgerlichen Moral verkündeten Gesetze zu überschreiten für irgendein armes Schwein, eines von den hundert verlaufenen Schafen, um ihm nachzugehen, um zu sagen: »Dieser Mensch findet allein nicht zurück, ihm sind die Barrieren der Moral wie ein Zaun elektrisch aufgeladen, der bei Berührung tötet, und so sind nicht nur die hundertsten, so sind sie alle, wenn sie ehrlich wären« – dann merken Sie, was für ein Sturm sich zusammenbraut, wenn wir aus der Güte Gottes nicht irgendein Zusatzaggregat unserer Gemütlichkeit machen, sondern anfangen zu verstehen, daß es hier um eine Existenzbedingung auf Leben und Tod geht. Das ist der Punkt, den die bürgerliche Selbstberuhigung nicht verstanden hat, nie verstehen wird und nicht verstehen kann; denn ihr stehen tausend Mechanismen zur Verfügung, um zu vermeiden, jemals dahinterzukommen, was Verzweiflung im menschlichen Leben ist. Es war für Jesus schließlich so ernst, daß er den Leuten seiner Zeit entgegenhielt: »Die Zöllner und die Huren finden zu Gott, kommen ins Himmelreich, ihr nicht.« Und er meinte mit »ihr« all die guten, frommen, biederen Gesetzeserfüller. Solange Menschen denken, sie müßten nur ihren guten Willen strapazieren und das Leben sei gemacht, ahnt man nicht, wieviel an Leid, Hilflosigkeit, Gebrochenheit und Tragik im menschlichen Dasein existiert. Man spürt auch nicht, wieviel an Angst im eigenen Leben man auf diese Art verdrängt, denn immer beruhigen sich die Fragen mit einem handfesten Ratschlag, wie man ihn geben muß, und schon weiß man wieder, wo es langgeht. Es ist immer eine Rechnung »ohne den Wirt«: ohne das eigene Herz und ohne Gott. Die Psychologie der Frömmigkeit ist so einfach: Wir können beruhigt sein, wenn wir guten Willens sind. Wir sind guten Willens, und wir strengen uns an, mehr kann kein Mensch erwarten. Kommt aber jetzt einer und erklärt, daß auch das noch verkehrt sei, wird ihn der Teufel holen. Aber Jesus *hat* erklärt, dies sei verkehrt; wir kämen mit unserem Leben und mit Gott niemals zurecht, einfach weil wir es so wollten; allesamt brauchten wir das bittere und kostbare, das lebendige Brot der Barmherzigkeit. Wir brauchen es so nötig, daß wir schließlich vor der Vergebung keine Angst mehr haben und daß all die Grausamkeit, die Besserwisserei, die Hartnäckigkeit, mit der wir zwischen Gut und Böse einteilen, wie ein Spuk verschwinden kann. Erst dann sind wir bedingungslos Brüder und Schwestern, eine Gemeinschaft von Lebenden. Eben deshalb hängt das so eng zusammen, daß wir das Brot des Altares feiern als Zeichen des Todes und der Auferstehung. Es geht nicht billiger, und es geht nicht weniger großartig. Wer sich darauf einläßt, stirbt in gewissem Sinne an sich selber. Er hört auf, inmitten einer Welt der oberflächlichen Lüge, der ständig moralisch übertünchten Maske fortzuexistieren. Er verliert das Prinzip seiner Selbstsicherheit, auf die sich sonst alles gründet. Dafür darf er noch einmal beginnen, voller Vertrauen, voller Zuversicht.

So war Jesus. Er hat all den Leuten, denen er nachging, nie einen Vorwurf gemacht. Er hat einfach darauf vertraut, daß selbst im entstelltesten Antlitz Gott sich wiederzusehen vermöchte, wenn man nur die Behinderungen freiräumte hinter all dem, was wir Sünde nennen. Wenn wir nur in die Tiefe schauen, werden wir niemals etwas anderes bemerken als das Grundgefühl der Unberechtigtheit, des Abgelehntseins, des Ausgeschlossenwerdens. Das, was wir Sünde nennen, ist fast immer nichts weiter als ein verzweifeltes Suchen nach Liebe. Und das wußte Jesus offenbar: daß Menschen einzig daran reifen können, zurückfinden können, um diese Welt zu entdecken als ihre Heimat am Ende der Wüste. Deshalb ist sein Leib und sein Blut und jede Faser seines Lebens, die wir in uns aufnehmen, ein Brot des Lebens, das den Tod nicht mehr kennt, anders als das Manna, das die Väter aßen. Wer diesen Tod der Seele stirbt und diesen Glauben der Ewigkeit in sich aufnimmt, für den entfällt die Grenze zwischen den Menschen, entfällt die Grenze zwischen Leben und Tod. Ein solcher weiß, daß alles in den Händen Gottes steht, in seiner Güte, die weit ist wie der Himmel. Brot vom Himmel, herabgekommen zu uns, ist jedes Wort, das aus dem Munde Gottes durch die Person Jesu zu uns gesprochen wurde. Wer davon ißt, lebt ewig.

Es läßt sich nicht leugnen, die Wurzeln des Fronleichnamsfestes reichen tief zurück in das Mittelalter. Nur aus diesem Boden heraus läßt es sich verstehen. Es ist das Fest der gotischen Kathedralen, eines Weltgefühls voller Majestät und Widersprüchlichkeit in einer Spannung, die sich in jedem Detail ausdrückt. Auf der einen Seite empfinden die Menschen sich auf dieser Erde als heimatloser und gottverlassener denn je, fragwürdig bis in die Tiefe der Existenz hinein, orientierungslos und haltlos in vielen Fragen des Lebens. Die scheinbar so sicheren Ordnungsmächte widersprechen einander, die Macht des Staates und der Kirche, Kaiser und Papst liegen im Streit miteinander, manchmal befehden sich sogar mehrere Päpste, und es herrscht das einfache Gefühl, daß das irdische Dasein hinfällig und vergänglich ist. Was ist die Materie, wenn sie nach kurzer Zeit des Zusammenhalts, um unser Leben hervorzubringen, in wenigen und absehbaren Zeitmaßen sich wieder auflöst und spurlos zerfällt? Ein gewisser Haß gegen die Vergänglichkeit, gegen die materielle Welt breitet sich aus; sie scheint unwürdig, Gott in sich aufzunehmen. Nur im Himmel, im reinen Licht, im hellen Raum des Geistes, scheint Gott wirklich verehrt werden zu dürfen. Und auf der anderen Seite: Während die Kathedralen in die Höhe schwingen und ihre Kirchtürme die Wolken zu streifen suchen, möchte man Gott herabziehen in diese so offen gewordene, so suchend und sehnsüchtig gewordene Welt, und man möchte ihn aus lauter Angst dingfest machen, die Ungewißheit verlangt mit Hochdruck nach Gewißheiten, und also wird man nicht müde, im Okzident wie im Orient auf die Suche zu gehen nach Fragmenten des Heiligen, nach Überbleibseln materieller Gegenstände, die von irgendeinem Heiligen, am liebsten aus der Geschichte Jesu, uns überkommen sind: das heilige Grabtuch, ein Splitter des Kreuzes, etwas Milch von der Madonna – irgend etwas muß herhalten, den Wunderglauben und die Gebetsmagie der Anbetenden zu befriedigen. Und darinnen, im Zentrum jetzt, die heilige Eucharistie, Brot, in dem Gott gegenwärtig wird. Das ist buchstäblich nach dem Geschmack des Mittelalters. Wie man es hochhebt und den Gläubigen zeigt – das ist das Zentrum der mittelalterlichen Meßfeier. Man kann deren nicht genug begehen, fünf Messen, acht Messen an einem Tag, im Wechsel zwischen den einzelnen Kirchen des Ortes, und immer wieder sich in den Staub werfen vor der Majestät des Göttlichen, dessen Nähe man sucht und vor dem man gleichzeitig zurückschaudert. Da ist am Fronleichnamstag die Monstranz; sie zeigt die Gegenwart des Göttlichen in der Gestalt des Brotes. Aber die Monstranz darf wiederum nicht mit den bloßen Händen berührt werden, sondern nur mittels des »Velums«, wörtlich: des verhüllenden Mantels. Den Augen entzogen und doch wieder offenbar – nur in dieser Widersprüchlichkeit versteht man die ganze Inbrunst, die ganze aufgeladene Sehnsucht des Fronleichnamstages. Und man braucht Gott so sehr, die Fluren zu segnen gegen den Schrecken der Welt, man braucht den Schutz des Göttlichen gegen all die Infragestellungen und Anfechtungen, und man braucht an jeder Stelle den Priester, denn wir Menschen sind so unwürdig und nur durch die Vergebung der Kirche der Gegenwart des Göttlichen ohne Gefahr für Leib und Leben überhaupt zugänglich; es ist die Macht der Kirche und die Ohnmacht des Menschen, es ist die gnädige und ängstigende Nähe des Göttlichen selber.

Wie feiern wir aus lauter solchen Widersprüchen Fronleichnam? Die Kirche wird in der Zeit des Mittelalters nicht müde, hin und her zu überlegen, und es ist, wie wenn an jeder Wand, die sie berührt, sich neue Gegensätze formierten. Da wird gefragt, ob denn die Gegenwart Christi im Brot ganz sicher sei, objektiv, jedem Zweifel enthoben. Und die Kirche lehrt so. Aber wenn nun, wird gefragt, eine Maus in den Altarraum käme und benagte die Hostie, empfinge sie dann Gott? Ist es nicht lästerlich, so zu denken? Und ein Papst, asketisch und machtvoll wie kaum ein anderer im Mittelalter, versichert den Gläubigen, daß selbst eine Maus des Göttlichen teilhaftig würde. So ausgesprochen, nähert sich's dem Absurden, denn natürlich hängt die Begegnung des Gläubigen mit dem Göttlichen vom Glauben des Menschen selber ab. Was ist da noch Magie und was Frömmigkeit? fragt man sich. Und doch, will man sagen, sei die Materie und das irdische Leben nicht einfach nichtig. John Wyclif wird am Ende des 14. Jahrhunderts zum Irrlehrer erklärt, als er sagt: »Wir essen nicht Gott; wir essen nicht seinen Leib und trinken nicht sein Blut; all das sind Bilder, wir empfangen Gott geistig.« Nach seinem Tode wird dieser große Mann aus Oxford zum Ketzer, aber er wird die Weichen stellen für Fragen, die wir im Abendland nie wieder loswerden. Was ist mit der Lehre der Reformatoren, unter sich wieder uneins, aber einig im Kampf gegen das Fronleichnamsfest? Darf man lehren, daß die Gemeinschaft derer, die an Christus glauben, selber die Nähe Gottes im Mahl und in der Gemeinschaft des Brotes bedeutet, oder ist da etwas Objektives? Braucht man Priester oder genügt die Gemeinde? Im Maße so diskutiert wird, wird aus dem Bild der Versöhnung, aus dem Mahl der Gemeinschaft, aus der Einheit aller Christen der Zankapfel unter allen Christen.

Und so stehen wir noch heute da. Darf ein Protestant hier in der Kirche die katholisch konsekrierte Hostie empfangen? Vielleicht. Aber das Umgekehrte: Darf man als Katholik teilnehmen bei einem protestantischen Abendmahl? In Murnau ging ein Priester bei der Beerdigung seines Freundes, der Protestant war, zum protestantischen Abendmahl. Sein Bischof befahl ihm, am ersten Pfingsttag zu verlesen, was sein Generalvikar ihm diktiert hatte: daß ihn dieser Schritt reue, weil er ihn schuldig gemacht und weil er die Grenzen des Glaubens überschritten habe.

Wir leben am Ende des 20. Jahrhunderts. Darum denke ich, wir sollten all das, was wir feiern, einmal auf die einfachen Grundtatsachen zurückführen und sie zurückbeziehen auf das, was Jesus wirklich wollte. Die meisten Gedanken, die wir uns machen, sind dem Juden Jesus von Nazaret absolut fremd und vollkommen unverständlich; man müßte sie aus ganz anderen Strängen der Religionsgeschichte begründen; sie sind deswegen nicht falsch, sie haben Sinn, aber sie sind nicht jüdisch, sie stammen so nicht von Jesus, sie sind nicht seine unmittelbare Absicht, nicht sein Gedankengut, nicht seine Stiftung. Das muß man ehrlicherweise sagen. Aber was ist denn der Anfang, und von welchem Grundkonzept her sollte man all die Fragen lösen? Da ist es fast erschütternd, wie wir an Jesus vorbeireden, indem wir sein Tun rituell-feierlich gestalten und objektivieren, was wir leben müßten durch uns selbst, rein als Person. Wenn die Mahlgemeinschaft, zu der wir jeden Sonntag um den Altar zusammenkommen, sich begründet im Leben Jesu, dann in einem Akt äußerster Barmherzigkeit und äußerster Provokation, je nachdem von welcher Seite her man betrachtet, was Jesus wollte und ganz sicher tat. Der Anfang von allem muß gewesen sein, daß Jesus ein Zeichen setzen wollte, ein äußerstes. Es sollte nicht nur Theorie, Glaube, Angebot sein, wenn er in der Bergpredigt sagte: »Gott läßt seine Sonne aufgehen über Gute und Böse«, und sagen wollte: Es gibt unter Menschen kein Unterschiedsmerkmal, das man fix und fertig vorlegen könnte wie im Psalm 1: »Selig der Mann, der seinen Sitz hat im Rat der Rechtschaffenen«, und dagegen: »nicht so die Frevler; ihr Weg verliert sich«, und es wäre klar zu trennen zwischen den Frommen und den Unfrommen, den Reinen und den Unreinen, den Guten und den Bösen, den Tugendhaften und den Lasterhaften. Es ist diese eine Welt, die für Jesus im Untergrund miteinander verflochten ist und aus der kein Mensch heraustritt. Der Jude Jesus von Nazaret muß geahnt haben, daß der Schatten der Guten uns wiederbegegnet in Gestalt der Opfer, auf die wir mit Fingern zeigen, und wir verrechnen's immer zu unserem Vorteil, also zu ungunsten der Leidenden. Doch fängt man einmal an, die Welt aus dem Blickwinkel der Leidenden zu betrachten, so stellt sie sich vollkommen anders dar, und es ist das Ende des Glaubens an die Unschuld des Menschen, es ist aber auch das Ende des Glaubens an die Vorwerfbarkeit der Schuld. Es beginnt ein Gefühl für den unendlichen Hunger der Menschen, einen Hunger nicht nach Gerechtigkeit, wohl aber nach Erbarmen, nach Güte und Verstehen. Das brauchen wir. Jesus muß es im Moment seiner Taufe erlebt haben, ein altes Bild der Bibel. Wenn Gott gerecht mit uns wäre, wäre die Sündflut unser Schicksal. Daß es uns gibt, verdanken wir ganz allein dem Wunder, daß wir auftauchen, daß uns das Wasser trägt in den unsichtbaren Händen Gottes und der Himmel sich öffnet und die Taube des Friedens das Sinnbild des Göttlichen wird. Das ist das ganze Erleben, das Ende der Täuferpredigt und der Anfang des Wirkens des Jesus von Nazareth, gesandt zu den Sündern, hingewendet zu dem hundertsten Schaf. Und nun macht er es wirklich: Er lädt sie ein, all die Leute ohne jede Chance und Hoffnung. Es ist, als käme er aus der Welt des Lichtes mitten in die Dunkelheit, um zu sagen, daß zwischen Licht und Schatten die ganze Bandbreite des farbigen Lebens liegt, wenn die Trennungen aufhören. Er lädt ein und setzt sich dazu, und es ist für ihn der Beginn der Herrschaft Gottes, wenn man sie fühlt: Menschen, miteinander verbunden ohne Schranken, ohne Abstand, ohne Vorwurf. So fing alles an, die Dirnen, die Zöllner, die Ausgestoßenen, die

Parias der Gesellschaft, die moralisch Unmöglichen, genau die. Das macht, daß wir eine Chance haben, daß wir das Getto verlassen und mit dabeisein dürfen.

Nun fangen Sie an zu überlegen, wie's denn weitergeht, wenn das der Anfang ist. »Darf man zur heiligen Kommunion gehen, ohne zuvor gebeichtet zu haben?« Ich höre als Seelsorger diese Frage immer wieder von Menschen, die sich oft seit dreißig, vierzig Jahren quälen, seit den Kommunionkindertagen. – »Ich habe etwas Unkeusches gesehen oder gedacht, muß ich das vorher beichten, oder darf ich die heilige Kommunion empfangen, bin ich wirklich würdig?« Es gibt Menschen, die sich ihr Leben lang schämen. Andere möchten so rein sein, daß ihr Kopf fiebert von Gedanken, die sie gar nicht haben wollen; so drückt es aus dem Untergrund nach oben bis zum Perversen und Verzerrten. – Ist eigentlich die Gemeinschaft Jesu mit den Menschen, die der Güte Gottes am meisten bedürfen, umzufunktionieren in ein Instrument der Belohnung für Bravheit, Korrektheit, spießbürgerhafte Ordentlichkeit? Sollte das die Idee Jesu gewesen sein? Wenn sie es *nicht* war, kann nicht richtig sein, was wir in der Kirche daraus gemacht haben: ein ewiges Sprechen: »Herr, ich bin nicht würdig, nein, ich bin nicht würdig!« – Und wer macht dich würdig? Die Lossprechung durch die Hand des Priesters; seiner bedarfst du, der Heiligkeit der Kirche, daß sie ausstrahle über dein privates Leben; du bist ein Nichts, aber die Kirche wird dich erheben und würdig machen, daß du zum Tempel des Göttlichen wirst für ein paar Stunden; dann wirst du in deiner Schwäche wieder zum Sünder und alles beginnt von vorn, Woche um Woche. – Das ist das Gegenteil von dem, was Jesus wollte. Er wollte, daß die Menschen, die sich schämen, die wie nackt sind, sich an das erinnern, was Gott mit ihnen gemeint hat und was sie wert sind unter seinen Augen. Sie sind nicht unwürdig, sie sollten mitten im Schmutz sich trauen, daß das helle Gottesantlitz hervorleuchtet aus dem Wirrwar ihres Lebens, denn nur so wird dieses jemals Ordnung bekommen. Daß es sich zutraut, etwas wert zu sein, *das* wollte Jesus sagen. Da ist keine Vorleistung zu erbringen, da ist nicht vorher irgendeine Magie abzuleisten, nicht irgendein Richtspruch nötig. Das einzige, was da vonnöten ist gegen all die Angst, die in den Riten der Magie gebunden wird, ist ein Vertrauen ohne Grenzen.

Vor einiger Zeit hatte ich eine Rundfunksendung, die live konzipiert war, und ein junger Mann sprach dazwischen: »Ich bin homosexuell, ich schäme mich dafür mein Leben lang.« Es hatte nie einen Priester gegeben, der ihm erlaubt hätte, sich zur katholischen Kirche zugehörig zu fühlen. Fünf Minuten in einer öffentlichen Sendung genügten, zu erfahren, warum dieser Mann so war. Er hatte sich unter viel Angst Mühe gegeben, nicht so zu werden wie sein Vater, dem er ein sehr grobes Verhalten gegen seine Mutter zutraute. Also fürchtete er die männliche Sexualität. Er hatte es nur gut gemeint. Er war da angekommen, wo er heute stand. Ist das seine *Sünde,* kann man ihm das vorwerfen? Oder ist er das *Opfer* von Einbildungen, vielleicht auch Wirklichkeiten? Wer könnte irgendwo im menschlichen Leben, wenn es ernst wird, so glasklar unterscheiden? Aber im Sinn der Kirche muß man sagen, daß der junge Mann so, wie er ist, nicht leben darf, daß er einen gewissen Grund hat, sich zu schämen. Man darf als Psychotherapeut ihm nicht die Schuldgefühle dafür nehmen, daß er so ist, denn es gehören sich die Schuldgefühle, er ist pervers, so muß man lehren! Darf er zur heiligen Kommunion gehen? Wie entscheidet man das, wenn nicht, indem man auf das Einfache zurückgreift, das Jesus wollte? Dann sind alle Dinge klar.

Ich bin auf solche Fragen zum erstenmal als Vikar beim Erstkommunionunterricht gekommen, gleich auf meiner ersten Stelle. Ich hatte die Pflicht, all die Eltern zu besuchen, über hundert, und es waren ganz alberne Besuche darunter, aber ein paar waren sehr wichtig. Darunter eine Frau. Die sagte: »Sie gehören hier nicht hin!«, grad als sie Wäsche aufhängte. Und als ich sie fragte: »Warum nicht?«, sagte sie: »Ich bin geschieden und wiederverheiratet. Ich laß' meine Tochter zur Erstkommunion gehen, aber ich geh' nicht.« – Ich sagte: »Und warum gehen Sie nicht?« – »Ihr wollt mich ja nicht«, sagte sie. – Was für ein Recht haben wir als Kirche, nicht zu wollen? Diese Frau wollte lediglich für ihre Tochter, die jetzt acht Jahre alt war, einen Vater haben, einen Mann, dem sie zutraute, daß das Kind einigermaßen die Chance hätte, glücklich zu werden.

Ja, was wissen wir eigentlich im Leben von Menschen dauernd besser? Ich möchte, daß Sie etwas von dem begreifen, was die Provokation Jesu wirklich ist und worum es geht, wenn wir hier vor dem Altar sitzen und Eucharistie feiern. Dies ist nicht die Versammlung der Erwählten, der Perfekten, der Supermoralisten, der vollkommen Erlösten, nicht die eschatologische Heilsgemeinde ist das, die Versammlung der Orthodoxen, der immer Richtigen, die alles auf dem Schnürchen haben, noch eh' sie denken konnten, was sie niemals denken dürfen, nämlich daß womöglich all ihre Bekenntnisformeln abhängig sind von bestimmten Stilgesetzen und Sprachformen der Tradition, aber nicht ohne weiteres die ganze Wahrheit, die totale Wahrheit, die letzte metaphysische Auskunft. Man wird diskutieren dürfen, was Jesus wollte; nur in dem einen Punkt hört die Diskussion auf, da wird es ernst: Was er niemals wollte, war der Ausschluß von irgend jemandem. Da fangen sogar im Neuen Testament die Evangelien an zu fabulieren. Das älteste Evangelium erzählt, daß Judas unter den Jüngern an der Seite Jesu gewesen sei bei der Einsetzung des letzten Abendmahls. Das darf nicht sein, meint der nächste Evangelist und läßt Judas vorher gehen, und die Eucharistie ward nur zuteil den Guten, den Braven, den späteren Feiglingen. Aber vielleicht hatte Jesus recht, wenn er meinte, auch der Kreis seiner Jünger sei ohne Grenzen.

Das einzige, was wir im Neuen Testament vermissen, ist, daß im Abendmahl Frauen gegenwärtig waren. Es scheint so zu sein: Jesus hatte in der Stunde des Passahmahls nur Männer um sich. Und was folgt daraus? Daß nur Männer dem Altar vorstehen dürfen, nur Männer Priester werden dürfen, weil Jesus ein Mann war und in seiner Zeit nur Männer regiert haben? Oder sollte man Jesus wieder, sogar über das hinaus, was er selber tat, in seinem *Anliegen* ernst nehmen? Dann sollte man sagen: Er wollte niemanden ausschließen, die Frauen am wenigsten. Sie waren's, die schließlich aushielten unter dem Kreuz. Und alle Provokation beginnt noch einmal, und alles, was Kirche ist, muß sich messen lassen an ganz einfachen Bildern. Der ganze Sinn des Abendmahls liegt in einem einzigen Wort: »Wenn auch von euch nur zwei oder drei miteinander versammelt sind in meinem Namen, so wie ich's wollte, in meiner Art zu denken, zu leben, zu fühlen, dann *bin* ich unter euch.« Die Hostie ist das, was wir einander schenken, wenn wir so sind. Daß sie lebendig wird, geschieht nur aus jenem Geist, den wir herabflehen in jeder Messe. Diese Art von Geist, möge sie uns gegeben werden mit jedem Stück Brot, mit jedem Gebet, mit jedem gemeinsamen Lied, und jeder Sonntag im Ring der Zeit trüge näher zu Gott, und es gäb' die Unterschiede nicht mehr, es wäre das Mittelalter zu Ende, die Trennung zwischen dem Profanen und dem Heiligen, dem Priester und dem Laien, den Männern und den Frauen, der Kirche und denen da draußen, es gäbe eine einzige Welt, umfangen von der Güte Gottes, ohne Grenzen.

Zum Herz-Jesu-Fest

Es gibt in unserer deutschen Sprache Wörter, die man kaum mehr verwenden kann, ohne sich der Vermutung auszusetzen, man sei altmodisch, rückständig, sentimental oder, was vielleicht dasselbe ist, verlogen. Man mag das bedauern, weil manche dieser Wörter früher vieles an Inhalt in sich schlossen, was zu sagen wesentlich und wichtig ist. Ändern kann man es dadurch nicht. Das Wort »Herz« gehört ganz gewiß zu diesen längst inflationierten, heruntergekommenen Begriffen. Noch vor hundert Jahren konnte man vom menschlichen Herzen sprechen, ohne Gelächter zu erregen oder ohne die Literaturkritiker aufzufordern, gemeinsam von einer Zumutung in Prosa und Lyrik zu sprechen. Man wußte damals noch, daß es im Menschen ein Zentrum gibt, das nur ihm gehört, wo seine Gefühle sind, wo seine Seele wohnt, wo alles lebt, was ihm liebenswert ist und ihn in den Stand hebt, selbst lieben zu können.

Noch vor hundert Jahren konnte man sein Herz verschenken oder verlieren; man konnte ein weites Herz haben oder ein enges; man konnte sagen: »Mein Herz ist schwer und müde«, oder man konnte sagen: »Mein Herz singt und ist ganz leicht«; das Herz konnte sich erheben oder fallen, beschwert sein oder laufen. Uns klingt das wie eine vergessene Welt, obwohl sie doch zu uns gehört. Und wenngleich die Kirche mit ihrer Art, in Gips und Kitsch das Herz Jesu zu verehren, ihr gerüttelt Maß zu der Inflation der Worte beigetragen hat, mag man sie doch mutig preisen, daß sie ein eigenes Fest zum Herzen Jesu nicht nur eingeführt hat, sondern noch heute beibehält. Es schafft den Anlaß, einmal darüber nachzudenken oder, wenn's erlaubt ist, ein Stück weit nachzufühlen, wie wir zu Gott stehen und zueinander oder, besser noch: wie Gott zu uns ist in Jesus Christus.

Vielleicht ist es gut, wenn wir, um zu sagen, was mit dem Herzen gemeint ist, in einer längst entlegenen Kultur beginnen. Es war das alte Volk der Ägypter, das den Glauben in sich trug, noch ehe ein Mensch im Schoß seiner Mutter gebildet werde, hätten die Götter im Himmel wie ein Kunstwerk das Bild des Menschen geformt; der Gott Chnum habe auf der Töpferscheibe in einem jeden Menschen ein Meisterwerk hervorgebracht. Erst durch den Ratschluß der Götter werde dieses Wesensurbild unseres Lebens hineingegeben wie ein Leihgeschenk in den Strom der Zeit. Denn wir sind ja nicht die Kinder unserer Eltern, wir werden durch sie hineingesetzt in die Welt, wir sind von ihnen, aber weder durch sie noch aus ihnen noch für sie leben wir. Und die Ägypter hatten recht. Wesentlich betrachtet, sind wir ein Geheimnis, das nur vorübergehend in den engen Grenzen von Raum und Zeit erscheint. Deshalb verdanken wir dieses Fest vom Herzen Jesu einer Vision, denn immer ist das Eigentliche unsichtbar und nicht mit den irdischen Augen wahrzunehmen. Man muß die Welt an den Grenzen der Träume aufsuchen, um das Herz eines anderen Menschen zu hören, zu fühlen, zu sehen. Im Grunde erschließt sich nur auf dem Weg der Liebe das Herz eines Menschen wirklich. Denn nur in der Liebe fangen wir an, sein Geheimnis zu ahnen. Es ist etwas in ihm, das wir nie ganz verstehen werden, aber je mehr wir davon tastend und suchend zu begreifen beginnen, desto mehr wollen und müssen wir davon kennenlernen. Nie werden wir bei diesem Suchen zur Ruhe kommen, immer wird es ein Unterwegs sein, aber ins Grenzenlose hinein werden wir nirgendwo so zu Hause sein wie in der Ahnung dieses schwebenden Geheimnisses im Herzen eines anderen Menschen. Man muß diese innere Vision der Wesensgestalt des anderen unbedingt glauben, oder es würde die Liebe ihre Kraft verlieren. Denn wenn sich das Urbild aus den Zonen des Himmels hineinbegibt in die Welt, erscheint es nicht nur, es wird auf vielfache Weise verstellt, getrübt und eingeschränkt. Noch ehe Menschen zur Welt kommen, hat die Welt ihr großes Quantum angehäuft, Leben mehr zu ersticken als zu ermöglichen, und kaum sind wir geboren, prägen sich nicht nur fördernd, sondern oft genug hemmend, sperrend und unterdrückend die Kräfte der Umgebung in unsere Seele ein. Selbst wenn wir groß sind, genügt ein Weniges an Fieber, Traurigkeit, Müdigkeit und Krankheit, und wir vermögen nicht mehr, uns auch nur den Menschen, die wir am liebsten haben und die uns oft näherstehen als wir uns selber, noch so mitzuteilen, wie wir's möchten.

Oft begegnen uns Menschen so, daß wir ihr Wesensurbild, ihr Herz noch in den Resten ahnen können. Es ist, wie wenn wir eine

Geige in den Händen hielten und an der Art ihres Schwungs, an der Maserung des Holzes, an der Lackierung unzweideutig erkennen könnten, daß sie aus einer der großen Meisterschulen stammen muß. Aber der Resonanzboden ist zerschlagen, die Saiten sind zerrissen, und niemand weiß mehr, welch eine Symphonie nur auf ihr zu spielen bestimmt war. Es ist unbedingt nötig, daß unsichtbare Herz des Menschen zu glauben und zu sehen. Alles andere ist nur Erscheinung. Es fügt sich über die Maßen glücklich, wenn es sich begegnet und hell leuchtet und Herzen einander berühren, Seelen miteinander sich verschwistern. Aber wir haben auf diese irdische Form von Glück keinen Anspruch, obwohl wir doch zu nichts mehr berufen sind als zum Glück, zur Liebe und zur Weite des Herzens. Alles, was wir als Lebensauftrag fühlen können, ist grade dies, was in Jesus Gestalt gewonnen hat und was er uns vermitteln wollte für alle Zeiten: Wir sollten den Weg der Schöpfung unsichtbar noch einmal rückgängig machen, wir sollten die Welt durchsichtig machen auf den Hintergrund hin und das verschwebende Geheimnis des Wesensbildes jedes Menschen an unserer Seite spüren, vernehmen, sehen lernen und, soviel an uns liegt, darum kämpfen, daß es mitten in dieser Welt von ein paar Jahrzehnten Leben eine Chance bekommt, zu sein.

Wenn man ein Bild des Alten Testamentes möchte, um zu wissen, was mit dem Herzen gemeint ist, müßte man vielleicht sagen, wie es die Propheten ausdrückten: »Es ist dein Name von Gott in seine Hand geschrieben.« So ist es. Ein jeder trägt in sich ein Wort, das nur er versteht und das ihn ganz umschließt. Dieses Wort ruht ganz in den Händen Gottes, ein verschwebendes Geheimnis über unserem irdischen Leben. Hineingegeben sind wir aus den Händen des Ewigen in den Strom der Zeit. Die Jahre mögen über uns dahingehen, wir sind berufen, zurückzukehren zu unserem Ursprung. Gerufen sind wir von unserem Schöpfer, der ewigen Liebe, zu einem Leben des Glücks, ausgesät in den Raum und in die Zeit der Welt. Sie mögen über uns hinweggehen, oft bis zur Zerfaserung der Traurigkeit, des Leids, der Trennung und der Not, und doch werden wir einander wiederfinden.

So sagt der erste Johannesbrief sehr wahr: Niemand von uns hat Gott je gesehen, aber wenn Herzen einander berühren, wenn Seelen einander sich verschwistern, wenn Namen einander rufen aus der Ewigkeit, reift Gottes Liebe in uns, und seine Gestalt wird unseren irdischen Augen sichtbarer. Träten wir vor des Ewigen Angesicht auch nur mit dem Herzen eines einzigen Menschen, dessen Geheimnis wir in den Grundzügen wenigstens so weit ahnen möchten, daß wir nie wieder aufhören wollten, ihn gänzlich zu verstehen – die ganze Ewigkeit hätte nicht Zeit genug für uns. Sie wäre erfüllt von Sinn und Glück. Und eben dies ist, was wir Himmel nennen: ein offenes Herz, das Gott für uns besitzt in alle Ewigkeit.

Zum 25. Jahrestag der Priesterweihe

Im Namen Allahs, des Allbarmherzigen!

Gelobt sei der, in dessen Händen das Reich und der aller Dinge mächtig ist, der den Tod und das Leben schuf, um dadurch zu prüfen, wer von euch am rechtschaffensten handelt. Er ist der Allmächtige, der gern Verzeihende, er ist's, der die sieben Himmel schuf, einen über dem anderen. Und in der Schöpfung des Allbarmherzigen wirst du kein Mißverhältnis sehen. Erhebe deine Augen, ob du irgendeinen Mangel erblicken kannst. Erhebe sie noch zweimal, und deine Augen kehren matt und müde zu dir zurück. Wie sollte auch er, der alles schuf, nicht alles wissen? Er, der alles durchdringt und der alles kennt.

Im Namen Allahs, des Allbarmherzigen! 67. SURE DES KORAN

In jener Zeit hat Jesus gesagt: Ich preise dich, Vater, Herr des Himmels und der Erde, daß du dies vor Gebildeten und Vernünftigen verhüllt hast und hast es enthüllt den Kindlichen. Ja, Vater, so fand es Huld vor dir. Alles ist mir übergeben von meinem Vater, und niemand kennt den Sohn als nur der Vater, und auch den Vater kennt niemand als der Sohn und wem immer der Sohn es enthüllen will. Auf, zu mir, all ihr Erschöpften und Überlasteten, ich lasse euch zur Ruhe kommen. Nehmt mein Joch auf euch und lernt von mir, denn ich bin wehrlos und erniedrigt der ganzen Herzensgesinnung nach. Und ihr werdet Ruhe finden für eure Seele. Denn mein Joch ist angenehm, und meine Last ist leicht. MT 11,25–30

Meine lieben Schwestern und Brüder!

An keinem Tag habe ich Sie mit diesen Worten lieber angeredet als heute morgen. Denn ohne daß Sie es vor fünfundzwanzig Jahren wußten, sind Sie, die Sie, räumlich oder geistig, anwesend sind, der Grund, warum ich Priester wurde, und manchmal denke ich, der Grund, warum ich es noch bin. Als ich vor fünfundzwanzig Jahren geweiht wurde, war mir dieser Text aus dem 11. Kapitel des Matthäus so notwendig und nah wie keine andere Stelle des Neuen Testamentes, gleichzeitig aber auch weit weggerückt durch die Erklärungen der Bibelausleger. Das hatte ich für mich selber gesucht und gebraucht: einen Ort, auszuruhen, und das, so gebrochen auch immer, wollte ich für andere Menschen sein oder werden. Ich hätte damals nicht glauben können, daß meine Person dazu beitragen würde, einem anderen Menschen zu helfen, Ruhe zu finden. Und da dies ein Tag der dankbaren Bilanz, aber auch der klaren Konsequenz ist und sein soll, gesteh' ich offen, damals das Priesteramt benötigt zu haben, um auch nur die einfachsten menschlichen Dinge für möglich oder erreichbar zu halten. Die Kirche lehrt so: Gott hat das Priesteramt eingesetzt, und was immer ein Priester tut, zumindest im Raum der Sakramente, trägt, selbst wenn er persönlich noch so unwürdig sein mag, doch an sich die Gnade des Himmels und ist so etwas wie eine Musik der Alhambra, Erinnerung an ein verlorenes Paradies.

Ich habe die Menschen nie anders zu sehen vermocht, als daß sie hilflos sind, ausgesetzt und vor lauter Angst nicht ein noch aus wissen. Ich war ein Kind, als ich erlebte, wie mein Heimatort Bergkamen wenige Wochen vor Kriegsende zu achtzig Prozent verwüstet wurde. Ich glaube, man muß später nicht groß nachdenken, um sich zu sagen, daß irgend etwas an der Welt nicht stimmt, wenn ein solcher Preis in einen »Sieg für das Recht« eingeht. In der Theologie, die ich dann gelernt habe, klang das so: Atomkriege könnten ein Zeichen für den Gerechtigkeitswillen Gottes sein. Das ist noch viel schlimmer, als zu sagen: »Atomkriege sind führbar und gewinnbar«; es heißt ja, daß der letzte Grund unserer Existenz, Gott selber, ein Despot ist, der mit seiner Schöpfung am Ende ist. Aber das war die Theologie, die ich lernen mußte. Ich hab' sie mir gemerkt, wie ein Höhlenmaler der Eiszeit seine Feinde malt, um sie im Fackelschein seiner Träume an den Wänden zu meditieren. Einer der Gründe, Priester zu werden, war auch, daß ich eine bestimmte Art von Barbarei nicht mehr wollte. Aber wie es Orte gäbe, wo Menschen Ruhe fänden und die Last des ganz normalen Alltags abwerfen und sich aufrichten könnten, das war für mich der Inhalt des Lebens, dafür stand Jesus selber. Und geglaubt habe ich an so etwas wie das Wunder der Brotvermehrung. Hätte ich mir angeschaut, was ich selbst konnte und vermochte, und hätte angefangen zu zählen, es wäre wohl bei drei Fischen und vier Broten geblieben, und ich hätte gesagt: »Es geht nicht.« Das Amt freilich, so sehe ich's heute rückblickend, ist nicht das, was Jesus meinte. Er meinte: es *trotzdem* zu wagen und dann zu riskieren, ohne zu rechnen; das, was man hat, einzusetzen, fast unbekümmert, wie selbstverständlich, und es würde zurückkommen körbeweise. Das, darf ich sagen, hab' ich erlebt, und das ist mein Dank am heutigen Tag.

Vor fünfundzwanzig Jahren dachte ich: »Es gibt eine Menge von Wahrheiten, die siehst du sehr klar, aber hüte dich, sie zu sagen. Läßt du sie über die Lippen, werden sie wirken wie ein neuer Reiserbesen, sie werden nicht nur den Staub unter den Kirchenbänken hervorfegen, sie werden alle Menschen aus der Kirche verjagen; man verträgt sie nicht in dieser Konzentration.« Sie, die Sie mich fünfundzwanzig Jahre lang begleitet haben, haben mich glauben machen und erfahren lassen, daß Wahrheiten, die weh tun, in falscher Dosierung vielleicht Gift sind, aber heilsam in den Stunden der Not. Sie waren's, die mich gelehrt haben, die Bibel neu zu verstehen. Eine Frau, die mir sagte: »Wenn ich erst anfange zu weinen« – und schon schluchzte sie dabei –, »hört es nicht auf.« Sie hat mir beigebracht, was Jesus meinte, als er die wichtigste Predigt seines Lebens vom Berg herab zu all denen, die übel dran waren, mit den Worten einleitete: »Selig die Weinenden«, oder, wie es bei Lukas heißt, »die Trauernden«. Die Tränen dieser Frau waren kostbar wie der Tau des Mondes und die Perlen der Liebe.

Und in diese Richtung weitergeblickt: Die Schutzlosen, Ausgelieferten, Wehrlosen verstehen jedes Wort aus dem Munde des Mannes von Nazaret. Sie spüren's wirklich: Da ist eine Stelle, um auszuruhen. Und die schönste Erfahrung meines Lebens ist, daß, wenn ich heute etwas sage oder schreibe, es vielen aus dem Herzen redet. Es kommt manchmal vor, daß ich Bilder erfinde grad aus dem, was andere kürzlich geträumt haben. Das sind die Körbe einer Belohnung, die ich nie vermutet habe. Was ich sage und schreibe, ist für viele ärgerlich, das ist mir gewöhnlich geworden. In den Büchern, wenn denn darin gelesen wird, finden viele gelehrte Leute sich selber entweder nicht genügend wieder oder allzu sehr wieder, und das beleidigt ihren Stolz, ihre Ehre, ihren Berufsstand. Auch das geht in Ordnung. Aber dies hab' ich erlebt: Menschen, die wissen, was seelisches Leid ist, verstehen die kompliziertesten Argumentationsfiguren in meinen Büchern wie blind, lesen sie manchmal wie Medikamente, und dann sag' ich mir: Das alles stammt ja nicht von mir, ich rede es nur nach, ich brauche nur zuzuhören, und Sie sind es, die mir den Mut gemacht haben, an die Kirche und die Öffentlichkeit zurückzumelden, was ersichtlich in Ihrem Leben hilfreich war. Dieser Bruch zwischen einer fertigen Wahrheit, die nur leider nicht barmherzig ist, und einer Barmherzigkeit, die nur leider nicht wahr wird, darf nicht länger bestehen. Ich habe so oft Menschen begleitet über die Grenzen der Gesetze hinaus; ohne daß ich's wollte, gewannen sie die Kraft, heilige Paragraphen zu zerfetzen, um endlich zu leben, und ich bin mir ganz sicher, aus solchen Biographien erfährt man den Stammbaum des Messias deutlicher als in jedem Theologenkommentar.

Man kann freilich nicht richtig lieben, wenn man nicht auch gleichzeitig hassen kann, und es gibt mindestens drei Dinge, die ich gründlich hasse, und die haben zentral zu tun mit der Art, warum ich Priester wurde und es heute *gerne* bin.

Das *erste* ist eigentlich keine biblische Wahrheit, sie stammt vielmehr von Buddha oder Schopenhauer oder Albert Schweitzer, aber es ist eine Wahrheit für die »Kindlichen«, wie es im Evangelium hieß. Ich meine den Umgang mit den Tieren. Noch beim Umkleiden sah ich soeben eine einfache Schulklasse, tapeziert mit Bildern von Tieren: Sifakas mit den grün-gelben traurig-neugierigen Augen und dem Schwarz-Weiß ihres Fells; vier Fünftel ihrer Heimat sind schon verschwunden; Schlankloris, fünf Sechstel ihrer Heimat sind schon verschwunden. Aber die Kinder *brauchen* sie, um sich vorzustellen, wie die Welt sein müßte, auf die hin man sie erzieht. Was sind wir für gottverdammte Erwachsene, die wir die Kinder lehren, die Tiere zu lieben; dann aber setzen wir sie in den Zug, lassen sie durch Norddeutschland fahren und aus dem Fenster schauen unter dem großen Noldeschen Himmel – bis zum Horizont Kühe über Kühe, und es soll nichts weiter sein als das Material für die Schlachtviehproduktion? Ich *will* das nicht mehr dulden und bin die Doppelbödigkeit leid, zu predigen von der Verantwortung für die Welt, während in jeder Stunde ein weiteres Stück der tropischen Regenwälder in der Größe des Stadtgebietes von Köln verschwindet. Wenn dies nicht Teil eines erneuerten

Christentums von morgen in Verantwortung und Sensibilität ist, verlieren wir etwas Wichtiges. Es ist mir klar, daß allein im Mitleid mit den Tieren ein Aufruhr liegt, eine Rebellion bis zur Grenze des Widerspruchs gegen die gesamte Schöpfung. Sie ist voll von Leid und Schmerz. Vermutlich gibt es gerade in der Entwicklung schon irgendwelche Rekursionsgleichungen, die uns zeigen, wie die Freßpyramide am sinnvollsten im Getriebe der Evolution zustande kommt und warum das alles so sein muß. Es mag ja sein, daß Intelligenz sich nur bei den Raubtieren und schließlich bei den Menschen vermehrt hat, die nicht gerade als Vegetarier groß wurden. Dennoch behaupte ich, daß wir seit sechstausend Jahren zunehmend die Chance haben, uns zu verabschieden von den Bedingungen, unter denen wir geworden sind. Sollten wir nicht irgendwann neue Menschen werden dürfen und den alten Adam abschütteln? Das Jagen von Tieren, als Macho-Prämie vermarktet, die Quälerei von Tieren als Forschungsbedingung, die Ausbeutung von Tieren in ganzen Zweigen der Industrie im Kampf um die Preise – ich möchte nicht, daß wir Brot brechen und dabei an den getöteten Leib Christi denken, ohne in alle Zukunft der aufgebrochenen Leiber der Tiere zu gedenken. Sie mögen tun, was sie wollen, sie sind unschuldig. Wenn jemand die Schuld an dem Massaker trägt, muß Gott selbst es hochnotpeinlich beim Verhör am Jüngsten Tag vertreten. Ich sage mir oft genug: Es gibt vernünftige Gründe und Gesetze, im Energiehaushalt einer endlichen Welt funktioniert das alles besser, als ich's mir ausdenken könnte; aber gefühlsmäßig, moralisch weigert sich etwas, und es ist mir ein wichtiges Anliegen.

Aus der Jagd ergeben hat sich ein *zweites,* was ich viel leidenschaftlicher hasse, das ist der Krieg, die Jagd, die Menschen auf Menschen machen. Damit muß es ein Ende haben. Ich will nicht begreifen, werde es nicht begreifen, werde mich weigern zu begreifen, wieso wir gelernt haben, daß das Töten von Menschen Recht durchsetzt. Wo denn? Was haben wir gelernt aus dem Dritten Reich? Am letzten Sonntag war ich in Dachau und sah den Satz jetzt kontextual, den ich seit Schülertagen kannte. Heinrich Himmler: »Ob zehntausend russische Weiber beim Bau eines deutschen Panzergrabens krepieren, interessiert mich überhaupt nicht, wenn nur der Panzergraben für Deutschland fertig wird.«

Und was interessieren uns hunderttausend Menschen im Irak? Und dann der Friede und die neue Ordnung – haben wir das gelernt? Und der Friede kommt nach dem Massaker des Tötens, und der Friede kommt am Ende der Panzerketten, die über Leichen rollen, und immer ist er nur das Ziel, nie der Weg! Wenn etwas nicht stimmt am Gesamtsystem des Dritten Reiches, dann ist es der Aberglaube, daß es Werte, ob Vaterland oder was auch immer, jenseits der Menschen gebe. Also widerlegt Dresden nicht Auschwitz, sondern bestätigt es, widerlegt Hiroshima nicht Stalingrad, sondern bestätigt es, widerlegt Bagdad nicht Saddam Hussein, sondern bestätigt ihn.

Als ich vor dreißig Jahren den Kriegsdienst verweigerte, gab's unter zehntausend Jugendlichen einen oder zwei Kriegsdienstverweigerer; wenn mir in diesen Tagen etwas Mut gibt und Hoffnung, ist es, in der entsetzten bürgerlichen Presse zu lesen, daß spektakulär, dramatisch, geradezu sprunghaft die Zahl der Kriegsdienstverweigerer schon jetzt auf über hunderttausend in diesem Jahr geschnellt ist. Ich kann nur hoffen, daß es so weitergeht und eine ganze Jugend kommt, die den Krieg boykottiert und die Rüstungsindustrie gleich mit und die Politiker obendrein, die erklären: »So macht man's mit der Macht.« Einen Scheißdreck macht man mit der Macht! Krieg macht man *gegen* Menschen und niemals im Namen von Menschen, außer man hat sie dazu wie Opiumsüchtige verführt, daß sie am Ende noch die Claqueure der grausamsten Mörder werden und wie in irgendeiner dämlichen Primatenhorde denen mit den schlimmsten Zähnen und dem dicksten Fell Beifall zollen. *Neue* Menschen werden wir so nicht, und das Training der Rückkehr in die Steinzeit ist nicht das Programm des Mannes von Nazaret. Er hat wörtlich gemeint: »Wer euch auf die eine Wange schlägt, dem haltet noch die andere hin.« Keine Philosophie der NATO vom Erstschlag oder vom Zweitschlag ist damit vereinbar. Und ich bin selber wehrlos, sagt Jesus in Matthäus 11. Keinerlei Verantwortung der Rüstung ist damit kompatibel.

Sie mögen sagen: »Aber es gibt Werte, die muß man schützen.« Nein! Der höchste Wert für einen Christen ist Christus selber. 26. Kapitel des Matthäus: Da war einer unter seinen Anhängern, der zog das Schwert blank und hieb drauf. Und wie sagte ihm Jesus? Steck das Schwert dahin, wohin es gehört. Gemeint hat er, daß man ihn so nicht verteidigt, ja, daß man nichts am Menschen so schützt. Vielleicht ist es manchmal besser, zu sterben als zu töten, unterzugehen als zu siegen, und vielleicht ist der Weg der Erlösung genau umgekehrt, als wir uns weismachen.

Das *dritte*, was ich hasse, ist das Geld und das Gold. Nicht im Namen Gottes, sondern im Namen des Geldes sind von Päpsten, Königen, Kaisern die schlimmsten Verbrechen begangen worden. Entstanden ist das Gold in der Explosion einer Sonne, weit größer als unsere eigene, und einmal entstanden, erhält es sich rein durch die Jahrmillionen. Aber Gott wohnt nicht im Gold. Darum verspreche ich heute eines: Als ich vor fünfundzwanzig Jahren meine Primiz hatte, schenkten meine Eltern mir diesen Kelch. Ich werde ihn spätestens in der kommenden Woche verkaufen, weil ich mir sage: Es war ein Fehler; ich hab' damals getan, was üblich war. Das Gold verrät unsern Herrn, davon bin ich überzeugt. Das einzige Gold, das ich leiden mag, ist der Widerschein der Sonne in den Augen des Glücks der Liebe, vielleicht noch auf den Händen, den Armen und dem Hals einer Frau, aber damit mag es auch gut sein. Wir können nicht Gott dienen und dem Mammon, und ich denke, das muß die Kirche selber lernen. Seit mehr als siebenhundert Jahren ist sie dabei, dies nicht lernen zu wollen, und auch damit muß Schluß sein. Wir können nicht den heiligen Franziskus ehren und dann alles anders machen, als er wollte.

Vom heiligen Franziskus erzählen wir, wie er mit dem Krieg und mit den Tieren umging. Als einmal bei Gubbio ein furchtbarer Winter ausbrach, drang ein Wolf aus den verschneiten Tälern in die Hürden der Hirten, raubte und mordete. Die Männer von Gubbio zogen aus mit Dreschflegeln und Forken, um das Untier zu erlegen. Aber ihnen zuvor kam der Poverello von Assisi, ging barfüßig durch den Schnee auf das Raubtier, die Bestie, zu und sprach über sie: »Bruder Wolf, nur aus Hunger hast du all das getan.« – Das ist eine Legende, ich weiß, aber wenn wir nicht anfangen, Legenden wahrzumachen, ist unser ganzes Leben eine einzige Lüge. Das ganze Christentum ist eine solche Legende, unsere Begriffe von Realität zu zerstören. Das Geheimnis des Franziskus aber begann in Portiuncula mit einer Vision. »Bau meine Kirche auf!« sagte der Herr zu ihm. Und er, jung wie er war, dachte die einfallende Kirchenruine zu restaurieren. Er hatte Gott nicht recht gehört; seine Kirche, das waren die Armen in Norditalien. Sie zu versammeln wurde seine Mission. Was machen wir aus den Heiligen? Wir bauen ihnen Denkmäler und zeigen damit doch nur, daß wir die Kinder der Prophetenmörder sind, wie Jesus im 23. Kapitel des Matthäus sagt.

Wir verehren die heilige Elisabeth, wir benennen ganze Kirchenserien nach ihr, aber wie sie wirklich war – sie konnte aufstehen von der Tafel und weigerte sich, die Mahlzeit zu sich zu nehmen, die man den Armen im Lande weggepreßt hatte; sie konnte in einer Kapelle ihre Krone öffentlich niederlegen und wollte als Königin nichts weiter sein als die Dienerin der Armen; man hielt sie für verrückt, und terrorisiert hat sie einer der blutrünstigsten Kreuzzugsprediger ihrer Tage. Aber sie war eine mutige Frau, eine der ganz wenigen, die sich auf die Fähigkeit von Frauen besannen, den Männern zu widersprechen.

Solche Leute verehren wir; also fangen wir an, zu tun, was sie wollten! Es wäre ganz einfach. Denn es stimmt, was wir im 11. Kapitel des Matthäus hören: Alles, was Jesus will, ist ganz einfach, und schwierig ist's einzig für die Gelehrten und Gebildeten, dies wird mir langsam selber klar. Was Jesus wollte, waren nicht Wahrheiten, die man kompliziert definiert, zu deren Erhalt man einen ganzen Lehrkörper benötigt, jahrelange Ausbildung, Spezialisten, Experten, die man ranlassen muß, um zu begreifen, was da die Wahrheit sein soll. Worauf es Jesus ankam, war die Wahrhaftigkeit des Lebens, bis zur Gesundung, bis daß Menschen ausruhten und den ganzen Ballast abwarfen.

Vermutlich ist das noch einer meiner Fehler: In den Büchern, auch in manchen Vorträgen rede ich noch zu oft mit den Verwaltern der Wahrheit, möchte ihnen Dinge beweisen, die sie sowieso nicht übernehmen, weil, wenn sie sie übernehmen würden, ihre Existenzgrundlage perdu wäre. Und wenn ich ehrlich bin, möchte ich das auch. Gleich in der Einleitung des ersten Buchs, das ich vor siebzehn Jahren geschrieben habe, steht schon: Diese drei Bände sind eine trojanische Troika; wenn sie in die Stadt kommen, geht es los. Das war ein Programm, eine der Wahrheiten, von denen ich dachte: »Wenn du die aussprichst, ändert es vielleicht etwas.« Heute denke ich: Die Worte, die ich spreche, und die Sätze, die ich schreibe, mögen Sie streicheln und küssen, aufwecken und anspornen, aber gleichgültig sollen sie Sie niemals lassen. Das will ich nicht mehr. Seit Jahren habe ich mich damit getröstet, durch die Lande zu fahren zwischen Kiel und München um Vorträge zu halten. Dort rede ich so, wie ich wirklich denke, und ich erlebe, daß es die Menschen faszinieren kann. Sie kommen oft von weither, haben Tränen in den Augen beim Zuhören. Es sind vielleicht zum erstenmal nach Jahren wieder Worte über Gott oder die Liebe oder über sich selber, die sie an sich heranlassen. Immer wieder habe ich gedacht: »Diese Sprache darfst du des Sonntagsvormittags in der Gemeinde von St. Georg nicht verwenden, du bist bloß der Hilfsgeistliche, der Subsidiar, richte da keinen Schaden an.« Ich sage mir heute: Wie soll etwas, das guttut, Schaden anrichten? Oder worauf nehme ich da eigentlich Rücksicht? Ich bin als Priester kein Zirkuspferd, das sich nach irgendeinem Programm im Kreise dreht. Wahrheiten, die es gibt, muß man sagen und – das verspreche ich für ab sofort – mehr und mehr und ohne falsche Rücksicht. Mit anderen Worten: Es ist mir gleich, wie es sonntags mittags beim Mittagessen bei Ihnen am Tisch zugeht; aber was vorgeht in Ihrem Herzen, das ist mir nicht gleich. Ich kann dabei nicht dosieren, wie was ankommt, das müssen *Sie* tun; aber daß es in sich stimmt, mindestens so wie ich es denke und von mir her zu sehen vermag, das können Sie glauben.

Dann stelle ich fest, daß ich inzwischen einundfünfzig Jahre alt bin. Das, was man menschliches Leben nennt, ist in fünfundzwanzig Jahren zu Ende, will sagen, zwei Drittel des Buches sind schon durchgelesen, und ich hab' Erfahrung damit, wie sich das letzte Drittel liest. Neue Themen kommen selten vor, wenn überhaupt das Konzept ordentlich angelegt ist. Freilich, bei welches Menschen Leben herrscht schon ein ordentliches Konzept? Überraschungen sind allemal möglich. Nur dies macht mich ungeduldig: Wenn ich in zweieinhalb Jahrzehnten, so mein Leben noch sehr lang währt, oder irgendwann früher sterbe, möchte ich diese Welt weniger grausam, weniger kriegsbereit, weniger verständnislos im Umgang miteinander verlassen. Das ist ein Traum, den ich mir erhalten habe.

Ich höre oft sagen: »Aber glaubst du denn, daß Jesus Gottes Sohn ist, so wie es im Evangelientext heute klang?« Ich sag' es ganz einfach: Ich wüßte ohne Jesus überhaupt nicht an einen persönlichen Gott zu glauben. Mir erscheint die Welt keinesfalls so wie in der vorhin verlesenen Sure des Korans. Ich *möchte*, daß sie so ist, aber sie erscheint so nur bei einem riesigen Abstand, wenn man von so vielem abstrahiert und gar nicht genau hinsieht. Und der Entschuldigungen für Gott bin ich so müde, daß ich oft denke: Es gibt ihn gar nicht; was es gibt, sind vernünftige Gesetze, viel vernünftiger als alles, was mir je in den Kopf kommen wird, aber was hat das mit Gott zu tun? Dann aber gibt es diesen – seine Zeitgenossen sagten – Wahnsinnigen aus Nazaret, der erklärte, es komme einzig auf die Menschlichkeit an. Und Menschen sind Personen, und also ist der ganze Hintergrund, der uns trägt, eine Liebe, die wir nie verstehen. Das alles ist dünner als ein Spinngewebe, es berührt zärtlicher als die Haare einer Frau. Aber unterhalb davon, sage ich Ihnen, ist nichts als der Abgrund. Wenn diese feinen Gewebe nicht tragen, wartet das Nichts, und es gibt jenseits von Golgota kein Leben mehr. Es geht nicht darum, wie wir politisch, wirtschaftlich, naturwissenschaftlich denken – das alles sind zweite Fragen. Irgendwann gilt es, sich zu entscheiden. Es ist keine ästhetische Wahl. Die Frage ist: Was gilt im Namen des Jesus Christus? Er war, bei aller Geduld im einzelnen, bezüglich der Welt im ganzen der Ungeduldigste unter allen Menschen. Wirklich, dieses Verrückte aus dem 11. Kapitel des Matthäus wird allmählich mein Lobgesang, ein Preis dafür, daß es den Gebildeten und Klugen vorenthalten bleibt, aber den Kindlichen, Einfachen, Leidenden sperrangelweit offensteht. Nur sie spüren und verstehen: Die ganze Welt dreht sich um und um; was »da oben« sitzt und sich im Recht glaubt und weiß, wie es gemacht wird, das alles stürzt. Nichts mehr gilt von den Ordnungen, die wir in der Verwaltung des Rechts, der Rechtstitel, der Gesetzesbegriffe kennen. Immer noch denken wir, Recht durchsetzen zu müssen. Das Geheimnis des Jesus ist, wie man die Menschen lehrt, auf ihr Recht zu verzichten, denn bezogen auf Gott gibt es keine Rechte, einzig den Untergang, außer wenn Gott uns leben läßt. Und das ist alles, was den Mann aus Nazaret ausmachte und was ein Priester sein sollte.

Ich gebe zu, daß mein Bischof im Moment Probleme hat, ob ich noch sein Priester sein kann, und also habe ich dieselben Probleme auch. Ich kann sie aber nicht lösen, ich bin nicht mein Bischof. Das einzige, was ich weiß, ist, daß die Kirche kein Recht hat, die Oase inmitten der Wüste, die Insel inmitten des Ungenießbaren zu verwüsten, die die ganz einfache Botschaft des Mitleids, der Ruhe und des Abwerfens der Bürden ist. Sie hat kein Recht, zu kommen mit neuen Gesetzen, Vorschriften, einer Machtstruktur, einer Ämterhierarchie, einem ganzen Brimborium, das Jesus überhaupt nicht wollte, sondern das ihn in jedem Betracht verrät und die Menschen in die Irre führt, indem es scheinbare Beruhigungen spendet, wo keine sind, und umgekehrt Beunruhigungen schafft, wo ganz normale menschliche Dinge auf dem Spiel stehen. Auch damit muß Schluß sein.

Ich frage mich: Wenn Jesus heute leben würde, was wäre er dann? Ein Priester? Sicher nicht. Er hat nie Sakramente gespendet, er *war* das Sakrament. In seiner Nähe war Gott nahe. Wäre er ein Arzt? Er hat Kranke geheilt, aber nie eine Ausbildung besessen. Die Schule des Hippokrates war ihm fremd und hat ihn niemals interessiert. Aber er berührte die Stirn von Menschen so, daß es ihre Gedanken und Herzen ordnete. Und diese Güte, die heilt, war seine Weise, ärztlich zu sein. Oder wäre er ein Dichter geworden? Auch nicht. Er hat wunderbare Gleichnisse erzählt, die schönsten Texte der Weltliteratur, aber nicht ein Wort davon hat er aufgezeichnet. Mit anderen Worten: Jesus wäre weder ein Priester noch ein Arzt noch ein Dichter, aber nur, weil er all das in eins war, ein priesterlicher, ärztlicher, dichterischer, ein gläubiger, menschlicher Mensch, der machte, daß wir ihm Gott als unsern Vater glauben können. Was aus mir als Priester wird, weiß ich nicht, aber wenn die letzten fünfundzwanzig Jahre ein bißchen dazu beigetragen haben, daß ich ein etwas priesterlicherer Mensch geworden bin, dann dank' ich's Ihnen von ganzem Herzen, denn Ihnen verdank' ich's. Und das muß wohl Gemeinde sein.

Nachweise

Die biblischen Texte in diesem Band sind wiedergegeben nach dem Neuen Testament in der Übersetzung von Fridolin Stier bzw. in einer eigenen Übertragung von Eugen Drewermann.

Die folgende Übersicht gibt den biblischen Bezugstext und das Datum der einzelnen Predigten an.

S. 9		Christi Himmelfahrt	12. 5. 1983
S. 13		Christi Himmelfahrt	16. 5. 1985
S. 16		Christi Himmelfahrt	8. 5. 1986
S. 18	Mt 28,16–20	Christi Himmelfahrt	28. 5. 1987
S. 22	Lk 24,44–53	Christi Himmelfahrt	4. 5. 1989
S. 27	Joh 17,1–11a	7. Sonntag der Osterzeit	31. 5. 1987
S. 32	Joh 17,1–11a	7. Sonntag der Osterzeit	27. 5. 1990
S. 37	Joh 17,11b–19	7. Sonntag der Osterzeit	19. 5. 1985
S. 40	Joh 17,11b–19	7. Sonntag der Osterzeit	16. 5. 1988
S. 44	Offb 22,12–14. 16f. 20	7. Sonntag der Osterzeit	11. 5. 1986
S. 46	Apg 7,55–60	7. Sonntag der Osterzeit	7. 5. 1989
S. 51	Mt 6,5–8	7. Sonntag der Osterzeit	12. 5. 1991
S. 58		Pfingstsonntag	22. 5. 1983
S. 62		Pfingstsonntag	10. 6. 1984
S. 66		Pfingstsonntag	26. 5. 1985
S. 70		Pfingstsonntag	18. 5. 1986
S. 74		Pfingstsonntag	7. 6. 1987
S. 77		Pfingstsonntag	14. 5. 1989
S. 83	Joh 20,19–23	Pfingstsonntag	19. 5. 1991
S. 92	Lk 10,21–24	Pfingstmontag	27. 5. 1985
S. 96	Joh 15,26f.; 16,1–3.12–15	Pfingstmontag	8. 6. 1987
S. 99		Pfingstmontag	15. 5. 1989
S. 105	Mt 11,25–27	Pfingstmontag	20. 5. 1991
S. 114		Dreifaltigkeitsfest	29. 5. 1983
S. 119		Dreifaltigkeitsfest	17. 6. 1984
S. 124		Dreifaltigkeitsfest	28. 5. 1988
S. 129		Dreifaltigkeitsfest	21. 5. 1989
S. 134		Dreifaltigkeitsfest	10. 6. 1990
S. 141	Mt 28,16–20	Dreifaltigkeitsfest	26. 5. 1991
S. 151		Fronleichnam	2. 6. 1983
S. 156		Fronleichnam	21. 6. 1984
S. 161		Fronleichnam	6. 6. 1985
S. 165		Fronleichnam	28. 5. 1986
S. 169	Joh 6,51–58	Fronleichnam	18. 6. 1987
S. 175		Fronleichnam	13. 6. 1990
S. 183		Herz-Jesu-Fest	1. 7. 1984
S. 187	Mt 11,25–30	Silbernes Priesterjubiläum	21. 7. 1991